Una breve historia de la igualdad

Ciencias Humanas y Sociales

Thomas Piketty
Una breve historia de la igualdad

Traducción de Daniel Fuentes

DEUSTO

Título original: *Une brève histoire de l'égalité*

Deusto, un sello editorial de Centro Libros PAPF, S. L. U.
Avda. Diagonal, 662-664, 08034 Barcelona (España)
www.edicionesdeusto.com
www.planetadelibros.com

Adaptación de la cubierta: Booket / Área Editorial Grupo Planeta a partir de la idea original de © Sylvia Sans Bassat
Primera edición en Colección Booket: noviembre de 2024

Depósito legal: B. 17.710-2024
ISBN: 978-84-234-3806-8
Impresión y encuadernación: CPI Black Print
Printed in Spain - Impreso en España

Biografía

Thomas Piketty (Clichy, Francia, 1971) es director de investigación en la École des Hautes Études en Sciences Sociales (EHESS), profesor en la Paris School of Economics, de la que fue su primer director, y codirector de la World Inequality Database (WID.WORLD). Tras doctorarse con apenas veintitrés años en la London School of Economics (LSE) bajo la dirección de Roger Guesnerie, ha sido profesor en distintas instituciones, entre ellas la propia LSE y el Massachusetts Institute of Technology (MIT). Es autor de decenas de artículos académicos en algunas de las publicaciones más prestigiosas, como *American Economic Review*, *Journal of Economic Theory* o *Econometrica*, así como de numerosos libros, entre los que destacan *El capital en el siglo XXI* (Fondo de Cultura Económica, 2013), del que se han vendido más de dos millones de ejemplares en todo el mundo, *Capital e ideología* (Deusto, 2019), con cerca de medio millón de ejemplares vendidos y *¡Viva el socialismo!* (Deusto, 2020).

@PikettyLeMonde

Sumario

Introducción

Este libro expone una historia comparada de las desigualdades entre clases sociales. O más bien una historia de la igualdad, porque, como veremos, existe una evolución tendencial a lo largo de la historia hacia una mayor igualdad social, económica y política.

Por supuesto, no se trata de una historia pacífica y ni mucho menos lineal. Las revueltas y las revoluciones, las luchas sociales y las crisis de todo tipo juegan un papel central en la historia de la igualdad que estudiaremos aquí; una historia que también está jalonada por múltiples fases de retroceso y por repliegues identitarios.

Lo cierto es que existe una tendencia histórica hacia la igualdad, al menos desde finales del siglo XVIII. El mundo de principios de la década de 2020, por muy injusto que lo percibamos, es más igualitario que el de 1950 o el de 1900, que a su vez eran más igualitarios en muchos aspectos que el de 1850 o 1780. Los cambios concretos varían según la época y en función del tipo de desigualdad entre clases sociales por el que nos interesemos: el estatus jurídico, la propiedad de los medios de producción, el nivel de ingresos o de estudios, el sexo o el origen nacional o étnico (dimensiones todas ellas que abordaremos aquí). En todo caso, a largo plazo, la evidencia es la misma sea cual sea el criterio utilizado. Entre 1780 y 2020 se observa una evolución hacia una mayor igualdad de estatus, de patrimonio, de ingresos, de género y de raza en la mayoría de las regiones y sociedades del mundo, y en cierta medida a escala mundial. En muchos sentidos, la evolución hacia la igualdad se ha mantenido también durante el período 1980-2020, más complejo y sujeto a contradicciones de lo que a veces se imagina, a poco que se adopte un punto de vista global y multidimensional de la desigualdad.

La tendencia a largo plazo hacia la igualdad es constatable desde finales del siglo XVIII, pero ha tenido un alcance limitado. Veremos que las diversas desigualdades siguen situándose en niveles considerables e injustificados en cualquier caso (estatus, propiedades, poder, ingresos, género, origen, etc.), y que además suelen acumular sus efectos a nivel individual. Constatar la existencia de una evolución hacia la igualdad no significa que haya que sacar pecho, al contrario. Es más bien un llamamiento para continuar con la lucha, a partir de una base histórica sólida. Centrarse en cómo se ha producido realmente la evolución hacia la igualdad permite extraer lecciones valiosas de cara al futuro, para comprender mejor los conflictos y las movilizaciones que han hecho posible dicha evolución, así como los mecanismos institucionales y los sistemas legales, sociales, fiscales, educativos y electorales que han permitido que la igualdad se haya convertido en una realidad perdurable. Por desgracia, el proceso de aprendizaje colectivo sobre instituciones justas se ve a menudo debilitado por la amnesia histórica, el nacionalismo intelectual y la compartimentación del conocimiento. Para que la tendencia hacia la igualdad siga su curso, es urgente volver a la historia y trascender las fronteras nacionales y disciplinarias. Este libro, que es un libro de historia y a la vez de ciencias sociales, un libro optimista y un libro de movilización ciudadana, intenta avanzar en esa dirección.

Una nueva historia económica y social

Si hoy es posible escribir *Una breve historia de la igualdad* es sobre todo gracias a los numerosos trabajos internacionales que han renovado profundamente la investigación en historia económica y social y en ciencias sociales en las últimas décadas.

En concreto, voy a basarme en los numerosos estudios que han dado una perspectiva verdaderamente global a la historia del capitalismo y de la Revolución Industrial. Pienso, por ejemplo, en el libro de Kenneth Pomeranz del año 2000 sobre la «gran divergencia» entre Europa y China en los siglos XVIII y XIX,[1] que es probablemente la obra más importante e influyente sobre la historia de la economía mundial desde la publicación, en 1979, de *Civilización material, economía y capitalismo*, de Fernand Braudel, y el trabajo de Immanuel Wallerstein sobre los «sistemas-mundo».[2] Para Pomeranz, el desarrollo del capitalismo industrial occidental está íntimamente ligado a los sistemas de división internacional del trabajo, la explotación desenfrenada de los recursos naturales y la dominación militar y colonial de las potencias europeas sobre el resto del mundo. Trabajos posteriores han confirmado ampliamente esta conclusión, desde las investigaciones de Prasannan Parthasarathi hasta las de Sven Beckert y el reciente movimiento en torno a la «nueva historia del capitalismo».[3]

En términos generales, la historia de los imperios coloniales y de la esclavitud, así como la historia global e interconectada, han hecho inmensos progresos en los últimos veinte o treinta años. Me basaré en gran medida en los estudios de este período.

1. Véase K. Pomeranz, *The great divergence: China, Europe and the making of the modern world economy*, Princeton University Press, 2000.

2. Véase F. Braudel, *Civilisation matérielle, économie et capitalisme*, Armand Colin, 1979; versión castellana de Isabel Pérez-Villanueva, *Civilización material, economía y capitalismo*, Alianza Editorial, 1984. I. Wallerstein, *The modern world-system*, 3. vols., Academic Press, 1974-1989; versión castellana de Antonio Resines (vol. I), Pilar López Máñez (vol. II) y Jesús Albores (vol. III), *El moderno sistema mundial*, 3 vols., Siglo XXI de España, 2016-2017.

3. Véase P. Parthasarathi, *Why Europe grew rich and Asia did not: global economic divergence 1600-1850*, Cambridge University Press, 2011; S. Beckert, *Empire of cotton: a global history*, Knopf, 2014; versión castellana de Tomás Fernández Aúz y Beatriz Eguibar, *El imperio del algodón: una historia global*, Crítica, 2016; S. Beckert y S. Rockman, *Slavery's capitalism: a new history of American economic development*, UPenn, 2016; J. Levy, *Ages of American capitalism: a history of the United States*, Random House, 2021.

Pienso en particular en las investigaciones de Frederick Cooper, Catherine Hall, Or Rosenboim, Emmanuelle Saada, Pierre Singaravélou, Sanjay Subrahmanyam, Alessandro Stanziani y muchos otros que aparecerán en el transcurso del libro.[4] Mi trabajo se inspira también en el resurgimiento de la investigación sobre la historia popular y la historia de las luchas sociales.[5]

Una breve historia de la igualdad tampoco podría haberse escrito sin los avances en el estudio de la historia de la distribución de la riqueza entre clases sociales. Este campo de investigación tiene una larga tradición. Todas las sociedades han producido conocimientos y análisis sobre las diferencias de riqueza reales, supuestas o deseables entre pobres y ricos, al menos desde *La República* y *Las Leyes* (obras en las que Platón recomienda que dichas diferencias no excedan de una proporción de uno a cuatro). En el siglo XVIII, Jean-Jacques Rousseau argumentó que la invención de la propiedad privada y su acumulación desmesurada es la causa de la desigualdad y la discordia entre los hombres. Sin embargo, hay que esperar hasta la Revolución Industrial para que se elaboren verdaderos estudios sobre los salarios

4. Véase, por ejemplo, F. Cooper, *Citizenship between empire and nation: remaking France and French Africa 1945-1960*, Princeton University Press, 2014; C. Hall, N. Draper, K. McClelland, K. Donington, R. Lang, *Legacies of British slave-ownership: colonial slavery and the formation of Victorian Britain*, Cambridge University Press, 2014; O. Rosenboim, *The emergence of globalism: visions of world order in Britain and the United States 1939-1950*, Princeton University Press, 2017; E. Saada, *Les enfants de la colonie: les métis de l'empire français, entre sujétion et citoyenneté*, La Découverte, 2007; P. Singaravélou, S. Venayre, *Histoire du monde au XIXe siècle*, Fayard, 2017; S. Subrahmanyam, *Empires between Islam and Christianity, 1500-1800*, SUNY Press, 2019; A. Stanziani, *Les métamorphoses du travail contraint: une histoire globale, XVIIIe-XIXe siècles*, Presses de Sciences Po, 2020.

5. Véase H. Zinn, *A people's history of the United States*, Harper, 2009 (1980); M. Zancarini-Fournel, *Les luttes et les rêves: une histoire populaire de la France de 1685 à nos jours*, La Découverte, 2016; G. Noiriel, *Une histoire populaire de la France de la guerre de Cent Ans à nos jours*, Agone, 2018; D. Tartakowsky, *Le pouvoir est dans la rue: crises politiques et manifestations en France, XIXe-XXe siècles*, Flammarion, 2020; B. Pavard, F. Rochefort, M. Zancarini-Fournel, *Ne nous libérez pas, on s'en charge! Une histoire des féminismes de 1789 à nos jours*, La Découverte, 2020.

y las condiciones de vida de los trabajadores, así como para que se desarrollen nuevas fuentes estadísticas sobre ingresos, beneficios y propiedades. En el siglo XIX, Karl Marx trata de aprovechar al máximo los datos financieros y de sucesiones británicos de su época, a pesar de que los medios y materiales de que disponía eran limitados.[6]

Durante el siglo XX, la investigación sobre estas cuestiones se hace más sistemática. Los investigadores comienzan a recopilar datos a gran escala sobre precios y salarios, rentas de la tierra y beneficios, herencias y terrenos, etc. En 1933, Ernest Labrousse publica su *Esquisse du mouvement des prix et des revenus en France au XVIIIe siècle*, un estudio monumental en el que pone de manifiesto el descenso de los salarios agrícolas en relación con los precios del trigo y con las rentas de la tierra en las décadas precedentes a la Revolución francesa, todo ello en un contexto de fuerte presión demográfica. Sin que fuera la única causa de la Revolución, parece evidente que este hecho sólo pudo aumentar la creciente impopularidad de la aristocracia y del régimen político vigente.[7] En el libro *Le mouvement du profit en France au XIXe siècle*, publicado en 1965, Jean Bouvier y sus coautores describen desde el principio la corriente de investigación con la que se identifican: «Mientras las rentas de las distintas clases de la sociedad contemporánea sigan fuera del ámbito de la investigación científica, será inútil abordar [el estudio de] una historia económica y social válida».[8]

6. Sobre este tema, véase T. Piketty, *Le capital au XXIe siècle*, Seuil, 2013, pp. 19-30 y 362-364. Hay dos versiones en castellano: de Eliane Cazenave-Tapie Isoard y Guillermina Cuevas Mesa, *El capital en el siglo XXI*, Fondo de Cultura Económica, 2014; y de Francisco J. Ramos y Ana Escartín Arilla, *El capital en el siglo XXI*, RBA, Barcelona, 2015.

7. Véase E. Labrousse, *Esquisse du mouvement des prix et des revenus en France au XVIIIe siècle*, Dalloz, 1933. Véase también A. Chabert, *Essai sur les mouvements des prix et des revenus en France de 1798 à 1820*, Librairie de Médicis, 1949, en donde se documenta la recuperación salarial experimentada durante la Revolución francesa y la época del Imperio (o Francia napoleónica).

8. Véase J. Bouvier, F. Furet y M. Gilet, *Le mouvement du profit en France au XIXe siècle: matériaux et études*, Mouton, 1965.

A menudo asociada a la «école des Annales»,[9] especialmente influyente en la investigación francesa entre 1930 y 1980, esta nueva historia económica y social no descuida el análisis de los sistemas de propiedad. En 1931, Marc Bloch publica su estudio, convertido en un clásico, sobre la tipología de los regímenes agrarios medievales y modernos.[10] En 1973, Adeline Daumard publica los resultados de un vasto estudio de los archivos de herencias franceses del siglo XIX.[11] Esta corriente se ralentiza un poco a partir de la década de 1980, pero deja una huella duradera en las prácticas de investigación en ciencias sociales. De hecho, son numerosos los estudios históricos sobre salarios y precios, rentas y riqueza, diezmos y propiedades publicados durante todo el siglo pasado por multitud de historiadores, sociólogos y economistas, desde François Simiand a Christian Baudelot, y desde Emmanuel Le Roy Ladurie a Gilles Postel-Vinay.[12]

En paralelo, los historiadores y economistas estadounidenses y británicos también contribuyen a sentar las bases de una historia de la distribución de la riqueza. En 1953, Simon Kuznets combina las primeras cuentas nacionales (las cuales había contribuido a elaborar tras el trauma de la crisis de la década de 1930) con los datos del impuesto federal sobre la renta (crea-

9. Corriente historiográfica francesa predominante en el siglo XX, de gran influencia en el mundo occidental. *(N. del t.)*

10. Véase M. Bloch, *Les caractères originaux de l'histoire rurale française*, Armand Colin, 1931.

11. Véase A. Daumard, *Les fortunes françaises au XIXe siècle: enquête sur la répartition et la composition des capitaux privés à Paris, Lyon, Lille, Bordeaux et Toulouse d'après l'enregistrement des déclarations de successions*, Mouton, 1973.

12. Además de las referencias anteriormente citadas, véase también F. Simiand, *Le salaire, l'évolution sociale et la monnaie*, Alcan, 1932; C. Baudelot y A. Lebeaupin, *Les salaires de 1950 à 1975*, Institut National de la Statistique et des Études Économiques (INSEE), 1979; J. Goy y E. Le Roy Ladurie, *Les fluctuations du produit de la dîme: conjoncture décimale et domaniale de la fin du Moyen Âge au XVIIIe siècle*, Mouton, 1972; G. Postel-Vinay, *La terre et l'argent: l'agriculture et le crédit en France du XVIIIe siècle au début du XXe siècle*, Albin Michel, 1998; J. Bourdieu, L. Kesztenbaum y G. Postel-Vinay, *L'enquête TRA, histoire d'un outil, outil pour l'histoire*, INED, 2013.

do en 1913, tras una larga batalla política y constitucional), para estimar la evolución de la participación de las rentas altas en la renta nacional total.[13] El estudio se refiere solamente a un país (Estados Unidos) y a un período relativamente corto (1913-1948), pero es el primero de este tipo y tiene un gran impacto. Robert Lampman hace lo mismo en 1962 con datos del impuesto federal sobre sucesiones.[14] En 1978, Tony Atkinson lleva el análisis más lejos a partir de fuentes del impuesto de sucesiones británico.[15] En 1977, Alice Hanson Jones publica los resultados de un amplio estudio de los registros de defunciones estadounidenses durante el período colonial, remontándose más atrás en el tiempo.[16]

A partir de los trabajos precedentes, a principios de la década de 2000 surge una nueva corriente de investigación histórica sobre la renta y la riqueza, en la que tuve la suerte de participar, con el apoyo crucial de muchos colegas, entre ellos, Tony Atkinson, Facundo Alvaredo, Lucas Chancel, Emmanuel Saez y Gabriel Zucman.[17] A diferencia de los trabajos anteriores, esta nueva ola se beneficia de medios técnicos privilegiados. Durante el período 1930-1980, Labrousse, Daumard y Kuznets realizaban sus investigaciones casi exclusivamente a mano, con fichas de cartulina. Cada recogida de datos y cada tabla de resultados exigía una inversión técnica importante, dejando a veces poca energía al investigador para el trabajo de interpretación histórica, la movilización de otras fuentes y el análisis crítico de las di-

13. Véase S. Kuznets, *Shares of upper income groups in income and savings*, NBER, 1953.

14. Véase R. J. Lampman, *The share of top wealth-holders in national wealth*, Princeton University Press, 1962.

15. Véase T. Atkinson y A. J. Harrison, *Distribution of personal wealth in Britain*, Cambridge University Press, 1978.

16. Véase A. H. Jones, *American colonial wealth: documents and methods*, Arno Press, 1977.

17. Véase T. Piketty, *Les hauts revenus en France au XXe siècle*, B. Grasset, 2001; versión castellana de Guillermina Cuevas Mesa, *Los altos ingresos en Francia en el siglo XX*, Fondo de Cultura Económica, 2018; T. Atkinson y T. Piketty, *Top incomes over the 20th century*, *op. cit.*, y *Top incomes: a global perspective*, *op. cit.*

ferentes categorías estadísticas, lo que sin duda contribuyó a debilitar un estudio de la historia que a veces se planteaba demasiado «serial» (demasiado centrado en la producción de series históricas comparables en el tiempo y en el espacio, un ejercicio que puede considerarse condición necesaria pero en absoluto suficiente en ciencias sociales si se pretende hacer algún progreso). Además, las fuentes recogidas durante esta primera oleada de estudios dejaban pocas huellas, lo que limitaba su posible reutilización y el establecimiento de un auténtico proceso acumulativo.

Los avances en la digitalización desde el año 2000 han permitido ampliar el análisis a períodos más largos y a un mayor número de países. Resultado de esta corriente de investigación, la World Inequality Database (WID.world) reúne en 2021 el esfuerzo combinado de cerca de cien investigadores que cubren más de ochenta países en todos los continentes, con datos sobre la distribución de la renta y de la riqueza que se remontan en algunos casos a los siglos XVIII y XIX y que van hasta las primeras décadas del siglo XXI.[18] Esta perspectiva temporal y espacial más amplia ha permitido aumentar el número de comparaciones y avanzar significativamente en la interpretación social, económica y política de las transformaciones observadas. El trabajo, colectivo, me llevó a publicar dos libros en 2013 y 2019 que constituyen las primeras síntesis interpretativas de la evolución histórica de la distribución de la riqueza, obras que han contribuido al debate público sobre estas cuestiones.[19] Recientemente, junto con Amory Gethin y Clara Martínez-Toledano, hemos comenzado a estudiar la evolución de la estructura de las desigualdades sociales y de los clivajes políticos, siguiendo el trabajo iniciado en la década

18. La World Inequality Database se creó en 2011 con el nombre de World Top Incomes Database, antes de adoptar su nombre actual con la publicación de *Rapport sur les inégalités mondiales 2018* (F. Alvaredo, L. Chancel, T. Piketty, E. Saez y G. Zucman, Seuil, 2018); versión castellana de Ignacio Perrotini Hernández y Nancy I. Muller Durán, *Informe sobre la desigualdad global 2018*, Grano de Sal, 2019.

19. Véase T. Piketty, *El capital en el siglo XXI*, *op. cit.*; *Capital e ideología*, Deusto, 2019.

de 1960 por los politólogos Seymour Lipset y Stein Rokkan.[20] Aunque esta investigación ha permitido algunos avances, es forzoso subrayar que queda mucho por hacer para seguir cruzando fuentes y ámbitos de conocimiento, y lograr así un análisis satisfactorio de la representación política y las instituciones, de las movilizaciones y los conflictos, y de las estrategias y los actores implicados en dicha evolución.

De manera general, si hoy es posible escribir *Una breve historia de la igualdad* es gracias a los numerosos estudios de ciencias sociales que, utilizando una amplia gama de métodos, han hecho avanzar el conocimiento sobre estas cuestiones. En concreto, en los últimos años ha surgido una nueva generación de investigadores y trabajos interdisciplinarios que han renovado la reflexión sobre la dinámica sociohistórica de la igualdad y de la desigualdad, en la frontera entre la historia, la economía, la sociología, el derecho, la antropología y la ciencia política. Pienso en los trabajos de Nicolas Barreyre, Tithi Bhattacharya, Erik Bengtsson, Asma Benhenda, Marlène Benquet, Céline Bessière, Rafe Blaufarb, Julia Cagé, Denis Cogneau, Nicolas Delalande, Isabelle Ferreras, Nancy Fraser, Sibylle Gollac, Yajna Govind, David Graeber, Julien Grenet, Stéphanie Hennette, Camille Herlin-Giret, Élise Huillery, Stephanie Kelton, Alexandra Killewald, Claire Lemercier, Noam Maggor, Dominique Méda, Éric Monnet, Ewan McGaughey, Pap Ndiaye, Martin O'Neill, Hélène Périvier, Fabian Pfeffer, Katharina Pistor, Patrick Simon, Alexis Spire, Pavlina Tcherneva, Samuel Weeks, Madeline Woker, Shoshana Zuboff y muchos otros que no puedo mencionar aquí y que aparecerán citados en el curso del texto.[21]

20. Véase A. Gethin, C. Martínez-Toledano, T. Piketty, *Clivages politiques et inégalités sociales*, *op. cit.* Véase también S. Lipset, S. Rokkan, «Cleavage structures, party systems and voter alignments: an introduction», en *Party systems and voter alignments: cross-national perspectives*, Free Press, 1967.

21. Las referencias precisas se indicarán a medida que se utilicen.

Las revueltas ante la injusticia, el aprendizaje de instituciones justas

¿Cuáles son las principales conclusiones a las que nos conduce esta nueva historia económica y social? La más obvia es probablemente la siguiente: la desigualdad es ante todo una construcción social, histórica y política. En otras palabras, para un mismo nivel de desarrollo económico o tecnológico, existen siempre múltiples formas de organizar un régimen de propiedad o un régimen de fronteras, un sistema social y político, un régimen fiscal y educativo. Son elecciones de naturaleza política. Dependen del estado de los equilibrios de poder entre los distintos grupos sociales y las distintas visiones del mundo implicadas, y dan lugar a niveles y estructuras de desigualdad extremadamente variables según las sociedades y las épocas. La riqueza creada a lo largo de la historia, toda, es el resultado de un proceso colectivo: depende de la división internacional del trabajo, del uso de los recursos naturales del mundo y de la acumulación de conocimientos desde el inicio de la humanidad. Las sociedades humanas inventan constantemente normas e instituciones para estructurarse y distribuir la riqueza y el poder, pero se trata siempre de opciones políticas y reversibles.

La segunda lección es que, desde finales del siglo XVIII, existe una tendencia a largo plazo hacia la igualdad. Este movimiento hacia la igualdad es la consecuencia de luchas y revueltas frente a la injusticia que han permitido transformar las relaciones de poder y derrocar las instituciones en las que se han basado las clases dominantes para estructurar la desigualdad social en su propio beneficio, y sustituirlas por nuevas instituciones, nuevas reglas sociales, económicas y políticas más justas y emancipadoras para la inmensa mayoría. En general, las transformaciones fundamentales observadas en la historia de los regímenes desigualitarios conllevan enfrentamientos sociales y crisis políticas a gran escala. Las revueltas campesinas de 1788-1789 y los acontecimientos de la Revolución francesa llevaron a la abolición de los privilegios de la nobleza. Del mismo modo, fue la revuelta de los esclavos en Santo Domingo en 1791 lo que supuso el principio del fin del sistema esclavista atlántico, no las discusiones con sordina de los salones parisinos. Durante el siglo xx, las movilizaciones sociales y sindicales desempeñaron un papel importante en el establecimiento de nuevas relaciones de poder entre el capital y los trabajadores, así como en la reducción de las desigualdades. Las dos guerras mundiales pueden analizarse en sí mismas como una consecuencia de las tensiones y contradicciones sociales vinculadas a la insostenible desigualdad predominante hasta 1914 tanto a escala nacional como internacional. En Estados Unidos fue necesaria una sangrienta guerra civil en 1865 para acabar con el sistema esclavista. Un siglo más tarde, en 1965, la enorme movilización afroamericana consiguió abolir el sistema de discriminación racial legal (aunque no puso fin a la discriminación ilegal, todavía hoy muy real). Podríamos multiplicar los ejemplos: las guerras de independencia en los años 1950-1960 desempeñaron un papel fundamental para acabar con el colonialismo europeo; fueron necesarias décadas de disturbios y movilizaciones para acabar con el *apartheid* sudafricano en 1994, etcétera.

Además de las revoluciones, guerras y revueltas, las crisis económicas y financieras suelen ser momentos clave en los que cristalizan los conflictos sociales y se redefinen las relaciones de poder. La crisis de la década de 1930 desempeñó un papel fundamental en la deslegitimación duradera del liberalismo económico y en la justificación de nuevas formas de intervención estatal. Más recientemente, la crisis financiera de 2008 y la crisis epidémica mundial de 2020-2021 han empezado a sacudir una serie de certezas que hasta hace poco se consideraban intocables, como, por ejemplo, sobre el nivel aceptable de deuda pública o el papel de los bancos centrales. En un ámbito más local, pero significativo, la revuelta de los «chalecos amarillos» en Francia en 2018 tuvo como resultado el abandono de los planes del Gobierno de aumentar la fiscalidad sobre el carbono de forma especialmente desigualitaria. A principios de la década de 2020, los movimientos Black Lives Matter, #MeToo y Fridays for Future impresionan por su capacidad de movilización transfronteriza y generacional en torno a las desigualdades raciales, de género y climáticas. Dadas las contradicciones sociales y medioambientales del actual sistema económico, es probable que las revueltas, los conflictos y las crisis sigan desempeñando un papel central en el futuro, en circunstancias imposibles de predecir con exactitud. El final de la historia no está a la vista. El movimiento hacia la igualdad tiene todavía un largo camino que recorrer, especialmente en un mundo en el que los más pobres (especialmente los más pobres de los países más pobres) van a sufrir cada vez con más intensidad los daños climáticos y medioambientales causados por el estilo de vida de los más ricos.

Es importante destacar otra lección de la historia, a saber, que las luchas y la redefinición de los equilibrios de poder no son suficientes en sí mismas. Son una condición necesaria para derrocar las instituciones y los poderes desigualitarios, pero desgraciadamente no son garantía alguna de que las nuevas instituciones y poderes que los sustituyan sean siempre tan igualitarios y emancipadores como cabría esperar.

La razón es sencilla. Aunque es fácil denunciar el carácter desigualitario u opresor de las instituciones y Gobiernos existentes, es más complejo acordar instituciones alternativas que permitan avanzar realmente hacia la igualdad social, económica y política, respetando los derechos individuales y el derecho a la diferencia. La tarea no es imposible, ni mucho menos, pero requiere aceptar la deliberación, la confrontación de opiniones, la descentralización, las cesiones y la experimentación. Requiere, sobre todo, aceptar que podemos aprender de las trayectorias y experiencias históricas de otros, y especialmente porque el contenido exacto de las instituciones justas se desconoce *a priori* y merece ser debatido como tal. En concreto, veremos que el movimiento hacia la igualdad se ha basado, desde finales del siglo XVIII, en el desarrollo de una serie de mecanismos institucionales específicos que deben ser estudiados como tales: la igualdad jurídica; el sufragio universal y la democracia parlamentaria; la educación gratuita y obligatoria; el seguro de enfermedad universal; la fiscalidad progresiva de la renta, las herencias y la propiedad; la cogestión y los derechos sindicales; la libertad de prensa; el derecho internacional; etcétera.

Cada uno de estos mecanismos, lejos de haber alcanzado un estadio final y consensuado, se asemeja más bien a un compromiso precario, inestable y provisional, en perpetua redefinición, resultado de conflictos y movilizaciones sociales específicas, trayectorias interrumpidas y momentos históricos particulares. Todos adolecen de múltiples deficiencias y deben ser constantemente repensados, complementados y sustituidos por otros. La igualdad jurídica formal, tal y como existe actualmente casi en todas partes, no impide una profunda discriminación por razón de origen o de género; la democracia representativa no es más que una de tantas formas imperfectas de participación política; las desigualdades en el acceso a la educación y a la sanidad siguen siendo abismales; la fiscalidad progresiva y la redistribución deben ser replanteadas por completo a escala nacional y transnacional; el reparto del poder en las empresas todavía está en pañales; la propiedad de casi todos los medios de comunicación por parte de un reducido grupo de oligarcas difícilmente puede ser considerada la forma más completa de libertad de prensa; el sistema legal internacional, basado en la circulación incontrolada de capitales, sin ningún objetivo social o climático, se asemeja la mayoría de las veces a una forma de nuevo colonialismo en beneficio de los más ricos, etcétera.

Para seguir agitando y redefiniendo las instituciones vigentes serán necesarias, como en el pasado, crisis y luchas de poder, pero también procesos de aprendizaje, de apropiación colectiva y de movilización en torno a nuevos programas políticos y propuestas institucionales. Todo eso necesita de múltiples mecanismos de discusión, elaboración y difusión de conocimientos y experiencias: partidos y sindicatos, escuelas y libros, movimientos y encuentros, periódicos y medios de comunicación. Como parte de ese conjunto, las ciencias sociales tienen naturalmente un papel que desempeñar, un papel importante, pero que no debe exagerarse: lo más importante son los procesos de apropiación social, que implican sobre todo a las organizaciones colectivas, cuyas formas están por ser reinventadas.

Los equilibrios de poder y sus límites

En resumen, existen dos escollos simétricos a evitar: uno es descuidar el papel de las luchas y los pulsos por el poder en la historia de la igualdad, el otro es sacralizarlo y descuidar la importancia de las soluciones políticas e institucionales y el papel de las ideas y de las ideologías en su desarrollo. La resistencia de las élites es una realidad ineludible, en la actualidad (con multimillonarios transnacionales más ricos que los propios Estados) tanto al menos como en la Revolución francesa. Es algo que sólo puede superarse mediante potentes movilizaciones colectivas y en momentos de crisis y tensión. Sin embargo, la idea según la cual existiría un consenso espontáneo sobre las instituciones justas y emancipadoras y que bastaría con romper la resistencia de las élites para ponerlas en marcha es una ilusión peligrosa. Cuestiones como la organización del Estado social, el rediseño de la fiscalidad progresiva y de los tratados internacionales, las reparaciones poscoloniales o la lucha contra la discriminación son de una complejidad y tienen un tecnicismo tal que sólo pueden superarse recurriendo a la historia, a la difusión del conocimiento, a la deliberación y a la confrontación de puntos de vista. La posición de clase, por importante que sea, no es suficiente para forjar una teoría de la sociedad justa, una teoría de la propiedad, una teoría de las fronteras, de la fiscalidad, de la educación, del salario o de la democracia. Para una misma vivencia o experiencia social, siempre habrá un grado de indeterminación ideológica, por un lado porque la clase es en sí misma plural y multidimensional (estatus social, patrimonio, ingresos, nivel de estudios, género, origen, etc.), y por otro porque la complejidad de las cuestiones planteadas hace imposible imaginar que antagonismos puramente materiales puedan llevar a una única conclusión a propósito de las instituciones justas.

La experiencia del comunismo soviético (1917-1991), un acontecimiento crucial que atraviesa y hasta cierto punto define el siglo xx, ilustra perfectamente estos dos escollos. Por un lado, la relación de fuerzas y las intensas luchas sociales fueron las que efectivamente permitieron a los revolucionarios bolcheviques sustituir el régimen zarista por el primer «Estado proletario» de la historia, un Estado que inicialmente logró considerables progresos educativos, sanitarios e industriales, al tiempo que contribuyó poderosamente a la derrota del nazismo. Sin la presión de la URSS y del movimiento comunista internacional, no es en absoluto seguro que las clases dirigentes occidentales hubieran aceptado la seguridad social y la fiscalidad progresiva, la descolonización y los derechos civiles. Por otro lado, la sacralización de las relaciones de poder y la certeza entre los bolcheviques de que poseían la verdad última sobre las instituciones justas fue lo que condujo al desastre totalitario que todos conocemos. Los mecanismos institucionales establecidos (régimen de partido único, centralización burocrática, propiedad estatal hegemónica, rechazo de la propiedad cooperativa, de las elecciones y los sindicatos, etc.) pretendían ser más emancipadores que las instituciones burguesas o socialdemócratas. Llevaron a unos niveles de opresión y de encarcelamiento que socavaron totalmente ese régimen y condujeron a su caída, al tiempo que contribuyeron a la aparición de una nueva forma de hipercapitalismo. Tras haber sido el país que abolió completamente la propiedad privada en el siglo XX, Rusia se convirtió a principios del siglo XXI en la capital mundial de los oligarcas, de la opacidad financiera y de los paraísos fiscales. Por todas estas razones, es necesario examinar de cerca la génesis de los diferentes mecanismos institucionales implicados, al igual que en el caso de las instituciones creadas por el comunismo chino, que podrían resultar más duraderas (aunque no menos opresivas).

Intentaré mantenerme alejado de ambos extremos: las relaciones de poder no deben ser ni descuidadas ni sacralizadas. Las luchas desempeñan un papel central en la historia de la igualdad, pero la cuestión de las instituciones justas y la deliberación igualitaria sobre ellas también debe tomarse en serio. No siempre es fácil encontrar una posición ponderada entre ambos puntos: si uno pone el acento en las relaciones y luchas de poder, puede ser acusado de ceder al maniqueísmo y de descuidar la cuestión de las ideas y los contenidos; a la inversa, al centrar la atención en las debilidades ideológicas y programáticas de la coalición igualitaria, uno puede resultar sospechoso de querer debilitarla y de subestimar la capacidad de resistencia y el egoísmo miope de las clases dominantes (que, sin embargo, suele ser evidente). Haré todo lo posible por evitar estos dos obstáculos, aunque no estoy seguro de que lo consiga siempre, por lo que pido de antemano al lector su indulgencia. Sobre todo, espero que los elementos históricos y comparativos presentados en este libro sean útiles para que el lector se forme su propia visión de una sociedad justa y de las instituciones que la conforman.

Capítulo 1

El camino hacia la igualdad: primeros hitos

Vayamos al meollo de la cuestión. El progreso humano existe, el camino hacia la igualdad es una lucha que se puede ganar, pero es una lucha incierta, un proceso social y político frágil, siempre en curso y cuestionado. Empezaré por recordar los avances históricos realizados en materia de educación y sanidad, antes de pasar a examinar las cuestiones fundamentalmente políticas que plantea la elección de los indicadores socioeconómicos utilizados. A continuación, en el siguiente capítulo, examinaremos algunos elementos iniciales y algunos órdenes de magnitud relativos a la lenta desconcentración del poder, de la propiedad y de la renta.

El progreso humano: educación y salud para todos

El progreso humano existe: para convencerse basta con observar la evolución de la salud y la educación en el mundo desde 1820 (véase el gráfico 1.1). Los datos disponibles son imperfectos, pero la tendencia es clara. La esperanza de vida al nacer ha pasado de una media mundial de alrededor de 26 años, en 1820, a 72 años, en 2020. A principios del siglo XIX, el 20 por ciento aproximadamente de los recién nacidos en el mundo morían en su primer año de vida, frente al menos del 1 por ciento de la actualidad. Si nos centramos en las personas que cumplen un año, la esperanza de vida al nacer ha pasado de unos 32 años, en 1820, a 73 años, en 2020. Hace dos siglos, sólo una pequeña minoría de la población podía esperar vivir hasta los 50 o 60 años; hoy, este privilegio se ha convertido en la norma.

La humanidad vive actualmente con mejor salud que nunca y tiene también más acceso a la educación y a la cultura que nunca. A partir de la información recogida en multitud de encuestas y censos, se estima que sólo el 10 por ciento de la población mundial mayor de 15 años estaba alfabetizada a principios del siglo XIX, frente al 85 por ciento en la actualidad. Como ocurre en otros casos, si se dispusiese de indicadores más precisos, éstos confirmarían el diagnóstico. La media de años de escolarización ha pasado de apenas uno hace dos siglos a más de ocho en el mundo actual, y a más de doce en los países más avanzados. En 1820, menos del 10 por ciento de la población mundial tenía acceso a la escuela primaria; en 2020, más de la mitad de las generaciones jóvenes de los países ricos tendrán acceso a la universidad: lo que siempre fue un privilegio de clase se está abriendo poco a poco a la mayoría.

Por supuesto, este enorme avance no ha hecho más que desplazar las desigualdades hacia delante. La diferencia en el acceso a la educación básica y a la sanidad sigue siendo muy elevada entre el Norte y el Sur, y sigue siendo considerable en los niveles más avanzados del sistema sanitario o educativo, por ejemplo, en la enseñanza superior. Veremos que se trata de una cuestión clave de cara al futuro. Por el momento, digamos simplemente que siempre ocurre así: la igualdad avanza en escalones sucesivos. A medida que el acceso a determinados derechos y bienes fundamentales (como la alfabetización o la atención sanitaria básica) se extiende gradualmente a toda la población, surgen nuevas desigualdades a un nivel superior que requieren nuevas respuestas. Al igual que ocurre con la búsqueda de la democracia ideal, que no es más que el camino hacia la igualdad política, el camino hacia la igualdad en todas sus formas (social, económica, educativa, cultural, política) es un proceso continuo y siempre inacabado.

Gráfico 1.1. Salud y educación en el mundo (1820-2020)

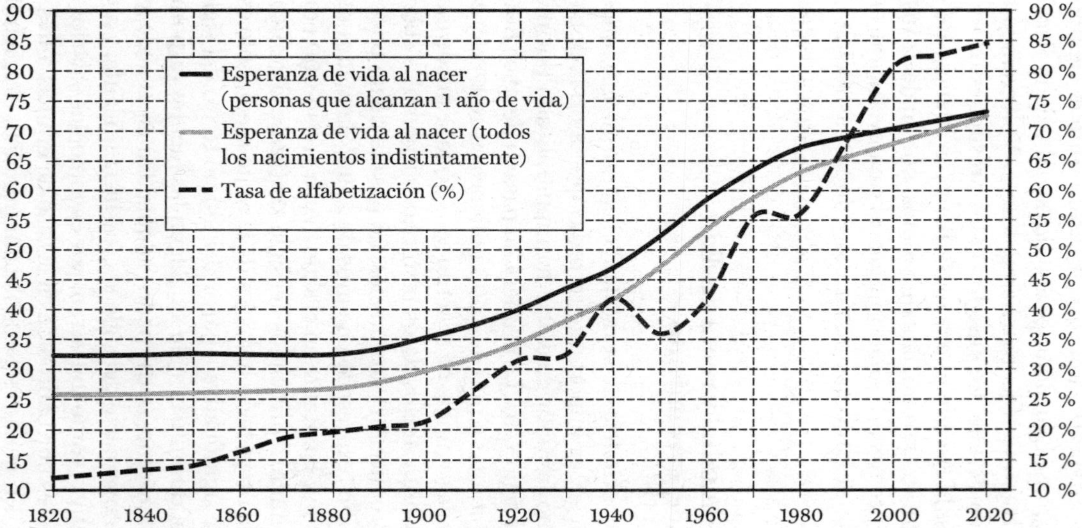

Interpretación: La esperanza de vida al nacer (todos los nacimientos indistintamente) ha pasado de 26 años de media aproximadamente en el mundo, en 1820, a 72 años, en 2020. La esperanza de vida al nacer entre las personas que cumplen un año ha pasado de 32 años a 73 años (la mortalidad infantil en el primer año de vida ha pasado del 20 por ciento aproximadamente en 1820 a menos del 1 por ciento en 2020). La tasa de alfabetización entre la población mundial de al menos 15 años de edad ha pasado del 12 al 85 por ciento.
Fuentes y series: Véase <piketty.pse.ens.fr/egalite>.

Lo que sí se puede constatar, en este estadio de libro, es que la mayor parte del progreso realizado en términos de esperanza de vida y de alfabetización tuvo lugar durante el siglo xx, un período de gran expansión del Estado social y de la fiscalidad progresiva, tras intensas batallas políticas. Volveremos a hablar de ello en detalle. En el siglo xix los presupuestos sociales eran escasos, la fiscalidad era regresiva y los avances de estos indicadores eran extremadamente lentos, por no decir insignificantes. El progreso humano nunca es una evolución «natural»: es parte de procesos históricos y de luchas sociales concretas.

Población mundial y renta media: los límites del crecimiento

Para tomar conciencia de la escala de las transformaciones históricas en juego, es importante recordar que tanto la población humana como la renta media se han multiplicado por más de diez desde el siglo xviii. La primera ha pasado de unos 600 millones de habitantes a más de 7.500 millones entre 1700 y 2020; mientras que la segunda, de acuerdo con lo que se puede medir a partir de los imperfectos datos históricos disponibles sobre los salarios, la producción y los precios, ha pasado de un poder adquisitivo medio (expresado en euros de 2020) de menos de 100 euros al mes por habitante en el siglo xviii a unos 1.000 euros al mes por habitante a principios del siglo xxi (véase el gráfico 1.2). Nótese que la progresión histórica de la renta media sólo es verdaderamente significativa a partir del último tercio del siglo xix y, sobre todo, durante el siglo xx. Según las fuentes disponibles, parece que la evolución del poder adquisitivo en el siglo xviii y durante la mayor parte del siglo xix fue insignificante, y a veces incluso negativa (como muestran, por ejemplo, los salarios agrícolas estudiados por Labrousse en el caso de Francia antes de la Revolución). En cuanto a la población mundial, el crecimiento ha sido más regular en los tres últimos siglos, pero también se acelera en el siglo xx.

Gráfico 1.2. Población y renta per cápita en el mundo (1700-2020)

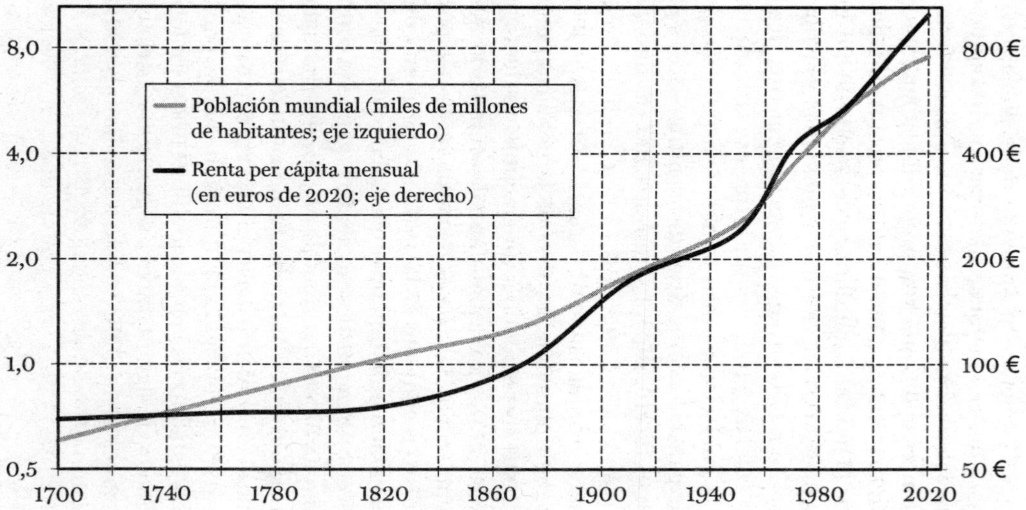

Interpretación: Tanto la población mundial como la renta per cápita se han multiplicado por más de diez entre 1700 y 2020: la primera ha pasado de unos 600 millones, en 1700, a más de 7.000 millones, en 2020; la segunda, expresada en euros de 2020 y en paridad de poder adquisitivo (ppa), ha pasado de apenas 80 euros mensuales por habitante del planeta, en 1700, a unos 1.000 euros mensuales, en 2020. En ambos casos, esto corresponde a un crecimiento medio de alrededor del 0,8 por ciento anual, acumulado en 320 años.

Fuentes y series: Véase <piketty.pse.ens.fr/egalite>.

¿Es posible hablar de progreso humano con respecto a estas dos multiplicaciones por diez? La interpretación en este caso es en realidad bastante más compleja que en el caso de la sanidad y la educación. El espectacular aumento de la población mundial refleja, sin duda, una mejora real de las condiciones de vida de los individuos, en particular gracias a los avances de la agricultura y la alimentación, que han permitido superar los ciclos de superpoblación y hambruna. También es el resultado de la disminución de la mortalidad infantil y del hecho de que un número cada vez mayor de progenitores ha podido crecer con hijos vivos, algo que no es irrelevante. Lamentablemente, desde un punto de vista colectivo, todo apunta a que ese crecimiento exponencial de la población es insostenible a largo plazo para el planeta. Si la expansión demográfica de los últimos tres siglos se mantuviera en el futuro, superaríamos los 70.000 millones de seres humanos en el año 2300 y los 7 billones en el año 3000, algo que no parece ni plausible ni deseable. Conviene tener en cuenta que la multiplicación por diez de la población mundial entre 1700 y 2020 corresponde a un crecimiento demográfico medio de apenas el 0,8 por ciento anual, acumulado durante más de trescientos años.[22] Esto nos recuerda hasta qué punto la idea misma de un crecimiento de la población perpetuo y unidireccional, prolongado indefinidamente a lo largo de miles y millones de años, es totalmente descabellada y no puede constituir en modo alguno un objetivo razonable de progreso humano. En cualquier caso, dado el descenso observado en la tasa de natalidad, parece que el crecimiento de la población se reducirá significativamente durante el siglo XXI, de modo que la población mundial podría estabilizarse en torno a los 11.000 millones de habitantes a finales de siglo, al menos según el escenario central de las proyecciones de la ONU, sujeto a mucha incertidumbre en este momento.

22. En concreto: $1{,}008^{300} = 10{,}9$.

La elección de los indicadores socioeconómicos: una cuestión política

El espectacular aumento de la renta media plantea problemas de interpretación diferentes, pero en parte similares. En términos absolutos, el hecho de que la renta media haya aumentado considerablemente puede considerarse como una evolución positiva, que además es inseparable de los progresos en materia de nutrición y esperanza de vida (ambos se refuerzan mutuamente). Sin embargo, es necesario aclarar varios puntos. En general, la elección de los indicadores socioeconómicos es una cuestión eminentemente política: ningún indicador debe sacralizarse, y la naturaleza de los indicadores elegidos debe estar en el centro del debate público y de la confrontación democrática.

En lo que respecta a indicadores como la renta, es esencial, en primer lugar, alejarse de las medias y los agregados y prestar atención a la distribución real de la riqueza entre clases sociales tanto dentro de los países como a escala mundial. Así, por ejemplo, mientras la renta media mundial, según los datos disponibles, ronda los 1.000 euros mensuales per cápita a principios de la década de 2020, apenas alcanza los 100-200 euros mensuales en los países más pobres, mientras que supera los 3.000-4.000 euros mensuales en los países más ricos. Dentro de cada país, pobre o rico, las desigualdades siguen siendo considerables. A lo largo de todo el libro trataremos estos temas con detenimiento. Veremos, por ejemplo, que las desigualdades entre países se han reducido desde el período colonial, pero que siguen siendo extremadamente altas, lo que refleja en parte la existencia de una organización del sistema económico mundial todavía muy jerarquizada y desigualitaria.[23]

Asimismo, conviene relativizar la idea de que el poder adquisitivo se ha multiplicado por diez desde el siglo XVIII (de hecho, desde finales del siglo XIX). El orden de magnitud es expresivo y transmite con fuerza la idea de un aumento cuantitativo masivo, que es indiscutible; pero en realidad la cifra en sí misma no significa mucho. Puede tener sentido comparar ingresos para evaluar las desigual-

23. Véase en concreto el capítulo 9.

dades dentro de una sociedad determinada (en la medida en que los diferentes grupos sociales interactúan y se relacionan entre sí a través de intercambios monetarios) o entre países en un momento dado (en la medida en que las sociedades también interactúan entre sí de esa manera, lo que en efecto es cada vez más común a nivel mundial desde el siglo XVIII) o para estudiar los cambios en el poder adquisitivo durante un periodo de algunos años o décadas. Sin embargo, el ejercicio pierde sentido en cuanto se consideran progresiones temporales tan gigantescas como la antes mencionada.

Para captar cambios tan radicales en los estilos de vida, ningún indicador unidimensional es suficiente. Es preferible adoptar un enfoque multidimensional, de modo que se puedan medir los cambios en el acceso a bienes concretos como la educación, la salud, la alimentación, la ropa, la vivienda, el transporte, la cultura, etcétera. En el caso concreto del poder adquisitivo, según centremos la atención en un tipo de bienes u otros (desde un punto de vista técnico, según sea la composición de la cesta de bienes y servicios utilizada para calcular el índice de precios), se podría haber concluido con la misma facilidad que el poder adquisitivo medio se ha multiplicado, o bien por dos o tres, o bien por quince o veinte (en lugar de por diez, como hemos mencionado) entre 1860 y 2020.[24]

Por una pluralidad de indicadores sociales y medioambientales

No sólo es fundamental tener en cuenta que el aumento generalizado de la población, la producción y la renta desde el siglo XVIII

24. Para ejemplos concretos del aumento del poder adquisitivo del salario medio expresado en kilos de zanahorias o de carne, en periódicos, en peluquerías, en bicicletas o en alquiler de viviendas en Francia durante el siglo XX, véase T. Piketty, *Los altos ingresos en Francia*, *op. cit.*, y *El capital en el siglo XXI*, *op. cit.* En resumen: el poder adquisitivo expresado en productos manufacturados ha aumentado mucho más que la media, el poder adquisitivo expresado en servicios ha aumentado mucho menos que la media (o incluso no ha aumentado en absoluto en el caso de algunos servicios) y el poder adquisitivo en alimentación se sitúa aproximadamente sobre la media.

se ha logrado a costa de la sobreexplotación de los recursos naturales del planeta, sino preguntarse sobre la sostenibilidad de dicho proceso y sobre los mecanismos institucionales que permitirían reorientarlo radicalmente. De nuevo, esto exige desarrollar una batería de indicadores que permita a los diferentes actores sociales definir una noción multidimensional y equilibrada de progreso económico, social y medioambiental. Como punto de partida, en el caso de los indicadores macroeconómicos, es preferible utilizar el concepto de «renta nacional» en vez de «producto interior bruto» (PIB). Existen dos diferencias fundamentales entre uno y otro concepto: la renta nacional es igual al producto interior bruto (la suma de los bienes y servicios producidos en un país durante un año), menos la depreciación del capital (el desgaste de los equipos, la maquinaria y los edificios utilizados en la producción, incluyendo en principio el capital natural), más las rentas netas del capital y del trabajo percibidas o pagadas al resto del mundo (que pueden ser positivas o negativas según la situación de cada país, pero que por definición se anulan a escala mundial).[25]

Pongamos un ejemplo. Un país que extrae 100.000 millones de euros de petróleo de su subsuelo genera un PIB adicional de 100.000 millones de euros. Sin embargo, la renta nacional correspondiente es cero, porque las existencias de capital natural se han reducido en esa misma cantidad. Si, además, se opta por atribuir un valor negativo correspondiente al coste social de las emisiones de carbono generadas por la quema del petróleo en cuestión (que ahora sabemos que contribuirá a calentar el planeta y a convertir la vida en la Tierra en un infierno), algo que debería hacerse pero que no siempre se hace, se obtiene

25. Véase T. Piketty, *El capital en el siglo XXI*, *op. cit.*, capítulos 1 y 2. La renta nacional se denomina a veces renta nacional neta (RNN) o producto nacional neto (PNN). La depreciación del capital suele rondar el 15 por ciento del PIB. En 2020, el PIB se situaba en torno a 100 billones de euros (en paridad de poder adquisitivo, es decir, teniendo en cuenta las diferencias de precios entre países), y la renta mundial, en torno a unos 85 billones, para una población mundial de más de 7.500 millones, lo que supone una renta media de apenas 12.000 euros al año (1.000 euros al mes).

una renta nacional claramente negativa.[26] La importancia de elegir el indicador es evidente: una misma operación económica puede dar lugar a un PIB positivo o a una renta nacional negativa. Esto puede cambiar radicalmente la evaluación colectiva de una determinada decisión de inversión a escala de país o de empresa.

No obstante, no es suficiente centrarse en la renta nacional (incorporando el consumo de capital natural y su correspondiente coste social) y en la desigualdad de su distribución, antes que en el PIB y en los valores promedio. De hecho, sea cual sea el valor monetario que se elija para cuantificar el coste social de las emisiones de carbono u otras «externalidades» (término genérico utilizado por los economistas para referirse a los efectos indeseables de las actividades económicas, como el calentamiento global, la contaminación atmosférica o la congestión del tráfico), la contabilidad monetaria unidimensional no permite captar correctamente los daños causados ni los desafíos en juego. En algunos casos, este enfoque puede incluso contribuir a crear la ilusión de que todo puede compensarse con dinero, a condición de encontrar el «precio relativo» adecuado para valorar el medio ambiente, lo cual es una idea falsa y peligrosa.[27] Para superar este *impasse* intelectual y político, es esencial dotarse de indicadores genuinamente medioambientales, como, por ejemplo, umbrales explícitos de temperatura que no deben ser superados, indicadores vinculantes de biodiversidad u objetivos formulados en términos de emisiones de carbono.

26. Por ejemplo, si se aplicase un valor mínimo de 100 euros por tonelada a los aproximadamente 50.000 millones de toneladas equivalentes de emisiones anuales de carbono (unas 6,2 toneladas de media por persona en el planeta), esto supondría un coste social anual de 5.000.000 de euros, alrededor del 5 por ciento del PIB mundial. Si se utiliza un valor de varios cientos de euros por tonelada, probablemente necesario para una política climática ambiciosa, esto tendría un impacto masivo en el cálculo de la renta mundial y en la contribución de cada país al bienestar colectivo.

27. Técnicamente, nadie puede predecir con un siglo de antelación cuál será el «valor relativo» del medio ambiente, y los mercados y sus olas especulativas aún menos que nadie.

Gráfico 1.3. Distribución mundial de las emisiones de carbono (2010-2018)

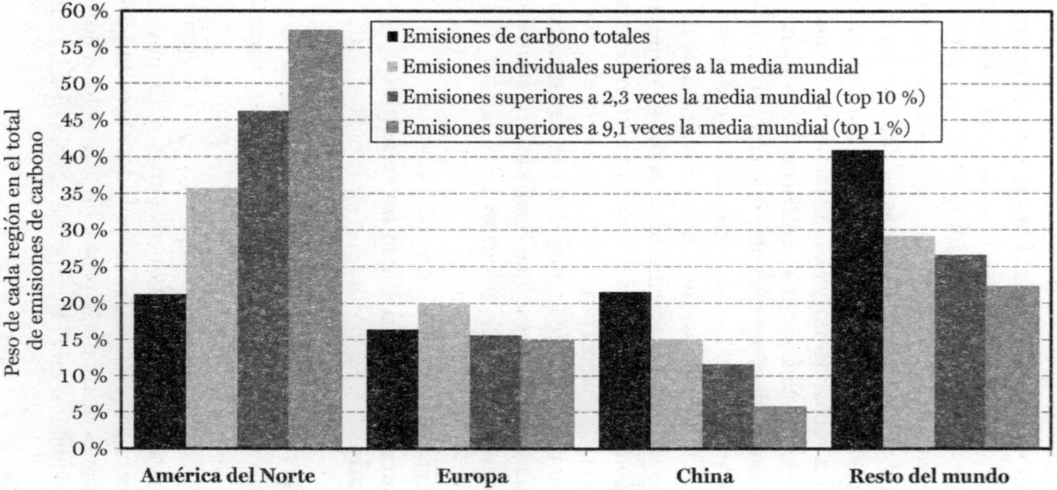

Interpretación: El peso de América del Norte (Estados Unidos y Canadá) en las emisiones totales de carbono (directas e indirectas) es del 21 por ciento de media en 2010-2018; aumenta al 36 por ciento de las emisiones individuales por encima de la media mundial (6,2 t de CO_2 al año), al 46 por ciento de las emisiones por encima de 2,3 veces la media mundial (el 10 por ciento de las emisiones individuales más altas, responsables del 45 por ciento de las emisiones totales, frente al 13 por ciento del 50 por ciento de los menos emisores), y al 57 por ciento de las emisiones por encima de 9,1 veces la media (el 1 por ciento de las emisiones individuales más altas, responsables del 14 por ciento de las emisiones).

Fuentes y series: Véase <piketty.pse.ens.fr/egalite>.

Al igual que en el caso de la renta, también es importante tener en cuenta la distribución desigualitaria de las emisiones de carbono tanto desde la perspectiva de quienes emiten como de quienes sufrirán las consecuencias. Por ejemplo, durante el período 2010-2018, casi el 60 por ciento del 1 por ciento de los mayores emisores de carbono del mundo se encontraban en América del Norte (véase el gráfico 1.3), y sus emisiones totales eran superiores a las emisiones conjuntas del 50 por ciento de los menores emisores del mundo.[28] Estos últimos viven mayoritariamente en el África subsahariana y en el sur de Asia, y van a ser los primeros en verse afectados por el calentamiento global. Este tipo de indicadores podría desempeñar un papel creciente en el futuro, para evaluar el respeto a los compromisos adquiridos por cada país y para definir los subsiguientes mecanismos de compensación, así como para desarrollar un sistema de tarjetas individuales de carbono, que forma parte sin duda de las herramientas institucionales necesarias para afrontar el reto climático. En general, es difícil repensar la organización del sistema económico, tanto a escala mundial como nacional, sin una base objetiva conformada por indicadores de este tipo.

No existe desarrollo sostenible si no se miden las desigualdades

Pero cuidado: la solución no consiste en centrarse únicamente en los indicadores puramente medioambientales y prescindir de los indicadores socioeconómicos sobre la renta. La razón es sencilla. Los seres humanos necesitan vivir en armonía con la naturaleza, pero también necesitan cobijarse, alimentarse, vestirse y tener acceso a la cultura. Y, sobre todo, necesitan justicia. Si no somos capaces de medir la renta, la desigualdad de su distribución y su evolución en el tiempo, se antoja difícil imaginar

28. Véase L. Chancel y T. Piketty, «Carbon and inequality: from Kyoto to Paris», WID.world, 2015. Véase también L. Chancel, «Global carbon inequality in the long run», WID.world, 2021.

cómo se pueden desarrollar normas de justicia que nos permitan concentrar el esfuerzo en los más ricos y repensar la organización del sistema económico mundial de forma aceptable para los más modestos. Sin una acción decidida para reducir drásticamente las desigualdades socioeconómicas, no existe solución a la crisis medioambiental y climática.[29] Para avanzar en esa dirección, resulta imprescindible combinar diferentes indicadores tanto ambientales como económicos; por ejemplo, fijando objetivos de emisiones de carbono o de biodiversidad, por un lado, y al mismo tiempo, objetivos de reducción de las desigualdades de renta y de distribución de las cargas fiscales y de las contribuciones sociales, así como del gasto público, por otro lado, para que sea posible comparar entre sí diferentes conjuntos de políticas públicas que permitan alcanzar los objetivos ambientales fijados.

Asimismo, aunque en general es preferible examinar la distribución de la renta entre clases sociales y no centrarse sólo en la renta media, en algunos casos es imprescindible utilizar también agregados macroeconómicos como la renta nacional (o, en su defecto, el producto interior bruto); por ejemplo, como unidad de medida, para poder expresar el peso de los distintos tipos de impuestos o el importe del presupuesto dedicado a educación, sanidad o medio ambiente como porcentaje de la renta nacional (o del producto interior bruto). Éste es, en efecto, el método menos malo que tenemos para comparar de forma inteligible cantidades que varían a lo largo del tiempo y entre países, como trataré de demostrar en los siguientes capítulos cuando estudiemos, por ejemplo, el aumento de la capacidad fiscal y militar de los Estados europeos en los siglos XVIII y XIX o el desarrollo del Estado social en el siglo XX. A primera vista, razonar en términos de «porcentaje de la renta nacional» o relacionar los importes mencionados anteriormente con la renta o el salario medio de cada época (lo que viene a ser lo mismo) puede sin duda parecer abs-

29. Véase L. Chancel, *Insoutenables inégalités: pour une justice sociale et environnementale*, Les petits matins, 2017. Véase también E. Laurent, *Sortir de la croissance: mode d'emploi*, Les liens qui libèrent, 2019.

tracto y alejar a muchos ciudadanos. Pero, si no se supera ese obstáculo técnico, es casi inevitable estar expuestos a la manipulación.

Por ejemplo, los Gobiernos (e incluso sus respectivas oposiciones) anuncian regularmente planes de inversión expresados en miles de millones de euros (o dólares o yuanes). Al examinarlos, a menudo resulta que esos planes abarcan diez o veinte años en lugar de uno solo, que el importe anual correctamente recalculado es en realidad una fracción ínfima de la renta nacional o que el aumento previsto es inferior a la tasa de inflación o de crecimiento esperada durante dicho período (de modo que la megainversión anunciada disminuye en proporción a la renta nacional, en lugar de aumentar). Lo ideal sería que los medios de comunicación convirtiesen sistemáticamente las cantidades anunciadas en escalas inteligibles. Actualmente estamos bastante lejos de ese ideal, y la mejor manera de acercarnos a él es, sin duda, que un número creciente de ciudadanos se apropie de esta práctica y transmita esta demanda a sus medios de comunicación preferidos. La elección de los indicadores socioeconómicos es eminentemente política: concierne a todos y cada uno de nosotros y no puede dejarse en manos de otros, en cuyo caso no debería sorprendernos que los indicadores elegidos reflejasen prioridades distintas a las que nosotros valoramos.

Seamos claros: los indicadores socioeconómicos, como las series históricas presentadas en este libro y todas las estadísticas en general, no son más que construcciones imperfectas, provisionales y frágiles. No pretenden establecer «la» verdad de los números o la certeza de los «hechos». Existen siempre varias formas legítimas de combinar los elementos disponibles para aportar una comprensión social, económica e histórica específica dada una información determinada. Los indicadores pretenden ante todo desarrollar un lenguaje que permita establecer órdenes de magnitud y, sobre todo, comparar situaciones, momentos históricos, épocas y sociedades que a menudo son muy distantes, pero que puede ser útil comparar, más allá de su irreductible singularidad y excepcionalidad. No basta con decir que toda estadística es una construcción social: por supuesto que lo es, pero no es suficiente, de lo contrario estaríamos arrojando la toalla. Utilizado con sabiduría, moderación y pensamiento crítico, el lenguaje de los indicadores socioeconómicos es un complemento indispensable del lenguaje natural tanto en la lucha contra el nacionalismo intelectual como para no caer en la manipulación de las élites económicas y construir un nuevo horizonte igualitario.

Nótese, por último, que para no tener que utilizar una multiplicidad de indicadores, una solución alternativa podría ser sintetizarlos en uno solo. Por ejemplo, el índice de desarrollo humano (IDH) elaborado por la ONU agrega datos sobre salud, educación y renta nacional para elaborar una clasificación mundial de países. El ecologista y economista Tim Jackson ha desarrollado un indicador de progreso global (GPI, por sus siglas en inglés) que combina datos medioambientales con datos sobre la renta nacional y su distribución.[30] El gran mérito de estos trabajos es que demuestran el poco sentido que tiene obsesionarse con el PIB: basta con un indicador más equilibrado para que se modifique la clasificación de los países y su evolución en el tiempo. Sin embargo, no creo que la mejor solución sea sustituir el PIB por otro indicador único (aunque sea más equilibrado). Por construcción, los indicadores que pretenden resumir una realidad multidimensional en un solo índice lo hacen a costa de una cierta opacidad. Como norma general, me parece preferible utilizar una multiplicidad de indicadores que cubran de forma explícita y transparente las emisiones de carbono y su distribución, las desigualdades de renta, la salud, la educación, etc. Por las mismas razones de transparencia, desaconsejo el uso de índices sintéticos que supuestamente resumen el nivel de desigualdad de una sociedad (como los coeficientes de Gini o de Theil, cuya interpretación es relativamente abstracta). Creo que es más apropiado utilizar nociones más intuitivas, como la propor-

30. Véase T. Jackson, *Prosperity without growth: foundations for the economy of tomorrow*, Routledge, 2017. Véase también J. Hickel, *Less is more: how degrowth will save the world*, Heinemann, 2020.

ción de la renta nacional total que recibe el 50 por ciento más pobre de la población o el 10 por ciento más rico, la parte de las emisiones causadas por el 1 por ciento de los emisores más importantes, etc., nociones que todo el mundo puede entender fácilmente.[31]

31. Los coeficientes de Gini también están disponibles en WID.world, pero recomiendo utilizar las series detalladas por deciles y percentiles, en las que me centraré en este libro.

Capítulo 2

La lenta desconcentración del poder y de la propiedad

Pasemos ahora a otro indicador socioeconómico que va a desempeñar un papel importante en nuestra investigación: la propiedad y su distribución. A diferencia de la renta, que representa lo que se gana en un período de tiempo determinado, la propiedad se refiere a todo lo que se posee en un momento dado. Al igual que la renta, la propiedad es una relación social, en el sentido de que adquiere todo su significado únicamente dentro de una sociedad concreta, caracterizada por un conjunto de normas específicas y relaciones de poder entre grupos sociales. La propiedad es una noción situada en su contexto histórico: depende del modo en que cada sociedad define las formas legítimas de posesión (tierras, casas, fábricas, máquinas, mares, montañas, monumentos, títulos financieros, conocimientos, esclavos, etc.), así como los procedimientos jurídicos y las prácticas que estructuran y enmarcan las relaciones de propiedad y los equilibrios de poder entre los distintos grupos sociales.

La evolución de la concentración de la propiedad desde el siglo XVIII

Comencemos por examinar la evolución de la concentración de la propiedad en Francia desde finales del siglo XVIII, comparando en primer lugar la parte del 1 por ciento más rico con la del 50 por ciento más pobre (véase el gráfico 2.1).[32] El caso de Francia es especialmente interesante porque la Revolución francesa, sin haber establecido una sociedad perfectamente igualitaria (ni mucho menos), nos ha legado un observatorio de la riqueza incomparable en sus archivos de sucesiones y su sofisticado sistema de registro de propiedades y transmisiones.[33] Como veremos, la evolución a largo plazo observada en el caso francés es representativa de la observada en otras sociedades europeas para las que disponemos de fuentes comparables (aunque menos sistemáticas), como el Reino Unido y Suecia.

Se constata, en primer lugar, que la parte del 1 por ciento más rico de la población en el total de la propiedad privada (tierras, bienes inmuebles y activos profesionales, industriales y financieros de todo tipo, netos de deudas) apenas se redujo ligeramente después de la Revolución francesa, y se mantuvo en un nivel astronómico durante todo el siglo XIX y principios del siglo XX. El 1 por ciento más rico poseía alrededor del 45 por ciento del total de propiedades en Francia en 1810, y alrededor del 55 por ciento en 1910. En París, donde se acumularon considerables fortunas financieras e industriales a finales del siglo XIX y durante la Belle Époque, la parte del 1 por ciento más rico llegó a superar el 65 por ciento del total en vísperas de la Primera Guerra Mundial. A partir de ese momento y a lo largo del siglo XX se observa una fuerte desconcentración de la riqueza: en Francia, la parte del 1 por ciento más rico pasó del 55 por ciento, en 1914, a menos del 20 por ciento, a principios de la década de 1980, antes de iniciar un lento aumento (se sitúa en torno al 25 por ciento en 2020).

32. Por construcción, la parte restante la tiene el 49 por ciento de la población, situado entre el 50 por ciento más pobre y el 1 por ciento más rico. Véase el gráfico 2.3 para un desglose completo.

33. Los resultados presentados aquí se basan en un amplio trabajo de recopilación de datos en los archivos de sucesiones de París y provincias. Véase en concreto T. Piketty, G. Postel-Vinay y J.-L. Rosenthal, «Wealth concentration in a developing economy: Paris and France, 1807-1994», *American Economic Review*, 2006; «Inherited vs self-made wealth: theory and evidence from a rentier society (Paris, 1872-1927)», *Explorations in Economic History*, 2014.

Gráfico 2.1. Una marcha limitada e interrumpida hacia la igualdad: la concentración de la propiedad en Francia (1780-2020)

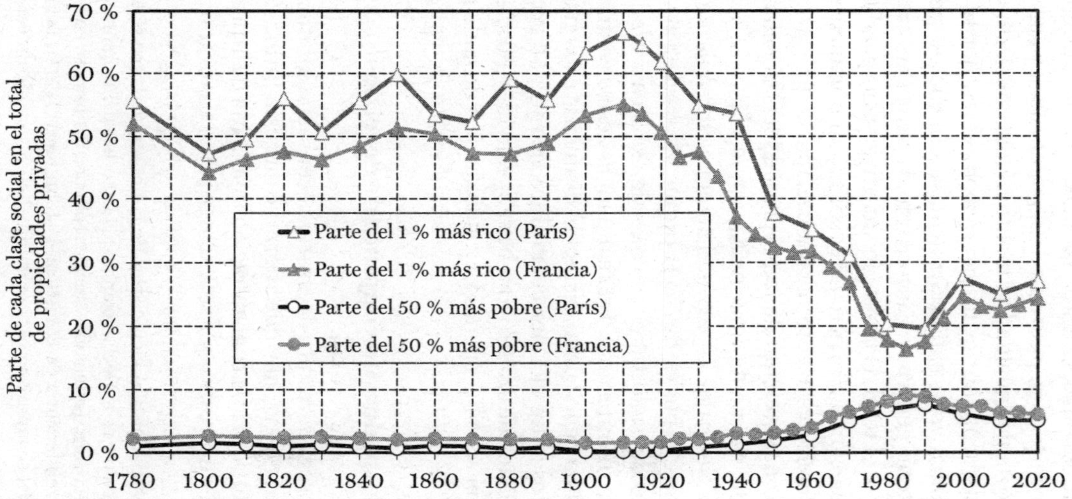

Interpretación: Tras un ligero descenso durante la Revolución francesa, la concentración de la propiedad en Francia (bienes inmuebles, profesionales y financieros, netos de deudas) aumentó durante el siglo XIX y hasta la Primera Guerra Mundial, antes de descender bruscamente tras las dos guerras y hasta la década de 1980. En total, la parte del 1 por ciento más rico se redujo del 55 por ciento, en 1910, al 24 por ciento, en 2020; pero esto apenas benefició al 50 por ciento más pobre, cuya participación pasó del 2 al 6 por ciento entre 1910 y 2020.

Fuentes y series: Véase <piketty.pse.ens.fr/egalite>.

Los resultados presentados en el gráfico 2.1 ilustran la tesis general de este libro: por un lado, existe una tendencia a largo plazo hacia la igualdad, en este caso hacia una menor concentración de la propiedad y, por tanto, del poder social y económico; por otro lado, la desigualdad se mantiene, sin embargo, en niveles extremadamente altos, incluso insoportables, por lo que resulta muy difícil estar satisfechos con la situación o pretender que es en interés general.[34] En concreto, la parte del 1 por ciento más rico sobre el total de la propiedad privada es actualmente la mitad que hace un siglo, pero sigue siendo unas cinco veces superior a la del 50 por ciento más pobre, que actualmente posee poco más del 5 por ciento de la propiedad total (a pesar de ser, por definición, cincuenta veces más numerosa que el 1 por ciento más rico). Es cierto que la parte del 50 por ciento más pobre apenas alcanzaba el 2 por ciento de la propiedad total en el siglo XIX y a principios del siglo XX, por lo que algo se ha avanzado en un siglo, pero es infinitesimal. En realidad, la desconcentración de la propiedad ha beneficiado casi exclusivamente a los grupos sociales situados entre el 1 por ciento más rico y el 50 por ciento más pobre. Estos últimos se han beneficiado muy poco; por decirlo de forma sencilla, apenas han sido dueños de nada nunca.

Propiedad y poder: un conjunto de derechos

Antes de proseguir, resulta necesario hacer varias puntualizaciones. En primer lugar, hay que subrayar que esta forma de cuantificar la evolución de la concentración monetaria de la propiedad, por muy útil y expresiva que sea, sólo permite analizar una parte

34. Ésta es una justificación clásica de la desigualdad, que se encuentra tanto en el artículo 1 de la Declaración de los Derechos del Hombre y del Ciudadano de 1789 («Las distinciones sociales sólo pueden basarse en la utilidad común») como en la teoría de la justicia de John Rawls (1971). Es potencialmente aceptable, siempre que se base en un análisis histórico preciso y no se utilice indiscriminadamente para justificar cualquier nivel de desigualdad, sin ni siquiera intentar ponerlo en perspectiva o evaluar hasta qué punto es realmente de interés público.

de las profundas transformaciones en juego. De hecho, son las propias condiciones de ejercicio del derecho a la propiedad las que se han ido redefiniendo desde finales del siglo XVIII. Las valoraciones monetarias de los distintos bienes (precios de la propiedad, cotizaciones bursátiles, etc.) utilizadas para evaluar el patrimonio y su distribución sólo miden de forma imperfecta el valor de la propiedad en términos de poder y oportunidades; miden muy por encima el valor social que dichos bienes representan para cada uno de los actores sociales concernidos. En general, la propiedad debe concebirse no como un derecho absoluto y atemporal, sino como un conjunto de derechos característicos de cada contexto social e histórico, como un verdadero «paquete de derechos» que define el alcance del poder y la fuerza de los diferentes actores y las partes interesadas, ya sean propietarios o no propietarios, usuarios o empleados, autoridades locales o grupos familiares.[35]

En vísperas de la Revolución francesa, la clase aristocrática, que entonces representaba menos del 1 por ciento de la población, aunque más del 50 por ciento de los grandes propietarios privados, gozaba también de importantes privilegios fiscales, políticos y jurisdiccionales, por lo que su poder (en comparación con el de los terratenientes burgueses) no se limitaba al valor monetario de sus propiedades. La Revolución estableció la igualdad de estatus legal de todos los propietarios, al tiempo que radicalizó su derecho a dominar a los no propietarios (sin contrapartida social), en particular el derecho del hombre blanco terrateniente. El Código Civil de 1804 adoptó una definición absolutista de la propiedad, que sigue vigente en Francia.[36] El sistema jurídico en su conjunto ha evolucionado desde entonces. Las mujeres casa-

35. Este enfoque de la propiedad como paquete de derechos ha sido desarrollado por Elinor Ostrom a propósito de los diferentes modos de gestión de los «bienes comunes» (como los recursos naturales agotables: pastos, bosques, ríos, estanques, caza, peces, etc.) observados a lo largo de la historia y del espacio, pero veremos que en realidad tiene una aplicación mucho más general.

36. «La propiedad es el derecho de disfrutar y disponer de las cosas de la manera más absoluta, siempre que no se haga uso de ellas de forma prohibida por las leyes o los reglamentos.» (Código Civil francés, artículo 544.) Sobre los

das, que durante mucho tiempo tuvieron un estatus legal inferior al de los hombres —por ejemplo, para abrir una cuenta bancaria, vender una propiedad o firmar un contrato de trabajo—, tienen derechos formales equivalentes desde los años 1960-1970. Los asalariados y los inquilinos, ya sean hombres o mujeres, disfrutan ahora de derechos que distan mucho de los del pasado. En el siglo XIX, un empresario podía despedir a un empleado o modificar sus condiciones de trabajo y su salario casi a voluntad, al igual que un propietario podía desalojar a un inquilino o duplicar su alquiler sin previo aviso. La situación es diferente a principios del siglo XXI. Existen muchas normas y procedimientos en este sentido que están lejos de ser puramente teóricos, si bien es cierto que tanto los derechos de los asalariados como los de los inquilinos siguen siendo limitados y podrían adoptar formas mucho más amplias y emancipadoras.

Son múltiples los ejemplos que ilustran cómo han evolucionado los distintos regímenes de propiedad. Hasta la abolición de la esclavitud en las islas esclavistas francesas en 1848, los bienes y plantaciones inscritos en los archivos de herencias incluían el valor monetario de los esclavos que trabajaban en ellas. Y hasta principios de la década de 1960, los patrimonios estudiados incluyen los activos poseídos en las colonias, activos que se acumularon en el contexto de relaciones jurídicas profundamente asimétricas, así como de relaciones de extrema dominación política y militar. Volveremos sobre estos aspectos a lo largo de todo el libro, y veremos que la evolución hacia la igualdad en los últimos dos siglos se ha caracterizado por un profundo reequilibrio de la ley a favor de los no propietarios. La evolución del derecho a la propiedad, principalmente en la segunda mitad del siglo XIX y a lo largo del siglo XX, ha sido un tema central en las luchas sociales y políticas. Ha contribuido no sólo a una mayor igualdad socioeconómica, sino también a una mayor prosperidad, gracias a la mayor participación de todas y todos en la vida social y económica. También argumentaré que este movimiento histórico podría prolongarse

---

problemas que conlleva esta definición y las alternativas adoptadas en otros lugares, véase el capítulo 5.

perfectamente en el siglo XXI, siempre que nuevas luchas y rupturas históricas permitan avanzar en esa dirección. De momento, señalemos simplemente que los derechos de los propietarios eran en general mucho más absolutos a principios del siglo XIX de lo que lo son en la actualidad. Desde este punto de vista, se puede considerar que tanto la desconcentración de la propiedad como el poder que se deriva de ella han sido incluso mayores de lo que parece indicar la visión estrictamente monetaria expresada en el gráfico 2.1. Puede que el 50 por ciento más pobre siga siendo pobre en el sentido de que su cuota de propiedad total no ha aumentado mucho desde el siglo XIX, pero está algo menos a merced de sus propietarios (empresarios o caseros, maridos o colonos) que en el pasado.

Poseer los medios de producción, la vivienda, el Estado, el resto del mundo

Para analizar los equilibrios de poder que intervienen en las relaciones de propiedad, así como para comprender mejor la evolución de la distribución monetaria de los patrimonios, es esencial distinguir las diferentes categorías de bienes que pueden ser poseídos. Si dejamos a un lado la propiedad de otros seres humanos a través de la esclavitud (aspecto sobre el que volveremos), podemos distinguir cuatro categorías principales de propiedad: la propiedad de los medios de producción, de la vivienda, del Estado y del resto del mundo. Los medios de producción incluyen la tierra y los bienes de equipo, las fábricas y la maquinaria, las oficinas y los ordenadores, las tiendas y los restaurantes, los anticipos y el capital circulante y, en general, todos los activos necesarios para producir otros bienes y servicios. Los medios de producción pueden ser poseídos directamente, o bien por quien los explota o gestiona, o bien a través de acciones, bonos, participaciones empresariales u otros valores financieros, o indirectamente a través de depósitos y cuentas bancarias (en cuyo caso es más bien el banco o el intermediario financiero quien ejerce el poder sobre las empresas en las que decide invertir, a partir de los depósitos de los ahorradores y las normas legales vigentes).

En el enfoque marxista tradicional, únicamente la propiedad de los medios de producción es verdaderamente propiedad capitalista: es lo que conduce a la extracción de beneficios a través de la explotación de la fuerza de trabajo, y es este beneficio el que a su vez alimenta la acumulación de capital. Sin pretender negar lo específico de las relaciones sociales altamente jerarquizadas propias de ese marco, creo importante insistir en el hecho de que todas las relaciones de propiedad conllevan relaciones de poder específicas, que deben ser analizadas como tales, sean cuales sean las formas de propiedad consideradas.[37] En particular, la propiedad de vivienda destinada al arriendo pone en juego estrategias de extracción y relaciones de poder entre propietarios e inquilinos que a veces son extremadamente violentas e intrusivas, aunque hayan sido controladas y delimitadas (hasta cierto punto) a lo largo del tiempo. El acceso a la vivienda y el derecho a un hogar concierne a lo más íntimo de cada persona. Se trata del ámbito de la vida familiar y de la «reproducción social», en el sentido utilizado por las autoras feministas críticas, que insisten, con razón, en que tanto este ámbito, esencial para el funcionamiento global del sistema económico (incluyendo, por supuesto, la reproducción de la fuerza de trabajo y la acumulación de capital), como las profundas desigualdades y relaciones de dominación que se desarrollan en él, han sido a menudo descuidados en los análisis marxistas clásicos en favor de la llamada esfera «productiva».[38] En realidad, es imprescindible prestar atención tanto a la propiedad de los medios de producción como a la propiedad de la vivienda,

37. Con la excepción, quizá, de la propiedad de obras de arte y objetos de valor, que sólo representa una fracción ínfima del total de la propiedad privada (entre el 1 y el 2 por ciento, según el período y el país). Véase T. Piketty, *Le capital au XXIe siècle*, *op. cit.*, pp. 283-284. Versión castellana *El capital en el siglo XXI*, *op. cit.*

38. Véase, por ejemplo, T. Bhattacharya, *Social reproduction theory: remapping class, recentering oppression*, Pluto Press, 2017. Véase también C. Arruzza, T. Bhattacharya y N. Fraser, *Feminism for the 99 %: a manifesto*, Verso, 2019.

si queremos tener una visión de conjunto del sistema socioeconómico y de los equilibrios de poder que intervienen en las relaciones de propiedad, distinguiendo naturalmente entre los distintos tipos de propiedad para poder realizar un análisis más detallado de los múltiples mecanismos institucionales y procesos sociales en juego.

En términos monetarios, la vivienda suele representar una parte considerable de la propiedad privada, a menudo alrededor de la mitad, mientras que los medios de producción (medidos por el valor monetario de las empresas) representan aproximadamente la otra mitad. Por ejemplo, en Francia, a principios de la década de 2020, el patrimonio privado total asciende a unos 220.000 euros por adulto (equivalente a seis años de renta media), de los cuales aproximadamente 110.000 corresponden a viviendas (netas de deudas) y 110.000 a activos empresariales y financieros.[39] No obstante, hay que subrayar que este promedio oculta enormes disparidades tanto en lo que respecta al nivel como a la composición de los patrimonios (véase el gráfico 2.2).

Para el 20 o el 30 por ciento más pobre de la población, el concepto mismo de propiedad es relativamente abstracto: algunos sólo tienen deudas, mientras que otros tienen como mucho unos pocos miles de euros en efectivo (el equivalente, por ejemplo, a uno o dos meses de sueldo por adelantado) en una cuenta bancaria o de ahorro. A partir de ese punto, las cifras se elevan gradualmente, sin dejar de ser modestas: el patrimonio medio del 50 por ciento más pobre apenas asciende a 20.000 euros (aproximadamente, una décima parte del patrimonio medio del conjunto de la población, por lo tanto, una participación del orden del 5 por ciento del patrimonio o riqueza total). La riqueza mediana, es decir, la riqueza por debajo de la cual se encuentra la

39. A principios de 2020, en vísperas de la crisis de la COVID-19, la renta nacional de Francia se situaba en torno a los 2 billones de euros (nivel que el Institut National de la Statistique et des Études Économiques —INSEE— espera que se recupere en 2022), unos 37.000 euros en promedio para cada uno de los casi 53 millones de adultos (3.100 euros al mes), mientras que la riqueza privada total (neta de deuda) se acercaba a los 12 billones de euros, unos 220.000 euros por adulto.

Gráfico 2.2. Estructura de la propiedad (Francia, 2020)

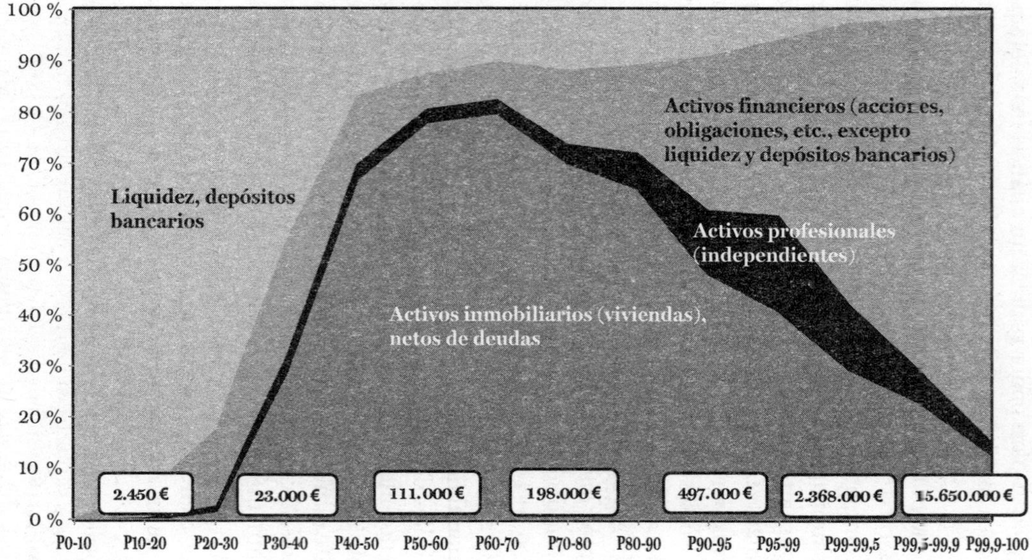

Interpretación: En Francia, en 2020 (como en todos los países para los que se dispone de estos datos), los bajos patrimonios están compuestos principalmente por efectivo y depósitos bancarios; los patrimonios medios, por activos inmobiliarios; y los grandes patrimonios, por activos financieros (principalmente acciones).
Nota: La distribución que se muestra aquí es la de la riqueza por adulto (el patrimonio de las parejas se divide por dos).
Fuentes y series: Véase <piketty.pse.ens.fr/egalite>.

mitad de la población, es de unos 100.000 euros, aproximadamente la mitad de la riqueza media total. Si observamos el siguiente 40 por ciento de la distribución (las personas situadas entre el 50 por ciento más pobre y el 10 por ciento más rico), cuya riqueza oscila entre los 100.000 y los 400.000 euros aproximadamente, vemos que son principalmente propietarios de viviendas. Entre el 10 por ciento más rico, por encima de 400.000 euros, la propiedad se diversifica cada vez más: los bienes profesionales y, sobre todo, los activos financieros (especialmente las acciones) desempeñan un papel creciente a medida que se asciende en la escala de riqueza, y pasan a ser predominantes entre el 1 por ciento más rico (por encima de 1,8 millones de euros). Nótese que estos últimos tienen un patrimonio medio de unos 5 millones de euros, casi veinticinco veces el patrimonio medio, lo que explica que su participación en la riqueza total se sitúe en torno al 25 por ciento. Esto también permite imaginar cómo sería una sociedad en la que, desde el punto de vista cuantitativo, el 1 por ciento más rico poseyera el 50 o el 70 por ciento de la propiedad total, como ha ocurrido en el pasado.

Llegados aquí, resulta necesario aclarar varios puntos. Para fijar conceptos, llamamos «clases populares» al 50 por ciento más pobre de la población, «clases medias» al siguiente 40 por ciento y «clases altas» al 10 por ciento más rico. Dentro de estas últimas, muy heterogéneas, cabe distinguir entre las «clases acomodadas» (el primer 9 por ciento, los menos ricos) y las «clases dominantes» (el 1 por ciento superior). Las clases populares apenas poseen unos mínimos depósitos bancarios; las clases medias se centran en la vivienda; las clases acomodadas dividen su patrimonio entre vivienda, propiedades profesionales y activos financieros, y las clases dominantes se concentran en la propiedad de los medios de producción (bienes profesionales y, sobre todo, acciones y títulos financieros). Esta terminología de clase es expresiva, siempre que no se cosifique o se vuelva rígida. En la práctica, la identidad de clase es siempre flexible y multidimensional. No puede reducirse en ningún caso a un umbral monetario. La clase social no depende solamente de la propiedad de los medios de producción y de la vivienda, ni del valor o dimensión de dichas posesiones, sino también del nivel de ingresos y de estudios, de la profesión y del sector de actividad, de la edad y del sexo, del origen regional o extranjero o de la identidad étnico-religiosa, que son flexibles y cambiantes en función del contexto sociohistórico.

Hay que añadir que los activos financieros, aunque corresponden principalmente a la propiedad de empresas y medios de producción, a través de acciones, obligaciones, participaciones empresariales y otros títulos financieros, también están formados en parte por títulos de propiedad sobre el Estado y el resto del mundo. Poseer títulos de deuda pública no es, desde luego, equivalente a «ser dueño del Estado» en el mismo sentido que se posee una empresa. De hecho, existen en la historia otras formas más directas de apropiación del Estado por parte de la clase propietaria, o al menos de controlarlo y codirigirlo más estrechamente que los ciudadanos de a pie, ya sea a través del sufragio censitario aplicado en el siglo XIX y hasta principios del siglo XX en muchos países, o a través de los sistemas de financiación privada de partidos políticos, medios de comunicación y *think tanks* habituales en casi todo el mundo a principios del siglo XXI. Eso no quita que la tenencia de títulos de deuda pública haya sido en cualquier época una forma más de poseer el Estado, en el sentido, por ejemplo, de poder tener que deshacerse de lo que posee (edificios, carreteras, aeropuertos o empresas públicas) para reembolsar sus deudas. También puede verse obligado a convertir monumentos históricos en espacios publicitarios o de propiedad semiprivada (a veces en beneficio de actores que han conseguido convencer al propio Estado de la imposibilidad de hacerles pagar impuestos) o, en general, a hacerse dependiente de sus acreedores y de los mercados financieros o a estar bajo la influencia de políticas y otras «reformas» sugeridas por aquéllos. La propiedad es siempre una relación de poder, y no sólo cuando se trata de los medios de producción. La cuestión de la deuda pública, el poder que confiere y las diferentes formas de acumularla, reembolsarla o anularla desempeñaron un papel importante en el estallido de la Revolución francesa en el siglo XVIII, así como en el movimiento hacia la igualdad y la desacralización de la propiedad acaecido en el siglo XX. Sin duda, seguirá desempeñando un papel central en el siglo XXI. Volveremos a hablar de ello en profundidad.

Además de los medios de producción, la vivienda y el Estado, el otro gran ámbito de propiedad es la posesión del resto del mundo, es decir, de los activos en países extranjeros. Puede tratarse tanto del canal de Suez como de plantaciones de caucho en Indochina, o bien de títulos de empréstito rusos o argentinos. En la práctica, puede poseerse de todo en el resto del mundo: ya sean medios de producción, el propio Estado o viviendas. Sin embargo, la propiedad transnacional pone en juego mecanismos institucionales y relaciones de dominación específicas, a nivel jurídico, político y a veces militar, que merecen ser estudiadas como tales. En el caso de Francia, en 2020, los activos poseídos en el resto del mundo por propietarios franceses son casi exactamente iguales a los activos poseídos en Francia por propietarios del resto del mundo, por lo que los «activos netos en el extranjero» son casi nulos (lo que no significa que las enormes posesiones transfronterizas en uno u otro sentido no sean importantes, al contrario). En la época colonial, sin embargo, los activos netos en el extranjero eran de una magnitud considerable y desempeñaban un papel central en la estructura general de la propiedad y en las desigualdades de clase a escala nacional y mundial. En los siguientes capítulos discutiremos ampliamente sobre el papel crucial de los activos extranjeros y coloniales, sobre su desaparición en el movimiento hacia la igualdad del siglo XX y sobre el posible papel de las posesiones transnacionales en el futuro.

La difícil emergencia de una clase media patrimonial

Volvamos a la evolución de la distribución de la propiedad desde finales del siglo XVIII. Ya hemos observado que la parte de la propiedad total en manos del 1 por ciento más rico se redujo a algo más de la mitad entre principios del siglo XX y principios del siglo XXI, aunque sigue siendo unas cinco veces superior a la parte del 50 por ciento más pobre (véase el gráfico 2.1). Si observamos ahora la evolución de la distribución en su conjunto, podemos ver que la reducción de la desigualdad ha beneficiado principalmente a lo que puede llamarse la «clase media» patrimonial, es decir, al 40 por ciento de la población situado entre el 50 por ciento más pobre y el 10 por ciento más rico (véase el gráfico 2.3).

En concreto, el 10 por ciento más rico poseía en torno al 85 por ciento de la propiedad total a principios del siglo xx y en vísperas de la Primera Guerra Mundial, antes de descender gradualmente hasta poco más del 50 por ciento a principios de la década de 1980, para volver a superar el 55 por ciento en 2020. Obsérvese que estas variaciones se corresponden casi exactamente con las observadas en el caso del 1 por ciento más rico (véase el gráfico 2.1). En otras palabras, son las «clases dominantes» (el 1 por ciento superior) las que han visto deteriorarse su posición relativa, mientras que la parte correspondiente a las «clases acomodadas» (el siguiente 9 por ciento) se ha mantenido casi estable a lo largo del siglo xx (alrededor del 30 por ciento de la propiedad total). Por el contrario, la parte en manos del 40 por ciento situado entre el 50 por ciento más pobre y el 10 por ciento más rico ha aumentado de forma espectacular: apenas representaba el 13 por ciento de la propiedad total a principios del siglo xx, se triplica entre 1914 y 1980 y pasa a situarse alrededor del 40 por ciento a principios de la década de 1980, estabilizándose en torno a ese nivel desde entonces (con un ligero descenso).

Seamos claros: la concentración de la propiedad sigue siendo extremadamente alta, y no hay que sobreestimar la magnitud de la evolución hacia la igualdad. A principios de la década de 2020, el 10 por ciento más rico posee más del 55 por ciento de todo lo que se puede poseer en Francia (el 1 por ciento más rico posee casi el 25 por ciento), mientras que el 50 por ciento más pobre no posee casi nada (apenas el 5 por ciento de la propiedad total). Si nos centrásemos en la propiedad de los medios de producción, que determina la distribución del poder económico y la estructura de las relaciones jerárquicas en el trabajo, la concentración sería aún mayor (sobre todo entre el 0,1 por ciento o el 0,01 por ciento de las mayores fortunas, un grupo reducido que ha expe-

Gráfico 2.3. Distribución de la propiedad en Francia (1780-2020): la difícil eclosión de una clase media patrimonial

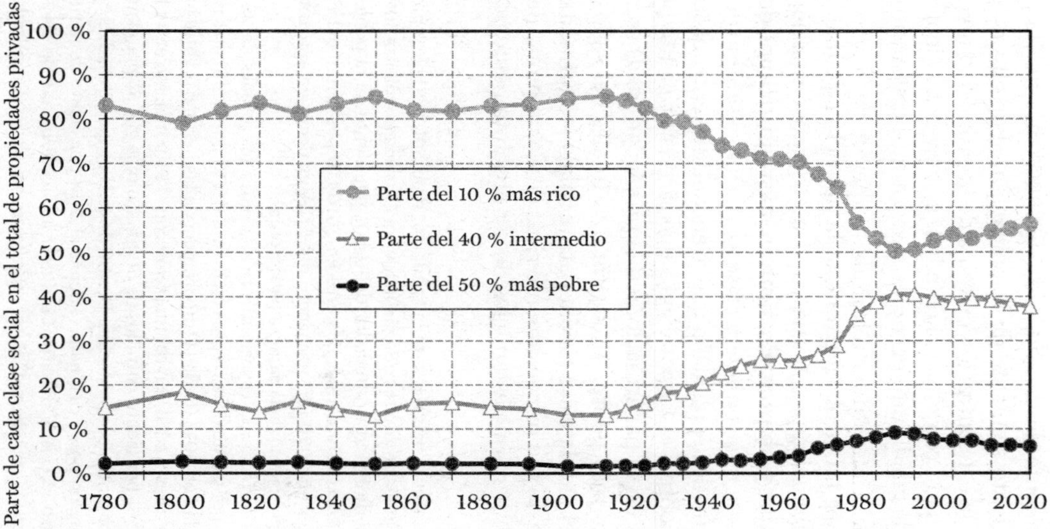

Interpretación: En Francia, la participación del 10 por ciento más rico en el total de propiedades privadas (bienes inmuebles, activos profesionales y financieros, netos de deudas) se situó entre el 80 y el 90 por ciento entre 1780 y 1910. La desconcentración de la riqueza comenzó después de la Primera Guerra Mundial, y se detuvo a principios de la década de 1980. Benefició principalmente a la «clase media patrimonial» (el siguiente 40 por ciento de la distribución), definida aquí como los grupos intermedios entre las «clases populares» (el 50 por ciento más pobre) y las «clases altas» (el 10 por ciento más rico).
Fuentes y series: Véase <piketty.pse.ens.fr/egalite>.

rimentado un repunte muy claro en las últimas décadas).[40] Nótese también que la parte de la riqueza total en manos del 50 por ciento más pobre, que siempre ha sido ínfima, ha disminuido considerablemente desde la década de 1980 (más que la parte del 40 por ciento siguiente de la población). Por último, cabe destacar que la concentración extrema de la propiedad no es un sesgo relacionado con el perfil de edad: se encuentra dentro de cada grupo de edad tanto entre los más jóvenes como entre los más mayores.[41]

Lo anterior no es óbice para que la aparición de una clase media patrimonial suponga una importante transformación social, económica y política. En síntesis, hasta principios del siglo XX no existía una verdadera clase media, en el sentido de que el 40 por ciento de la población que se encontraba entre el 50 por ciento más pobre y el 10 por ciento más rico era casi tan pobre (en términos de su participación en la propiedad total) como el 50 por ciento más pobre. Al contrario, a finales del siglo XX y principios del XXI, la clase media patrimonial está formada por personas que no son inmensamente ricas desde un punto de vista individual, pero que están lejos de ser absolutamente pobres

40. El 1 por ciento más rico está formado por unas 500.000 personas (sobre unos 50 millones de adultos). Según la revista *Challenges*, sólo las 500 personas más ricas de Francia (alrededor del 0,001 por ciento de la población) han pasado de 200.000 millones de euros en 2010 (10 por ciento del PIB) a 710.000 millones en 2020 (30 por ciento del PIB), es decir, de aproximadamente el 2 al 6 por ciento de la riqueza patrimonial total.

41. La concentración es especialmente alta entre los jóvenes de 20 a 39 años, con un 62 por ciento de la riqueza en manos del 10 por ciento más rico de este grupo de edad en 2018 (dada la importancia de las herencias entre los pocos propietarios de esta edad), en comparación con el 54 por ciento entre los de 40 a 59 años, el 51 por ciento entre los de 60 años o más y el 55 por ciento de media para el conjunto de la población. Dentro de cada grupo de edad, el 50 por ciento más pobre no posee casi nada (apenas el 5-10 por ciento de la riqueza total en todo caso). Véase T. Piketty, *Capital et idéologie*, *op. cit.* pp. 647-648, gráfico 11.18; versión castellana *Capital e ideología*, *op. cit.* Para resultados detallados sobre los perfiles y la desagregación por edades, véase B. Garbinti, J. Goupille-Lebret y T. Piketty, «Accounting for wealth inequality dynamics: methods and estimates», WID.world, 2018.

(poseen aproximadamente entre 100.000 y 400.000 euros de patrimonio por adulto), y que colectivamente poseen una parte nada despreciable del patrimonio total: alrededor del 40 por ciento,[42] casi el doble que el 1 por ciento más rico (que posee el 24 por ciento del total), mientras que en vísperas de la Primera Guerra Mundial tenían entre tres y cuatro veces menos (el 13 por ciento la clase media, frente al 55 por ciento de los más ricos). Es decir, que las clases medias son hoy colectivamente dos veces más ricas que las clases dominantes, mientras que hace un siglo eran tres veces más pobres. La concentración de la propiedad nunca ha dejado de ser extrema, pero dentro de este marco general hay, sin embargo, una inflexión notable. Estas dos afirmaciones pueden parecer contradictorias, pero ambas son ciertas. La complejidad del mundo forma parte del legado histórico.

Esta reducción de las desigualdades es, en parte, consecuencia de las guerras y de las crisis económicas, pero es sobre todo el resultado de las nuevas políticas sociales y fiscales aplicadas desde finales del siglo XIX y durante el siglo XX: el auge del Estado social, el establecimiento de una cierta igualdad de acceso a bienes fundamentales, como la educación y la sanidad, y el desarrollo de una fiscalidad muy progresiva sobre las rentas altas y la riqueza. Junto con los profundos cambios ya mencionados en el sistema jurídico y los derechos de propiedad, son sobre todo estas transformaciones institucionales radicales, impulsadas por intensas luchas sociales y políticas, las que han hecho posible una mayor igualdad. ¿Es conveniente continuar en esta dirección? Y, en caso afirmativo, ¿cómo debemos proceder? En mi opinión, esta marcha (limitada) hacia la igualdad ha sido beneficiosa desde todos los puntos de vista, incluso, por supuesto, en términos de eficiencia productiva y prosperidad colectiva, ya que ha permitido una mayor participación de todos en la vida social y eco-

42. El hecho de que este grupo social, que representa al 40 por ciento de la población, posea cerca del 40 por ciento de la riqueza total se corresponde con el hecho de que la riqueza media dentro de este grupo es aproximadamente igual a la riqueza media de toda la población (unos 220.000 euros por adulto en 2020).

nómica. La capacidad de las clases dominantes para gastar e invertir se ha visto ciertamente muy reducida desde el siglo XIX, ya que su participación en la riqueza total se ha desplomado, pero esto se ha visto más que compensado por el aumento de la participación de las clases medias y, en menor medida, de las clases populares. La idea según la cual deberíamos estar satisfechos con la desigualdad actual y que es saludable que el 50 por ciento más pobre posea sólo el 5 por ciento de la riqueza total no tiene ninguna base empírica sólida. No sólo es deseable seguir avanzando hacia una mayor igualdad, sino también posible, y para ello hay que ir mucho más lejos en el desarrollo del Estado social y la fiscalidad progresiva.

El largo camino hacia una mayor igualdad de rentas

Para completar esta visión inicial, es útil familiarizarse con los órdenes de magnitud que caracterizan la evolución a largo plazo de la distribución de la renta. En general, la desigualdad de las rentas es siempre menor que la desigualdad de la riqueza. Hay que recordar que los ingresos totales incluyen las rentas del trabajo (salarios y otros ingresos de la actividad, pensiones, subsidios de desempleo) y las rentas del capital (beneficios, dividendos, intereses, rentas, plusvalías, etc.). Las rentas del capital representan generalmente entre un cuarto y un tercio de la renta total, a veces incluso casi la mitad, en función del equilibrio de fuerzas entre asalariados y empresarios, del sistema jurídico y social vigente (control de los alquileres, derecho de sociedades, derecho del trabajo, etc.) y, en particular, del papel otorgado a los sindicatos y de su poder de negociación.[43] Por

43. Tanto en el Reino Unido como en Francia, la proporción de las rentas del capital alcanzó entre el 40 y el 45 por ciento de la renta nacional en el siglo XIX, antes de descender a finales de ese siglo y situarse entre el 25 y el 35 por ciento durante el siglo XX. Véase T. Piketty, *El capital en el siglo XXI*, *op. cit.* En la actualidad, la proporción del capital puede alcanzar el 40-50 por ciento de la renta nacional (o incluso superar el 50 por ciento) en algunos países pobres y emer-

construcción, la concentración de las rentas del capital es tan extrema como la concentración de la propiedad del capital en sí mismo.[44] La desigualdad de los ingresos laborales, aunque considerable, es en comparación mucho menos acusada, con variaciones significativas que dependen de nuevo del poder de negociación de unos y otros, y de numerosas normas legales y sociales, como la existencia de un salario mínimo, de escalas salariales y de medidas que promuevan la igualdad de acceso a la formación, a la cualificación y a todas las profesiones, así como de la lucha contra el sexismo y la discriminación. La desigualdad de la renta total se sitúa en un nivel intermedio entre ambos componentes, aunque en general se acerca más a este último, dado el mayor peso relativo de los ingresos procedentes del trabajo.[45]

En concreto, si observamos la proporción de la renta total que va a parar al 10 por ciento más rico de la población, vemos que en Francia se situó en torno al 50-55 por ciento hasta principios del siglo xx, antes de bajar del 35 por ciento entre 1914 y 1945, y oscilar desde entonces entre el 30 y el 38 por ciento (véase el gráfico 2.4). La parte que concentra el 50 por ciento de la población con menores ingresos se situaba en torno al 12 o 13 por ciento a principios del siglo xx, antes de subir al 20 por ciento en 1945 y fluctuar entre el 18 y el 23 por ciento desde entonces. Desde 1945, la proporción que recibe el 40 por ciento de clase media ha aumentado incluso por encima de la del 10 por ciento más

---

gentes en los que el poder de negociación de los asalariados y trabajadores informales frente a los inversores internacionales y los propietarios de capital es particularmente débil. Véase WID.world y *The global labour income share and distribution*, Organización Internacional del Trabajo, 2019.

44. O incluso más extremo, porque en la práctica el capital tiene rendimientos crecientes de escala: los pequeños depósitos bancarios sólo rinden, en el mejor de los casos, unos escasos intereses que no guardan relación con el rendimiento de las grandes carteras de acciones, que a largo plazo rinden más que el rendimiento inmobiliario de las clases medias. Esto también depende de múltiples instituciones y relaciones de poder específicas. Véase T. Piketty, *Capital e ideología, op. cit.*

45. Véase T. Piketty, *Capital e ideología, op. cit.*

Gráfico 2.4. Distribución de la renta en Francia (1800-2020): ¿el inicio de una corriente de largo plazo hacia la igualdad?

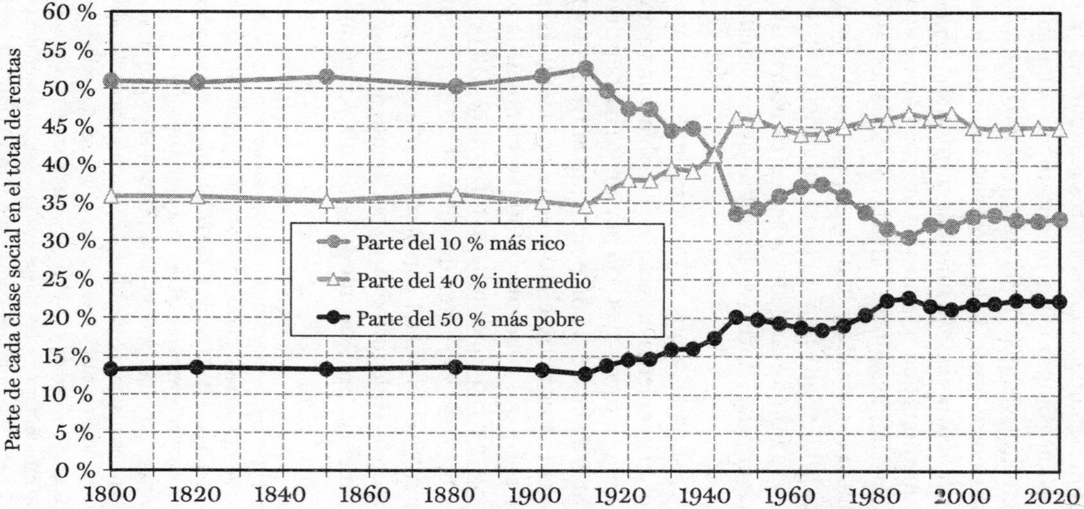

Interpretación: La participación del 10 por ciento más rico en la renta total, incluyendo las rentas del trabajo (salarios, rentas del trabajo autónomo, pensiones, subsidios de desempleo) y las rentas del capital (beneficios, dividendos, intereses, rentas, plusvalías, etc.), se situó en torno al 50 por ciento en Francia entre 1800 y 1910. La desconcentración de la renta comenzó después de las dos guerras mundiales, y benefició tanto a las «clases populares» (el 50 por ciento de las rentas más bajas) como a las «clases medias» (el 40 por ciento siguiente de la distribución), en detrimento de las «clases altas» (el 10 por ciento de las rentas más altas).
Fuentes y series: Véase <piketty.pse.ens.fr/egalite>.

rico. Esto último no es extraordinario en sí mismo, dado que el primer grupo es numéricamente cuatro veces mayor que el segundo. De hecho, la desigualdad de ingresos sigue siendo muy elevada en Francia a principios del siglo XXI: la diferencia de ingresos medios es de 1 a 8 entre el 50 por ciento más pobre y el 10 por ciento más rico, de 1 a 20 entre el 50 por ciento más pobre y el 1 por ciento más rico, y de 1 a 70 entre el 50 por ciento más pobre y el 0,1 por ciento más rico. Pese a todo, las proporciones que caracterizan la desigualdad de ingresos son significativamente menores que las observadas en el caso de los patrimonios. Sin duda, la tendencia general hacia la igualdad es más impresionante en el primer caso que en el segundo (véase el gráfico 2.3). La evolución observada en Francia se da también en la mayoría de los países europeos y, en menor medida, en Estados Unidos, donde el aumento de la desigualdad desde 1980 ha sido mucho más acusado.

Volveremos a hablar de estos cambios más adelante. Antes de examinarlos con más detalle y extraer lecciones para el futuro, conviene retomar el curso de la historia y comprender mejor cómo ha evolucionado la distribución mundial de la riqueza desde el siglo XVIII.

Capítulo 3

El legado de la esclavitud y el colonialismo

¿Cómo han conseguido Europa y Estados Unidos alcanzar su posición de dominio mundial, al menos hasta no hace mucho? Sin que sea la única explicación, la esclavitud y el colonialismo han desempeñado un papel central en el enriquecimiento de Occidente. La distribución de la riqueza tanto entre países como en el interior de cada uno todavía conserva la huella profunda de ese legado. Por eso es especialmente importante examinar de cerca los siguientes episodios históricos.

Revolución Industrial, colonialismo y ecología

Todos los estudios de los que disponemos demuestran que el desarrollo del capitalismo industrial occidental está íntimamente ligado a los sistemas de división internacional del trabajo, de explotación desenfrenada de los recursos naturales y de dominación militar y colonial desarrollados gradualmente entre las potencias europeas y el resto del mundo a partir de los siglos XV y XVI, con una fuerte aceleración durante los siglos XVIII y XIX. En general, es imposible escribir una historia de la igualdad y la desigualdad a escala mundial sin comenzar por tomar la medida de la herencia colonial. La expansión europea comenzó hacia 1450-

1500 con los primeros puestos comerciales portugueses en la costa africana, el viaje de Vasco da Gama a la India y la expedición de Colón a América. Terminó en la década de 1960 con las brutales guerras de independencia (como ilustran los casos de Indochina y Argelia), e incluso en la década de 1990 si incluimos el caso del *apartheid* sudafricano. Desde una perspectiva a largo plazo, la realidad es que apenas estamos saliendo de la experiencia colonial. Sería ingenuo pensar que sus efectos pueden borrarse en unas pocas décadas. Los que nacen hoy en el planeta no son responsables individualmente de esa pesada herencia, pero cada uno de nosotros es responsable de cómo decide tenerlo en cuenta en su propio análisis del sistema económico mundial, de sus injusticias y de cómo debería cambiarse.

El libro de Ken Pomeranz del año 2000 sobre la «gran divergencia» entre Europa y Asia subraya que el desarrollo industrial occidental se habría topado muy rápidamente con una importante limitación «ecológica» sin el desarrollo de un sistema global de abastecimiento y movilización de la fuerza de trabajo.[46] En concreto, Pomeranz muestra cómo la Revolución Industrial que tuvo lugar a finales del siglo XVIII y durante el siglo XIX en el Reino Unido y luego en el resto de Europa estuvo basada principalmente en la extracción a gran escala de materias primas (especialmente el algodón) y fuentes de energía (especialmente en forma de madera) del resto del mundo siguiendo un esquema de organización coercitiva y colonial.

Para Pomeranz, el hecho central es que las regiones más avanzadas de China y de Japón se encontraban en un estado de desarrollo similar al de las regiones comparables de Europa occidental hacia 1750-1800. En concreto, se observan tipos bastantes parecidos de estructuras socioeconómicas basadas, por un lado, en un crecimiento demográfico y agrícola sostenido (posibilitado por la mejora de las técnicas de cultivo, así como por el considerable aumento de las superficies cultivadas, a base de roturaciones y deforestación) y, por otro lado, en procesos comparables de protoindustrialización y acumulación de capital, espe-

46. Véase K. Pomeranz, *The great divergence*, *op. cit.*

cialmente en el sector clave de la industria textil. En el análisis de Pomeranz, dos elementos esenciales condujeron a trayectorias divergentes entre 1750 y 1800. En primer lugar, las restricciones impuestas por la deforestación europea, junto con la presencia de yacimientos de carbón idealmente situados, sobre todo en Inglaterra, condujeron rápidamente a la utilización de otras formas de energía distintas de la madera y al desarrollo temprano de las tecnologías correspondientes. En segundo lugar, y más importante, la capacidad fiscal y militar de los Estados europeos —derivada en gran medida de sus rivalidades pasadas y reforzada por las innovaciones tecnológicas y financieras provocadas por la competencia entre países— permitió organizar una división internacional del trabajo y de los suministros especialmente rentable.

Sobre la deforestación, Pomeranz insiste en el hecho de que, a finales del siglo XVIII, Europa se encontraba al borde de una restricción ecológica irremediable. Tanto en el Reino Unido como en Francia y Dinamarca, así como en Prusia, Italia y España, los bosques habían desaparecido a gran velocidad durante los siglos anteriores, pasando de un 30-40 por ciento de la superficie, en torno a 1500, a poco más del 10 por ciento, en 1800 (16 por ciento en Francia, 4 por ciento en Dinamarca). Al principio, el comercio de madera con las regiones todavía boscosas del este y del norte de Europa ayudó a compensar parte del déficit, pero pronto resultó insuficiente. En China también se produjo una deforestación gradual entre 1500 y 1800, pero en menor medida, en parte como resultado de una mayor integración política y comercial entre las regiones más avanzadas y las regiones boscosas del interior.

En el caso europeo, el «descubrimiento» de América, el comercio triangular con África y los intercambios con Asia desbloquearon esta restricción ecológica. La explotación de tierras en América del Norte, las Antillas y América del Sur, a las que se había transportado mano de obra procedente de África, hizo posible la producción de materias primas (en forma de madera, algodón y azúcar, entre otros productos) utilizadas para alimentar los beneficios de los colonos y las fábricas textiles que estaban entonces en pleno desarrollo entre 1750 y 1800. Asimismo, el control militar de las rutas navales más lejanas permitió el desarrollo de complementariedades a gran escala. La alimentación de los esclavos en las Antillas y en el sur de los actuales Estados Unidos se financiaba así con las exportaciones textiles y manufactureras británicas a Norteamérica, que a su vez eran posibles gracias a la madera y el algodón procedentes de las plantaciones. Hay que añadir que, en el siglo XVIII, un tercio de los textiles utilizados para vestir a los esclavos procedían de la India, y que esas importaciones de Asia (textiles, seda, té, porcelana, etc.) se pagaban en gran parte con el dinero procedente de América desde el siglo XVI. En 1830, las importaciones de algodón, madera y azúcar que recibía Inglaterra provenientes de las plantaciones correspondían, según los cálculos de Pomeranz, a la explotación de más de 10 millones de hectáreas de tierra cultivable, entre 1,5 y 2 veces el total de la tierra cultivable del Reino Unido.[47] Sin el desbloqueo colonial de la restricción ecológica, habría sido necesario encontrar en otra parte esas fuentes de aprovisionamiento. Ciertamente, nada impide conjeturar y elaborar escenarios históricos y tecnológicos en los que una Europa en autarquía hubiera podido experimentar la misma prosperidad industrial, pero eso requiere imaginación, por ejemplo, fértiles plantaciones de algodón explotadas por agricultores ingleses en Lancashire o árboles que creciesen hasta el cielo en los alrededores de Manchester. En cualquier caso, sería

47. Véase ibídem, pp. 211-230, 264-297 y 307-312. Las importaciones de madera siguen desempeñando un papel crucial hasta mucho más tarde de lo que a veces se piensa. Contrariamente a lo que la noción optimista de «transición energética» tiende a hacernos creer, asistimos a una adición de fuentes de energía (madera, carbón, petróleo) y no a una sustitución. Hacia 1900, Francia importaba el equivalente a la mitad de su producción nacional de madera (importaciones que quemaba, además de su propia producción), y el Reino Unido, el equivalente a más de dos años de producción francesa (su propia producción estaba en gran parte agotada). Las importaciones proceden del norte de Europa (Rusia, Suecia, Finlandia) y América del Norte, pero también de África, América Latina y Asia. Véase J.-B. Fressoz, «Pour une histoire des symbioses énergétiques et matérielles», *Annales des Mines*, 2021. Sobre la intensidad de la deforestación en los siglos XVIII y XIX, véase también L. Chancel, «Global carbon inequality in the long-run», art. cit.

sin duda otra historia, de otro mundo, sin mucha relación con el mundo del cual provenimos.

Los orígenes de la gran divergencia: el dominio militar europeo

Como muestra Pomeranz, es sorprendente lo poco que tienen que ver las instituciones y las estrategias bélicas que llevaron a Europa al éxito en los siglos XVIII y XIX con las instituciones virtuosas recomendadas por Adam Smith en 1776 en *La riqueza de las naciones*. En el libro fundador del liberalismo económico, Smith aconsejaba a los Gobiernos adoptar impuestos bajos y mantener presupuestos equilibrados (poca o ninguna deuda pública), el respeto absoluto del derecho a la propiedad privada y el desarrollo de mercados laborales y de bienes lo más unificados y competitivos posibles. En todos estos aspectos, las instituciones de China en el siglo XVIII eran mucho más «smithianas» que las del Reino Unido. En particular, los mercados estaban más unificados. El mercado de grano operaba en un área geográfica más amplia y la movilidad de la mano de obra era significativamente mayor. Esto se debió en parte al mayor arraigo de las instituciones feudales en Europa, al menos hasta la Revolución francesa. La servidumbre se mantuvo en Europa del Este hasta el siglo XIX (mientras que en China había desaparecido casi por completo a principios del siglo XVI) y todavía había restricciones a la movilidad en el oeste del continente en el siglo XVIII, sobre todo en el Reino Unido y Francia, en virtud de las llamadas *Poor laws*[48] y de la gran autonomía concedida a las élites y a los tribunales señoriales locales para imponer normas coercitivas a las clases populares. Las propiedades eclesiásticas parcialmente congeladas al comercio también eran más importantes en Europa.

48. Las llamadas *Poor laws* (literalmente, «leyes de pobres», en castellano) eran un sistema de ayudas a la población más desfavorecida en Inglaterra y Gales; de origen medieval, estas ayudas cayeron en desuso con el nacimiento del Estado social en el siglo XX. *(N. del t.)*

Por último, los impuestos eran mucho menores en China, así como en el Imperio otomano. El Imperio Qing guardaba una estricta ortodoxia presupuestaria: los impuestos financiaban estrictamente los gastos, sin déficit. En cambio, los Estados europeos, empezando por el reino de Francia y el Reino Unido, estuvieron en guerra entre sí casi continuamente entre 1500 y 1800, de modo que acumularon considerables deudas públicas, a pesar del alto nivel de sus impuestos, porque los ingresos fiscales nunca fueron suficientes para cubrir los gastos excepcionales vinculados al conflicto, engrosados por el pago de los intereses derivados de deudas anteriores. Sin embargo, será precisamente su capacidad fiscal, financiera y militar la que resultará decisiva para el ascenso de Europa. En concreto, el poder militar de los Estados chino y otomano estaba a la altura de los Estados europeos en el siglo XVI y durante buena parte del siglo XVII (el último asedio otomano a Viena data de 1683), pero la competencia permanente entre Estados europeos llevó a estos últimos a desarrollar una capacidad estatal que les iba a procurar un dominio militar sin rival desde finales del siglo XVIII y durante todo el siglo XIX. Hacia 1550, la infantería y la marina otomanas contaban con 140.000 hombres, tantos como los franceses e ingleses juntos. En 1780, los efectivos otomanos se mantenían casi sin cambios (150.000 hombres), mientras que las tropas terrestres y navales francesas e inglesas alcanzaban un total de 450.000 hombres, todo ello con una flota y una potencia de fuego mucho mayores. Por su parte, Austria contaba entonces con 250.000 hombres y Prusia, con 180.000 (dos Estados que eran inexistentes militarmente en 1550).[49]

Aunque imperfectas, las fuentes disponibles sobre recaudación fiscal confirman la existencia de una importante divergencia entre los Estados europeos y los no europeos entre 1500 y 1800 (véase el gráfico 3.1). Los ingresos se mantuvieron en niveles muy bajos un poco en todas partes hasta 1600-1650, hasta

49. Véase K. Karaman y S. Pamuk, «Ottoman state finances in European perspective», *Journal of Economic History*, 2010, y T. Piketty, *Capital e ideología, op. cit.*

Gráfico 3.1. Los orígenes de la gran divergencia: el aumento de la capacidad fiscal y militar de los Estados europeos (1500-1850)

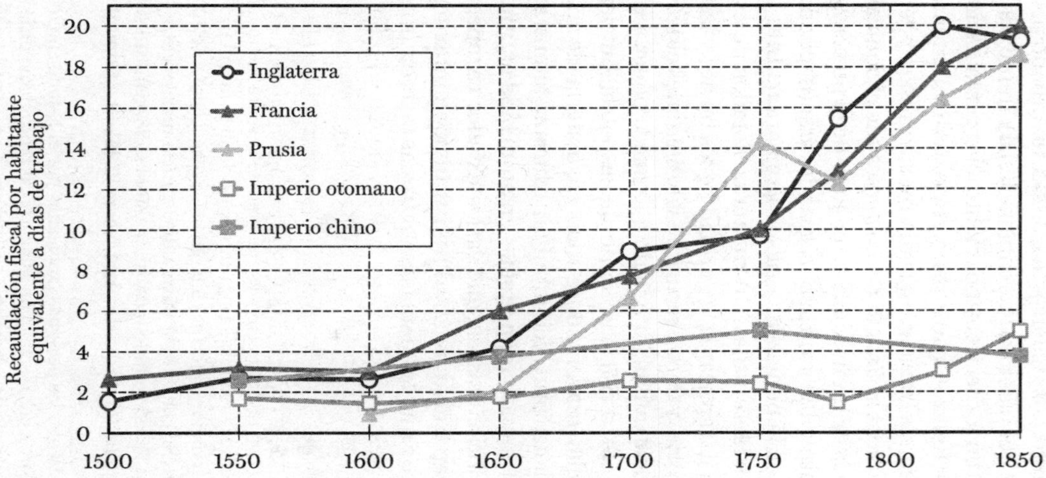

Interpretación: Alrededor de 1500-1600, los ingresos fiscales per cápita en los Estados europeos equivalían a entre 2 y 4 días de salario de un trabajador urbano no cualificado; en 1750-1850, se situaban entre 10 y 20 días de salario. En comparación, los ingresos fiscales se mantuvieron estables en torno a los 2 a 5 días tanto en el Imperio otomano como en el chino. Con una renta nacional per cápita de unos 250 días de salario urbano, esto significa que la recaudación fiscal se estancó en torno al 1 o 2 por ciento de la renta nacional tanto en el Imperio chino como en el otomano, mientras que en Europa aumentó del 1-2 al 6-8 por ciento de la renta nacional.
Fuentes y series: Véase <piketty.pse.ens.fr/egalite>.

que a partir de 1700-1750 se abre una brecha creciente a medida que los Estados europeos se consolidan. A finales del siglo XVIII y principios del XIX, los ingresos chinos y otomanos seguían representando entre dos y cuatro días de salario urbano per cápita (en torno al 1-2 por ciento de la renta nacional), frente a los 15-20 días de salario (en torno al 6-8 por ciento de la renta nacional) en los principales Estados europeos.[50] Independientemente de la falta de precisión de las fuentes, la diferencia es clara y representa un gran cambio. Un Estado que sólo recauda el equivalente al 1 por ciento de la renta nacional tiene muy poco poder y capacidad para movilizar a la sociedad. A grandes rasgos, puede poner al 1 por ciento de la población a su servicio para realizar las funciones que considere útiles.[51] A menudo, Estados de este tipo apenas pueden garantizar la seguridad de los bienes y las personas en su territorio, y deben recurrir a las diferentes élites locales para hacerlo. En cambio, un Estado que puede poner a su servicio el equivalente al 6-8 por ciento de su población tiene una capacidad mucho mayor, sobre todo en materia de mantenimiento del orden y proyección militar exterior. Mientras todos los Estados del mundo eran iguales en su debilidad, prevaleció un cierto equilibrio. Una vez que varios Estados europeos desarrollaron una capacidad fiscal, administrativa y militar significativamente mayor que los demás, se puso en marcha una nueva dinámica.

50. Dada la incertidumbre en la estimación de la renta nacional, es preferible utilizar medidas expresadas en términos de días de salario urbano, que son cantidades mejor conocidas a largo plazo, especialmente en el sector de la construcción. Se constata la misma divergencia masiva entre los Estados europeos y los Estados otomano y chino en el siglo XVIII, si los ingresos fiscales se expresan en toneladas de plata. Véase T. Piketty, *Capital e ideología, op. cit.*

51. Suponiendo que las personas empleadas por el Estado (policías, militares, administradores, etc.) reciban un salario igual al promedio de la sociedad en cuestión y que el coste del equipo y los suministros que necesitan para hacer su trabajo también sean promedios. Si cuestan dos o tres veces más que la media, la capacidad de contratación se reduce en consecuencia.

El imperio del algodón: la conquista de la industria textil mundial

Investigaciones recientes han confirmado en gran medida las conclusiones de Pomeranz sobre los orígenes de la «gran divergencia» y el papel central desempeñado por la dominación militar y colonial y las innovaciones tecnológicas y financieras que se derivaron de ella.[52] Algunos estudios han subrayado que la fragmentación política de Europa, con efectos que pueden considerarse negativos a muy largo plazo (como ilustra de manera extrema el ciclo de autodestrucción nacionalista y genocida en el que entraron las potencias coloniales europeas entre 1914 y 1945 o, de manera menos extrema, las persistentes dificultades de la Unión Europea para organizarse y unirse políticamente en la actualidad), permitió efectivamente a los Estados europeos imponerse a China y al mundo entre 1750 y 1900, gracias a las innovaciones inducidas por las rivalidades militares.[53]

Los trabajos de Sven Beckert sobre el «imperio del algodón» también han demostrado la importancia crucial de la extracción esclavista y algodonera en la toma de control de la producción textil mundial por parte de británicos y europeos entre 1750 y 1860.[54] La mitad de los esclavos africanos transportados a través

52. Cabe señalar que el papel fundamental de la extracción esclavista y colonial en el desarrollo del capitalismo industrial ya había sido analizado por numerosos observadores en el siglo XIX (empezando por Karl Marx), así como por Eric Williams (historiador, economista y también primer ministro de Trinidad y Tobago desde 1956 hasta 1981), en *Capitalism and slavery* (1944). En *La ética protestante y el espíritu del capitalismo* (1905), Max Weber insistió en los factores culturales y religiosos, mientras que Fernand Braudel, en *Civilización material, economía y capitalismo* (1979), destacó el papel jugado por las altas finanzas de la Europa católica y protestante. Los trabajos recientes de Pomeranz, Parthasarathi y Beckert, mucho menos eurocéntricos, representan una forma de vuelta a Marx y a Williams, aunque con herramientas y fuentes más ricas asociadas a la historia global e interconectada.

53. Véase J.-L. Rosenthal y R. Bin Wong, *Before and beyond divergence: the politics of economic change in China and Europe*, Harvard University Press, Cambridge (Massachusetts), 2011.

54. Véase S. Beckert, *El imperio del algodón*, *op. cit.*

del Atlántico entre 1492 y 1888 lo fueron durante el período 1780-1860. Esta última fase de crecimiento acelerado de la esclavitud y de las plantaciones de algodón desempeñó un papel fundamental en el auge de los textiles británicos. Hasta los años 1780-1790, las Antillas y especialmente Santo Domingo fueron los principales productores de algodón. Tras el colapso de las plantaciones en Santo Domingo a raíz de la revuelta de los esclavos de 1791, los Estados del sur de Estados Unidos tomaron el relevo y llevaron la acumulación del número de esclavos y la capacidad de producción de algodón a niveles sin precedentes. La trata de esclavos se abolió oficialmente en 1810, aunque en realidad continuó de forma clandestina durante algunas décadas (sobre todo en dirección a Brasil), sin olvidar que los propietarios de las plantaciones se dieron cuenta de que la reproducción natural de esclavos era mucho más rápida y eficaz que la trata. Entre 1800 y 1860, el número de esclavos en el sur de Estados Unidos se cuadruplicó, pasando de uno a cuatro millones (véase el gráfico 3.2). La producción de algodón se multiplicó por diez gracias a las mejoras técnicas y la intensificación de la producción. En vísperas de la guerra de Secesión, el 75 por ciento del algodón importado por las fábricas textiles europeas procedía del sur de Estados Unidos, lo que pone de manifiesto claramente la importancia crucial del sistema esclavista.

Las investigaciones de Prasannan Parthasarathi, por su parte, han permitido profundizar en el papel clave de las políticas proteccionistas contra la India en el surgimiento de la industria textil británica.[55] En los siglos XVII y XVIII, las exportaciones de productos manufacturados (textiles de todo tipo, seda, porcelana) procedían principalmente de China y la India, y se financiaban en gran medida con las importaciones de plata y oro de Europa y América (así como de Japón). Los tejidos provenientes de la India, especialmente los estampados y el percal azul, hacían furor en Europa y en todo el mundo. A principios del siglo XVIII, el 80 por ciento de los textiles que los comerciantes ingleses intercambiaban por esclavos en África occidental eran fabricados

55. Véase P. Parthasarathi, *Why Europe grew rich and Asia did not*, *op. cit.*

Gráfico 3.2. Auge y declive de la esclavitud euroamericana (1700-1890)

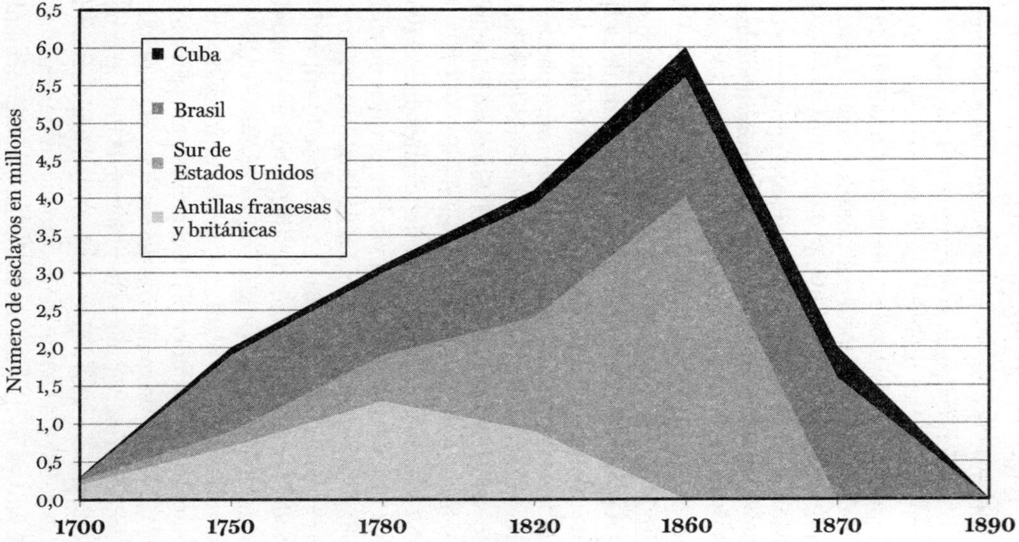

Interpretación: El número total de esclavos en las plantaciones euroamericanas de la zona atlántica alcanzó los 6 millones en 1860 (de los cuales 4 millones en el sur de Estados Unidos, 1,6 millones en Brasil y 0,4 millones en Cuba). La esclavitud en las Antillas francesas y británicas (a las que hemos añadido Mauricio, Reunión y El Cabo) alcanzó su punto álgido en torno a 1780-1790 (1,3 millones), para disminuir posteriormente, tras la revuelta de Santo Domingo (Haití) y las abolicions de 1833 y 1848.
Fuentes y series: Véase <piketty.pse.ens.fr/egalite>.

en la India, y a finales de siglo esa proporción todavía era del 60 por ciento. Los registros marítimos indican que los textiles indios representaban por sí solos un tercio de los cargamentos enviados a Ruan en la década de 1770 en barcos destinados a la trata de esclavos. Informes otomanos muestran que las exportaciones textiles indias a Oriente Próximo eran incluso más importantes que las destinadas a África occidental, lo que no parecía suponer un problema para las autoridades turcas, más preocupadas por los intereses del consumidor local que por los de los productores.

En Europa, los comerciantes no tardaron en ver la ventaja de avivar la tensión contra los textiles indios para apropiarse de ese saber hacer y desarrollar sus proyectos transcontinentales. En 1685, el Parlamento británico impuso derechos de aduana del 20 por ciento, y luego del 30 por ciento en 1690, antes de prohibir totalmente la importación de textiles estampados y coloreados en 1700. A partir de entonces, sólo se importaron de la India tejidos vírgenes, lo que permitió a los productores británicos progresar en la fabricación de piezas de color y de estampados. Medidas similares se adoptaron en Francia y fueron reforzadas a lo largo del siglo XVIII en el Reino Unido, incluido el establecimiento de un derecho de aduana del cien por cien sobre todos los textiles indios en 1787. La presión de los comerciantes de esclavos de Liverpool, que tenían una necesidad vital de textiles de calidad para desarrollar su comercio en la costa africana sin gastar todo su metal, desempeñó un papel decisivo, sobre todo entre 1765 y 1785, un período de rápido crecimiento de la producción inglesa. Sólo después de que el Reino Unido obtuviera una clara ventaja comparativa en la industria textil, en particular mediante el uso del carbón, comenzó a defender planteamientos más propios del libre comercio, a partir de mediados del siglo XIX. Los británicos utilizaron medidas proteccionistas también en la industria naval, floreciente en la India en los siglos XVII y XVIII, al imponer en 1815 un impuesto especial del 15 por ciento a todas las mercancías importadas por barcos fabricados en la India, y posteriormente al decretar que sólo los barcos ingleses podían importar al Reino Unido mercancías provenientes del este del Cabo de Buena Esperanza. Aunque es difícil ofrecer una estimación global, parece claro que la combinación de estas medidas proteccionistas, impuestas al resto del mundo *manu militari*, desempeñó un papel importante en el dominio industrial británico y europeo. Según las estimaciones disponibles, el peso de China y la India en la producción manufacturera mundial, que seguía siendo del 53 por ciento en 1800, se redujo a sólo el 5 por ciento en 1900.[56]

Proteccionismo, relaciones centro-periferia y sistemas-mundo

Conviene señalar que el proteccionismo ha desempeñado un papel central no sólo en el ascenso de Europa, sino en casi todas las experiencias exitosas de desarrollo económico de la historia. Japón, desde finales del siglo XIX; Corea o Taiwán, desde mediados del siglo XX, o China, desde finales del siglo XX y principios del XXI, han practicado de una u otra forma un proteccionismo selectivo que les ha permitido desarrollar una especialización y un saber hacer en sectores considerados estratégicos, limitando de forma drástica al mismo tiempo la posibilidad de que inversores extranjeros tomen el control de las unidades de producción en curso de formación en dichos sectores. Sólo tras haber establecido su supremacía en determinados productos, los países que se han convertido en dominantes pasan a adoptar un discurso de libre comercio, que en la práctica suele tener como consecuencia la dependencia a largo plazo de otros países menos avanzados. Las investigaciones de Wallerstein sobre los sistemas-mundo y las relaciones centro-periferia ilustran abundantemente esta realidad en la larga historia del capitalismo.[57] Numerosos trabajos

56. Véase ibídem, pp. 97-131 y 234-235. Véase también P. Singaravélou y S. Venayre, *Histoire du monde au XIXe siècle, op. cit.*, pp. 90-92.

57. Véase I. Wallerstein, *El moderno sistema mundial, op. cit.*; G. Arrighi, *The long twentieth century: money, power and the origins of our time*, Verso, Londres, 1994; versión castellana de Carlos Prieto del Campo, *El largo siglo xx: dinero y poder en los orígenes de nuestra época*, Akal, Tres Cantos (Madrid), 2014. Véase también D. Harvey, *Géographie du capital: vers un matérialisme historico-géographique*, Syllepse, París, 2010.

han analizado el papel central desempeñado por las estrategias industriales nacionales en períodos más recientes.[58]

El auge de Europa en los siglos XVIII y XIX tiene como verdadera singularidad el uso desmesurado y sin complejos de la fuerza militar a escala mundial, sin ningún contrapeso interno o externo real. Las primeras compañías comerciales europeas, como la Compañía Británica de las Indias Orientales (EIC, por sus siglas en inglés)[59] o la Compañía Neerlandesa de las Indias Orientales (VOC, por sus siglas en neerlandés), se asemejaban a verdaderas empresas de bandolerismo militarizado transnacional, con ejércitos privados y sometimiento de poblaciones enteras. La historia de las guerras del opio es ilustrativa. Desde principios del siglo XVIII, ante el agotamiento de la plata americana, que hasta entonces les había permitido equilibrar su balanza comercial con China y la India, los europeos temían no tener nada más que ofrecer a los dos gigantes asiáticos a cambio de sus importaciones de seda, textiles, porcelana, especias y té. Los británicos comenzaron entonces a intensificar el cultivo de opio en la India para exportar su producción a China. El comercio de opio se expandió durante el siglo XVIII y, en 1773, la Compañía Británica de las Indias Orientales estableció el monopolio de la producción y exportación de opio desde Bengala.

Ante el enorme aumento de los volúmenes comercializados, el Imperio Qing, que llevaba desde 1729 intentando sin éxito hacer cumplir la prohibición del consumo de opio por razones obvias de salud pública, tomó finalmente cartas en el asunto. En 1839, el emperador ordenó a su enviado en Cantón que detuviera

58. Véase, por ejemplo, H. J. Chang, *Kicking away the ladder: development strategy in historical perspective*, Anthem, Londres, 2002; versión castellana de Mónica Salomón, *Retirar la escalera: la estrategia del desarrollo en perspectiva histórica*, Los Libros de la Catarata e Instituto Universitario de Desarrollo y Cooperación, Madrid, 2004. M. Mazzucato, *Entrepreneurial State: debunking public vs private sector myths*, Anthem, Londres, 2013; versión castellana de Javier Sanjulián y Anna Solé, *El Estado emprendedor: mitos del sector público frente al privado*, RBA, Barcelona, 2014.

59. Véase W. Dalrymple, *The anarchy; the relentless rise of the East India Company*, Bloomsbury, Nueva York, 2019.

el tráfico de opio y quemara inmediatamente las existencias. Una violenta campaña de prensa antichina estalló en el Reino Unido, financiada por los comerciantes de opio, para denunciar la inaceptable violación del derecho a la propiedad y el inaceptable menoscabo de los principios del libre comercio. Evidentemente, el emperador Qing había juzgado mal la progresión de la capacidad fiscal y militar del Reino Unido, por lo que la primera guerra del opio (1839-1842) condujo a una rápida derrota china. Los británicos enviaron una flota para bombardear Cantón y Shanghái, lo que les permitió obtener en 1842 la firma del primero de los «tratados desiguales» (término popularizado por Sun Yat-sen en 1924). Los chinos pagaron una compensación económica por el opio destruido y por los costes de la guerra, al tiempo que concedieron privilegios legales y fiscales a los comerciantes británicos y les cedieron la isla de Hong Kong.

Pese a todo, el Estado Qing siguió negándose a legalizar el comercio de opio. La segunda guerra del opio (1856-1860) y el saqueo en 1860 del Palacio de Verano por parte de las tropas franco-británicas en Pekín llevaron finalmente al emperador a someterse. En 1860-1862, el Estado chino tuvo que ceder a los europeos una serie de puestos comerciales, hacer concesiones territoriales y asumir una fuerte indemnización de guerra. También se impuso, en nombre de la libertad religiosa, que los misioneros cristianos pudieran recorrer libremente el país (sin considerar que los misioneros budistas, musulmanes o hindúes pudieran tener el mismo derecho en Europa). Irónicamente, como resultado del tributo militar franco-británico, el Estado chino se vio obligado a abandonar la ortodoxia presupuestaria smithiana y a contraer una gran deuda pública por primera vez. La deuda se convirtió en una bola de nieve que obligó a los Qing a subir impuestos para pagar a los europeos, cediéndoles una parte cada vez mayor de su soberanía fiscal, de acuerdo con un esquema colonial clásico de coacción a través de la deuda que encontramos en muchos otros países (como Marruecos).[60]

60. Véase A. Barbe, *Dette publique et impérialisme au Maroc (1856-1956)*, La Croisée des chemins, Casablanca, 2020. Véase también N. Barreyre y

En cuanto a las deudas públicas contraídas por los Estados europeos para financiar sus guerras internas durante los siglos XVII y XVIII, es importante destacar el papel central desempeñado por los procesos de titulización e innovación financiera. Algunos de esos experimentos acabaron en sonadas quiebras, empezando por la famosa bancarrota de Law en 1718-1720, que tuvo su origen en la competencia entre los Estados francés y británico por deshacerse de sus respectivas deudas ofreciendo a los tenedores de bonos acciones de empresas coloniales más o menos disparatadas (como la Compañía del Misisipi, que precipitó el estallido de la burbuja financiera). En aquel momento, la mayoría de los proyectos de sociedades anónimas estaban basados en la explotación de monopolios comerciales o fiscales de tipo colonial, y tenían poco que ver con el emprendimiento productivo.[61] Sin embargo, el desarrollo de técnicas financieras y comerciales globales contribuyó a que los europeos construyeran infraestructuras y adquirieran ventajas comparativas que resultarían decisivas en la era del capitalismo industrial y financiero mundializado de finales del siglo XIX y principios del XX.[62]

N. Delalande, *A world of public debts: a political history*, Palgrave Macmillan, Basingstoke (Inglaterra), 2020; P. Penet y J. Flores Zendejas, *Sovereign debt diplomacies: rethinking sovereign debt from colonial empires to hegemony*, Oxford University Press, Nueva York, 2021.

61. El proyecto más grandioso imaginado durante la burbuja de 1718-1720 fue el de una empresa concebida por comerciantes franceses que habría tenido el monopolio comercial de toda América, con un capital de 80 millones de libras (aproximadamente el valor de un año de la renta nacional británica de la época). Varios proyectos prometían el descubrimiento del mítico Reino de Ofir, del que se decía que contenía las riquezas del rey Salomón, y que se situaba generalmente entre los actuales Mozambique y Zimbabue. Otro proyecto preveía la producción de textiles en África a cambio de esclavos, para adaptarse más rápidamente a los gustos de los comerciantes locales. Véase S. Condorelli, *From Quincampoix to Ophir: a global history of the 1720 financial boom*, Universidad de Berna, Berna, 2019. Véase también A. Orain, *La politique du merveilleux: une autre histoire du Système de Law*, Fayard, París, 2018.

62. En su reciente síntesis sobre la historia del capitalismo, Pierre François y Claire Lemercier distinguen entre la era del comercio (1680-1880), la era de las fábricas (1880-1980) y la era de las finanzas (desde 1980 en adelante). Durante la era del comercio, los países occidentales se hicieron con el control del

Provincializar Europa, repensar la singularidad occidental

En síntesis, el colonialismo y la dominación militar permitieron a los países occidentales organizar la economía mundial en su propio beneficio y situar al resto del planeta en una posición periférica de manera duradera. Repitámoslo otra vez: esta estrategia no es, como tal, específicamente europea. Japón experimentó con ella en detrimento de una parte de Asia durante la primera mitad del siglo XX. Hasta el final del colonialismo japonés, Corea y Taiwán no pudieron poner en práctica una estrategia autónoma de desarrollo. Una vez liberada de su tutela colonial, tanto occidental como japonesa, China pudo, tras varias décadas de vacilación, poner en marcha su propia estrategia de desarrollo desde principios de la década de 1980, lo cual le ha llevado a situar bajo su dependencia a numerosas economías asiáticas y africanas más pobres y peor posicionadas. La originalidad europea consiste en haber sido los primeros en experimentar esta estrategia y extenderla a escala mundial durante varios siglos, apoyándose en una larga dominación militar incontestable y en la ausencia persistente de cualquier oposición interna o externa suficientemente organizada.

No obstante, el hecho de que el colonialismo haya desempeñado un papel central en la emergencia del capitalismo occidental no lo explica todo, ni mucho menos. Es necesario explicar las causas de la superioridad fiscal y militar europea, lo que suele hacerse poniendo el foco en la singularidad de la competencia entre Estados y en las estructuras territoriales europeas entre 1500 y 1800, aunque sin llegar al fondo del argumento. Por ejemplo, la competencia interestatal también era muy fuerte en el subcontinente indio, aunque con un sistema de fronteras mucho más inestable que en el caso europeo. Algunos autores defienden

---

planeta y de sus redes marítimas: impusieron su preeminencia militar y comercial al resto del mundo, lo que les permitió acumular un capital que desempeñaría un papel central en el paso a la era de las fábricas. Véase P. François y C. Lemercier, *Sociologie historique du capitalisme*, La Découverte, París, 2021.

la idea de que las relaciones sociales de producción específicamente capitalistas (que no se encontraban en ninguna otra parte del mundo) se habrían desarrollado en la campiña inglesa ya en los siglos XVI y XVII, mucho antes de que la expansión colonial tuviera un papel decisivo, relacionadas con un proceso de centralización estatal especialmente precoz.[63] Estos estudios son sugerentes y deben analizarse con atención. Sin embargo, las fuentes empleadas hasta la fecha parecen demasiado frágiles (y demasiado eurocéntricas) como para establecer firmemente esa conclusión. Hasta ahora, la tesis desarrollada por Pomeranz y Parthasarathi, según la cual las estructuras socioeconómicas de las regiones más avanzadas de Europa, China, Japón e India no se diferenciaron mucho hasta mediados del siglo XVIII, y sólo empezaron a divergir seriamente en el contexto de la dominación colonial y militar, parece la mejor establecida.

Es posible que en el futuro nuevas investigaciones y fuentes inéditas hagan evolucionar esta conclusión, por lo demás frágil y provisional. Existen muchos otros factores que podrían explicar la precoz divergencia europea protocapitalista, como la tesis expuesta por el medievalista Giacomo Todeschini, según la cual se dio un sistema especialmente sofisticado de derecho financiero, comercial y de la propiedad que fue desarrollado en Europa por la Iglesia católica a lo largo de los siglos para asegurar su continuidad como organización religiosa, política y propietaria, superando el celibato del clero que le prohibía existir como clase.[64] Antes que él, el antropólogo Jack Goody había formulado la hipótesis de que varios rasgos específicos europeos, sobre todo en materia de estructura familiar (prohibición de los matrimonios entre primos, de las adopciones y de las segundas nupcias de mu-

63. Véase R. Brenner, «Agrarian class structure and economic development in pre-industrial Europe», *Past and Present*, 1976; E. Meiksins Wood, *The origin of capitalism: a longer view*, Verso, Londres, 2002; A. Bihr, *Le premier âge du capitalisme*, tome 1: *L'expansion européenne (1415-1763)*, Syllepse, París, 2018.

64. Véase G. Todeschini, *Les marchands et le temple.: la société chrétienne et le cercle vertueux de la richesse du Moyen Âge à l'Époque moderne*, Albin Michel, París, 2017.

jeres viudas, en contra de las normas romanas), estarían vinculados a la fuerte voluntad de la Iglesia cristiana de recibir bienes y afirmarse como organización propietaria rival de las familias.[65]

De forma quizá todavía más decisiva, numerosos trabajos, como los de Sanjay Subrahmanyam, han hecho hincapié en las motivaciones geopolíticas y religiosas del expansionismo europeo. Para intentar cercar al eterno enemigo musulmán, los portugueses se lanzaron a dar la vuelta a África en busca de un hipotético reino cristiano en África oriental que les permitiera confrontar al islam por la retaguardia. Tras una búsqueda infructuosa en las costas orientales de África, finalmente llegaron a la costa india. Tuvieron que pasar varios años para darse cuenta de que los gobernantes que Vasco da Gama (él mismo proveniente de las órdenes militares características de la Reconquista) había conocido cerca de Calicut y Cochin eran hindúes, no cristianos.[66] El papel impulsor de la rivalidad con el islam también ha sido destacado por Edward Said, quien ha mostrado cómo los discursos destinados a estigmatizar a Oriente y a los musulmanes como viciosos por naturaleza e incapaces de gobernarse a sí mismos fueron utilizados para justificar el proyecto colonial.[67]

65. Véase J. Goody, *The European family: an historico-anthropological essay*, Blackwell, Oxford (Inglaterra), 2000. Versión castellana de Antonio Desmonts, *La familia europea: ensayo histórico-antropológico*, Crítica, Barcelona, 2001.

66. Véase S. Subrahmanyan, *Vasco de Gama. Légende et tribulations du vice-roi des Indes*, Alma, París, 2012. (Traducido del inglés: *The career and legend of Vasco da Gama*, Cambridge University Press, Cambridge [Inglaterra] y Nueva York, 1997). Versión castellana de Juan Pedro Campos, *Vasco de Gama*, Crítica, Barcelona, 1998.

67. En 1833, Lamartine publicó su célebre *Viaje al Oriente*, en el que teorizaba el derecho europeo a la soberanía sobre Oriente, en un momento en que Francia libraba una brutal guerra de conquista en Argelia. Poco antes, en *El genio del cristianismo* y, luego, en su *Itinerario de París a Jerusalén*, Châteaubriand había escrito unas páginas muy duras para justificar el papel civilizador de las cruzadas y condenar sin reservas el islam: «Se ha culpado a los caballeros de haber ido a buscar a los infieles a sus casas. Pero no se observa que, al fin y al cabo, no era más que una justa represalia contra los pueblos que habían atacado primero a los pueblos cristianos: los moros justifican las

En un plano completamente diferente, Claude Lévi-Strauss ha argumentado que el lejano Oeste y el lejano Oriente comparten profundos vínculos antropológicos: ambos extremos del mundo se han beneficiado de fronteras naturales que favorecen la formación de Estados (es el caso, en particular, de las islas Británicas y Japón, pero también, en menor medida, de Francia), y ambos han sido receptáculos de las mitologías, ideologías y conocimientos del mundo desde la época de las migraciones neolíticas.[68] Las investigaciones sobre la formación de los primeros Estados durante el neolítico muestran también la importancia de las construcciones rituales y la extrema fragilidad de las estructuras estatales, con la excepción de los lugares con restricciones territoriales (islas y frentes marítimos).[69]

Historia económica y social, historia de la construcción del Estado

Los factores religiosos, ideológicos y antropológicos han tenido, sin duda, una gran importancia en la historia de Europa, como en la de otras partes del mundo, y sería ilusorio e infantil pretender buscar en estos elementos la causa última de su evolución histórica. Llegados a este punto, creo más útil señalar que el desarrollo del capitalismo occidental y global se ha basado en la

---

cruzadas. ¿Acaso los seguidores del Corán permanecieron tranquilos en los desiertos de Arabia, o no llevaron su ley y sus estragos hasta los muros de Delhi y las murallas de Viena? ¡Acaso había que esperar a que la guarida de esas bestias feroces se llenara de nuevo!». Véase E. Said, *Orientalism*, Vintage Books, Nueva York, 2003 (1978). Versión castellana de María Luisa Fuentes, *Orientalismo*, Debate, Barcelona, 2016. Véase también T. Piketty, *Capital et idéologie, op. cit.*, pp. 385-391. Versión castellana *Capital e ideología, op. cit.*

68. Véase C. Lévi-Strauss, *L'autre face de la Lune: écrits sur le Japon*, Seuil, París, 2011. Versión castellana de Elisenda Julibert, prefacio de Junzo Kawada, *La otra cara de la luna: escritos sobre Japón*, RBA, Barcelona, 2013.

69. Véase J.-P. Demoule, «Naissances des inégalités et prémisses de l'État», en J.-P. Demoule (ed.), *La révolution néolithique dans le monde*, CNRS Éditions, París, 2010.

división internacional del trabajo y en la explotación desenfrenada de los recursos naturales y humanos del mundo, y que la relación de fuerzas entre las distintas potencias ha desempeñado un papel absolutamente central en esta historia. La clave es que la construcción del Estado no se limita simplemente al desarrollo de una capacidad fiscal o militar, sino que pone en juego inseparablemente visiones del mundo, ideologías, identidades, instituciones, lenguas y «comunidades imaginarias» que vinculan a millones de personas que nunca se han conocido ni se conocerán y que, sin embargo, están de acuerdo, a gusto o a disgusto, en obedecer las reglas de una autoridad estatal común.[70] Durante siglos, la construcción de los Estados ha estado generalmente controlada por las clases dominantes, a veces enfrentadas entre sí, por ejemplo, a la hora de llevar a cabo sus respectivos proyectos de dominación política, colonial, religiosa o comercial en el resto del mundo. Las clases subalternas, las revueltas y las luchas sociales desempeñan un papel cada vez más importante desde finales del siglo XVIII y contribuyen a determinar qué tipo de poder estatal se desarrolla y para qué proyecto político. El Estado no es igualitario ni desigualitario en sí mismo: depende de quién lo controle y con qué fin. Hasta cierto punto, esta ambivalencia puede encontrarse tanto en los primeros Estados[71] como en pe-

70. Sobre la construcción de imaginarios colectivos en el origen de los Estados nación modernos, en relación con la difusión de la imprenta, véase el libro clásico de B. Anderson, *Imagined communities: reflection on the origins and spread of modern nationalism*, Verso, Londres, 2006 (1983). Versión castellana de Eduardo L. Suárez, *Comunidades imaginadas: reflexión sobre el origen y la difusión del nacionalismo*, Fondo de Cultura Económica, Ciudad de México, 1993.

71. Véase A. Testart, *L'institution de l'esclavage: une approche mondiale*, Gallimard, París, 2018, que defiende la idea de que la formación del Estado conduce la mayoría de las veces a la abolición de la esclavitud interna y a la regulación de las relaciones de extrema dependencia entre poseedores y poseídos (no por gusto a la igualdad, sino para evitar una fractura de la comunidad en soberanías dispersas, para establecer una soberanía estatal unificada). Por el contrario, varios autores insisten en que los primeros Estados estaban basados en la opresión y el trabajo forzoso, y preconizan rehabilitar formas políticas alternativas descentralizadas. Véase P. Clastres, *La société contre l'État*, Édi-

ríodos anteriores al siglo XVIII, aunque carecemos de fuentes para estudiarlos satisfactoriamente.[72]

Sea como fuere, toda construcción estatal pone en juego procesos sociales e históricos específicos, así como identidades y luchas particulares que deben ser estudiadas como tales. Esto es válido tanto para la construcción del Estado en el Reino Unido y Francia en el siglo XVIII como para el desarrollo del Estado chino o el Estado federal en Estados Unidos, India o la Unión Europea en el siglo XXI. La historia del capitalismo y del desarrollo económico afecta de manera crucial a la historia del Estado y del poder: eso la hace profundamente política e ideológica.

---

tions de Minuit, París, 1974; J. Scott, *Against the grain: a deep history of the earliest States*, Yale University Press, New Haven, 2017; D. Graeber y D. Wengrow, «How to change the course of human history», *Eurozine*, 2018; *The dawn of everything: a new history of humanity*, Farrar, Straus and Giroux, Nueva York, 2021.

72. Véanse, sin embargo, los trabajos de G. Alfani, «Economic inequality in preindustrial times», *Journal of Economic Literature*, 2021 y de G. Alfani, M. Di Tullio, *The lion's share: inequality and the rise of the fiscal State in preindustrial Europe*, Cambridge University Press, Cambridge (Inglaterra) y Nueva York, 2019, que ponen de manifiesto, a partir de fuentes urbanas locales italianas y neerlandesas, una tendencia al alza en la concentración de la propiedad entre 1500 y 1800 y explican esta evolución por la regresividad del sistema fiscal y estatal. Sin embargo, dado que la población pobre rural y urbana está peor contabilizada al principio del período, no está del todo claro que el cambio sea significativo. Véase también B. van Bavel, *The invisible hand?: how market economies have emerged and declined since AD 500*, Oxford University Press, Nueva York y Oxford (Inglaterra), 2016.

Capítulo 4

La cuestión de las reparaciones

El fin de la esclavitud y del colonialismo, paso crucial en el largo camino hacia la igualdad que presentamos en este libro, trajo consigo conflictos y luchas, liberaciones e injusticias, como, por ejemplo, las compensaciones económicas pagadas a los propietarios de esclavos (no a los esclavos), un episodio poco conocido pero esencial que sigue planteando hoy la cuestión de las reparaciones. Por espinoso que sea, es un asunto que no puede evitarse para siempre: es hora de actuar, a menos que nos queramos arriesgar a crear un sentimiento de injusticia profunda y duradera. De manera general, el legado de la esclavitud y el colonialismo hace necesario reconsiderar la relación entre justicia reparadora y justicia universalista a escala mundial.

El fin de la esclavitud: compensaciones económicas a los propietarios

En los siglos XVIII y XIX, el sistema esclavista adquirió una importancia considerable en el espacio atlántico. En el sur de Estados Unidos, el número de esclavos se cuadruplicó entre 1800 y 1860. El sistema de plantaciones fue el mayor de la historia y desempeñó un papel fundamental en la industria textil occidental. Apenas unas décadas antes, a finales del siglo XVIII, el corazón de la economía de plantaciones era francés y británico. En concreto, en torno a 1780-1790, las islas esclavistas francesas tenían la mayor concentración de esclavos del mundo euroamericano, con unos 700.000 esclavos, frente a otros 600.000 en las posesiones británicas y 500.000 más en las plantaciones del sur de Estados Unidos (recién independizados).

En las Antillas francesas, las principales concentraciones de esclavos se encontraban en Martinica, Guadalupe y, sobre todo, Santo Domingo. Rebautizada como Haití con la proclamación de la independencia en 1804, Santo Domingo era la joya de las colonias francesas a finales del siglo XVIII, la más próspera y rentable de todas, gracias a su producción de azúcar, café y algodón. Santo Domingo era francesa desde 1626 y ocupaba la parte occidental de la isla de La Española, en donde Colón había desembarcado en 1492, mientras que la parte oriental seguía siendo colonia española (antes de convertirse en la República Dominicana), al igual que la isla vecina de Cuba (donde la esclavitud continuó hasta 1886-1887, como en Brasil). En el océano Índico, las dos islas esclavistas francesas eran Île de France (o Isla de Francia, la más importante en el siglo XVIII, hasta que fue ocupada por soldados ingleses en 1810 y pasó a convertirse en posesión británica con el nombre de Mauricio en 1815) e Île Bourbon (o Isla Borbón, que siguió siendo francesa y posteriormente pasó a llamarse isla de la Reunión). En total, las plantaciones de ambas islas contaban con cerca de 100.000 esclavos en torno a 1780, frente a los 600.000 de las Antillas francesas, de los cuales cerca de 450.000 estaban en Santo Domingo.

Conviene no olvidar que se trataba de islas verdaderamente esclavistas. La proporción de esclavos alcanzaba el 90 por ciento de la población total en Santo Domingo en la década de 1780 (el 95 por ciento si se incluyen los mestizos, los mulatos y los negros libres). En el período 1780-1830, los niveles eran comparables en el resto de las Antillas británicas y francesas: 84 por ciento en Jamaica, 80 por ciento en Barbados, 85 por ciento en Martinica y 86 por ciento en Guadalupe. Se trata de los niveles más extremos jamás observados en la historia de las sociedades esclavistas del

Atlántico y, en general, en la historia mundial de las sociedades esclavistas (véase el gráfico 4.1). En comparación, en la misma época, los esclavos representaban entre el 30 y el 50 por ciento de la población en el sur de Estados Unidos o en Brasil, y las fuentes disponibles sugieren proporciones comparables en Atenas o Roma en la antigüedad. Las Antillas británicas y francesas en el siglo XVIII y principios del XIX constituyen el ejemplo histórico mejor documentado de sociedades en las que los esclavos constituían casi la totalidad de la población.

Es obvio que, cuando la proporción de esclavos alcanza el 80 o el 90 por ciento, el riesgo de revuelta es muy alto, por muy feroz que sea el aparato represivo establecido. El caso de Haití era especialmente extremo, ya que el número de esclavos había crecido a un ritmo muy rápido y había alcanzado un nivel muy superior al de las demás islas. En 1700, la población total de la isla era de unos 30.000 habitantes, de los cuales algo más de la mitad eran esclavos. A principios de la década de 1750, Haití contaba con 120.000 esclavos (77 por ciento de la población total), 25.000 blancos (19 por ciento) y 5.000 mestizos y negros libres (4 por ciento). A finales de la década de 1780, la colonia contaba con más de 470.000 esclavos (90 por ciento de la población total), 28.000 blancos (5 por ciento) y 25.000 mestizos, mulatos y negros libres (5 por ciento). (Véase el gráfico 4.2.)

En vísperas de 1789, unos 40.000 africanos llegaban cada año a Puerto Príncipe y Cap Français para reemplazar a los esclavos muertos y aumentar el total de esclavos, que entonces crecía a un ritmo extremadamente rápido. El sistema se encontraba en fase de expansión acelerada cuando estalló la Revolución francesa. Los negros libres comenzaron por exigir el derecho al voto y a participar en las asambleas al comienzo de la Revolución, en 1789-1790. Aunque parecía lógico a la vista de las grandes proclamaciones sobre la igualdad de derechos realizadas en París, se les negó ese derecho. La sublevación de los esclavos comenzó en agosto de 1791, tras la concentración de Bois Caïman en la llanura del norte, con la participación de miles de esclavos «cimarrones» (fugitivos) que se habían refugiado durante décadas en las montañas de la isla. A pesar de los refuerzos militares

Gráfico 4.1. Las sociedades esclavistas atlánticas (siglos XVIII y XIX)

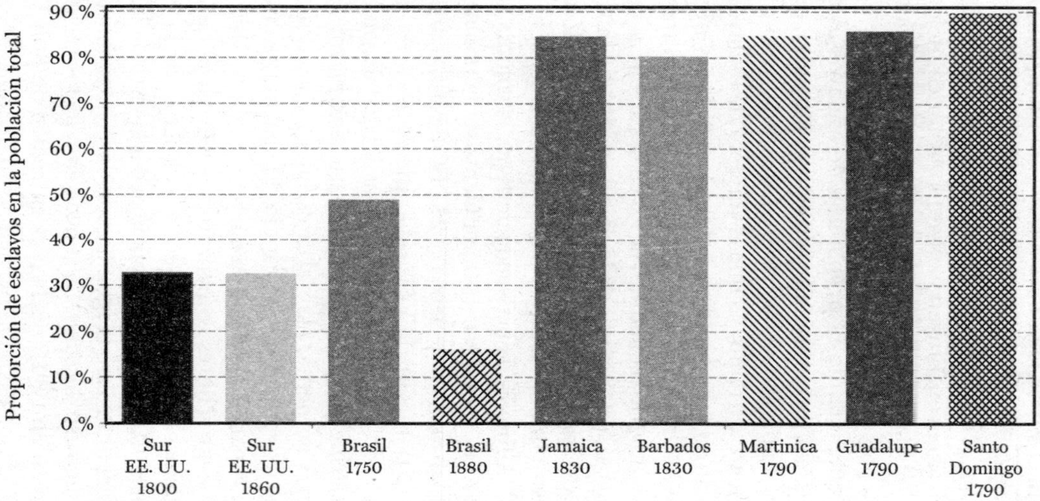

Interpretación: Los esclavos representaban aproximadamente un tercio de la población del sur de Estados Unidos de 1800 a 1860. Esta proporción se redujo de casi el 50 por ciento a menos del 20 por ciento en Brasil entre 1750 y 1880. Superó el 80 por ciento en las islas esclavistas de las Antillas británicas y francesas en 1780-1830, y llegó incluso al 90 por ciento en Santo Domingo (Haití) en 1790.
Fuentes y series: Véase <piketty.pse.ens.fr/egalite>.

Gráfico 4.2. Una isla esclavista en expansión: Santo Domingo (1700-1790)

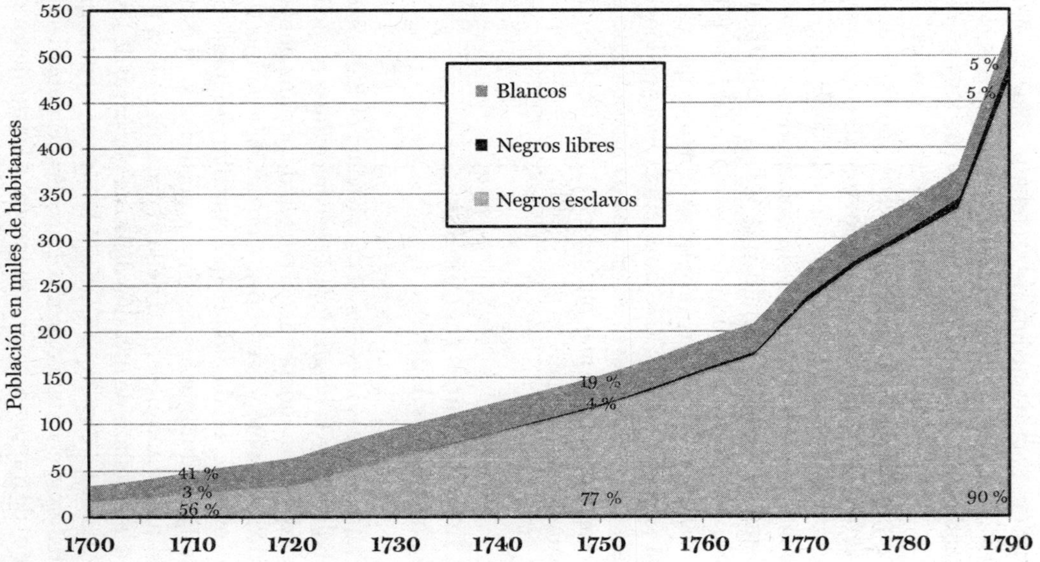

Interpretación: La población total de Santo Domingo (Haití) pasó de apenas 50.000 habitantes en 1700-1710 (de los cuales el 56 por ciento eran esclavos, el 3 por ciento mestizo y negros libres, y el 41 por ciento blancos) a más de 500.000 en 1790 (de los cuales el 90 por ciento eran esclavos, el 5 por ciento mestizos y negros libres y el 5 por ciento blancos).
Fuentes y series: Véase <piketty.pse.ens.fr/egalite>.

enviados desde Francia, los insurgentes ganaron rápidamente terreno y se hicieron con el control de las plantaciones mientras sus dueños huían del país. Los nuevos comisarios enviados por París no tuvieron más remedio que decretar la emancipación de los esclavos en agosto de 1793, decisión que la Convención Nacional extendió a todas las colonias en febrero de 1794 y que con este acto de abolición generalizada de la esclavitud marcó la diferencia con los regímenes anteriores y posteriores (aunque la decisión fuera realmente impuesta por los rebeldes). Apenas tuvo tiempo de surtir efecto. En 1802, los terratenientes obtuvieron de Napoleón el restablecimiento de la esclavitud en todas las islas esclavistas, a excepción de Haití, que declaró su independencia en 1804, tras haber rechazado una vez más a las tropas francesas venidas a recuperar sus propiedades. Hubo que esperar hasta 1825 para que Carlos X reconociera la independencia de Haití, y hasta 1848 para que se adoptase una nueva ley de abolición que se aplicó en los demás territorios, en particular en Martinica, Guadalupe y Reunión.

¿Debe el Estado francés reembolsar la deuda pagada por Haití?

Haití constituye un caso emblemático, no sólo por haber sido la primera abolición de la era moderna, tras una exitosa revuelta de esclavos, y la primera independencia obtenida por una población negra frente a una potencia europea, sino también porque se saldó con una enorme deuda pública que contribuyó a minar el desarrollo de Haití durante los dos siglos posteriores. Si Francia aceptó finalmente reconocer la independencia del país en 1825 y poner fin a la amenaza de invasión de la isla por parte de las tropas francesas, fue sólo porque Carlos X había conseguido que el gobierno haitiano aceptara desembolsar a Francia una deuda de 150 millones de francos oro para compensar a los propietarios de esclavos por la pérdida de sus propiedades. El Gobierno de Puerto Príncipe no tuvo otra opción tanto por la evidente superioridad militar francesa como por el embargo impuesto por la flota francesa a la espera de un acuerdo y por el riesgo real de ocupación de la isla.

El tributo representaba más del 300 por ciento de la renta nacional de Haití en 1825; es decir, más de tres años de producción, una suma enorme y materialmente imposible de devolver a corto plazo. El tratado preveía el pago rápido de la totalidad de la suma en cinco años a la Caisse des Dépôts et Consignations (una institución bancaria pública creada durante la Revolución y que sigue existiendo en la actualidad), siendo esta última la encargada de ingresar las sumas correspondientes a los propietarios de esclavos expoliados (cosa que hizo), y siendo el Gobierno haitiano el encargado de refinanciarse con los bancos privados franceses, a cambio del pago de intereses, con el fin de distribuir en el tiempo el reembolso (lo que también hizo). La deuda haitiana fue objeto de múltiples y caóticas renegociaciones, pero fue reembolsada en lo esencial (capital e intereses), con un pago medio anual de alrededor del 5 por ciento de la renta nacional haitiana entre 1840 y 1915, a pesar de que los bancos franceses se quejasen regularmente de retrasos en los pagos.[73] Con el apoyo del Gobierno francés, los bancos franceses decidieron finalmente ceder el resto de sus deudas a Estados Unidos, que ocupó Haití de 1915 a 1934 para restablecer el orden y salvaguardar sus propios intereses financieros.

La deuda de 1825, que pasó de un acreedor a otro, fue reembolsada definitivamente y se extinguió oficialmente a principios de la década de 1950. Durante más de un siglo, de 1825 a 1950, el precio que Francia quiso que Haití pagara por su libertad hizo que el desarrollo de la isla estuviera condicionado por dicha cuestión, a veces denunciada con violencia, a veces aceptada con resignación, siguiendo interminables ciclos políticos.[74]

73. Véase T. Piketty, *Capital e ideología*, *op. cit.* Véase también S. Henochsberg, «Public debt and slavery: the case of Haïti», Paris School of Economics (PSE), 2016.

74. Estos ciclos devastadores comenzaron en 1804 con la toma del poder por parte de Jean-Jacques Dessalines, que estableció un régimen hiperautoritario, monárquico, antiblanco y aislacionista, a resultas de la rendición en 1803 del cuerpo expedicionario francés (cuyo plan era exterminar a todos los insurgentes)

Supongamos que el Estado francés decide finalmente devolver la deuda pagada por Haití tal y como el Estado haitiano lleva exigiendo desde hace décadas. ¿Cuál debería ser el importe de esa reparación? La pregunta no admite una respuesta única y merece una deliberación democrática sujeta al principio de contradicción. No puede ignorarse. Una solución sencilla y transparente podría ser fijar la cantidad en el 300 por ciento de la renta nacional de Haití en 2020, unos 30.000 millones de euros. Esta propuesta dista mucho de ser maximalista, en el sentido de que sólo tiene en cuenta los intereses de forma parcial.[75] Podrían utilizarse otros criterios de cálculo, que darían lugar a importes similares o superiores.[76] Para Francia, 30.000 millones representarían el equivalente a poco más del 1 por ciento de la deuda pública actual: es una cantidad menor. Para Haití, en cambio, supondría una enorme diferencia en términos de inversión y de infraestructuras. Sería realmente un nuevo comienzo, que además permitiría resolver una gran injusticia histórica.

En cualquier caso, el argumento utilizado regularmente por las autoridades francesas de que se trata de un asunto demasiado remoto como para ser reparado es poco convincente. Son muchos los procesos de compensación que siguen teniendo lugar hoy en día por las expropiaciones e injusticias que tuvieron lugar durante la primera mitad del siglo XX. Entre ellos se encuentra el expolio de bienes judíos durante la Segunda Guerra Mundial por parte de las autoridades nazis y sus aliados, cuyos

---

y la detención en 1802 de Toussaint Louverture (que defendía contra viento y marea el mantenimiento de la presencia blanca, la posibilidad de una asociación pacífica con Francia y la integración económica internacional de Haití). La historia posterior de la isla está marcada por ciclos similares de denuncia y resignación.

75. Considerar una proporción constante de la renta nacional a lo largo del tiempo significa indexar la suma inicial al crecimiento nominal de la economía, lo que conduce a resultados intermedios entre la indexación al nivel de precios únicamente y la indexación al tipo de interés nominal.

76. Por ejemplo, los 150.000 millones de francos oro representaban el 2 por ciento de la renta nacional francesa de 1825. Aplicando la misma proporción a la renta nacional francesa de 2020, estaríamos hablando de unos 40.000 millones de euros.

procedimientos de restitución siguen en curso, especialmente desde la creación de la misión Mattéoli en Francia en 1997. Los herederos de los Hohenzollern (la familia real prusiana desalojada del poder en 1918) mantienen actualmente un litigio con el Estado alemán por residencias y obras de arte por las que consideran que no han sido suficientemente compensados. Otro ejemplo es la ley estadounidense de 1988 que concede 20.000 dólares a los estadounidenses de origen japonés internados durante la Segunda Guerra Mundial.[77] Al negarse a cualquier debate sobre una deuda que Haití pagó a Francia por querer dejar de ser un país esclavo, cuando los pagos realizados desde 1825 hasta 1950 están bien documentados y nadie los discute, se corre inevitablemente el riesgo de dar la impresión de que algunas injusticias valen más que otras. Actitudes de este tipo contribuyen a enfrentar a personas de diferentes orígenes, cuando debería hacerse todo lo posible para reconciliarse sobre la base de principios de justicia lo más neutrales y universales posibles. Esperemos que el Estado francés, presionado por sus ciudadanos, sea capaz de encontrar una solución antes del próximo centenario de la independencia de Haití.[78]

77. La indemnización se reservaba a los que seguían vivos en 1988, a diferencia de los expolios de bienes, que suelen pasar a los herederos. Evidentemente, esta diferencia de trato no tiene nada de «natural» y es una opción política. En mi opinión, en general, corresponde a la deliberación democrática fijar el nivel adecuado de las compensaciones y su transmisión en el tiempo, inspirándose, por ejemplo, en los baremos impositivos que se aplican a las herencias y a la propiedad (véase el capítulo 7, tabla 7.1).

78. En 1904, durante las conmemoraciones del primer centenario de la independencia de la isla, las autoridades de la Tercera República francesa se negaron a enviar una delegación oficial a Haití. El Gobierno francés estaba descontento con el ritmo de reembolso de la deuda, y estaba fuera de lugar mostrar indulgencia con un pagador tan incumplidor, especialmente en un contexto en el que el imperio colonial utilizaba frecuentemente el sistema de coacción por la deuda. En 2004, las autoridades de la Quinta República llegaron a la misma conclusión, pero por razones diferentes. El presidente francés se negó a asistir a las conmemoraciones porque se temía que el presidente haitiano aprovechara la ocasión para exigir el reembolso por parte de Francia de la deuda odiosa pagada por Haití, de la que el Gobierno francés no quería oír

Las compensaciones abolicionistas británicas y francesas de 1833 y 1848

Además del caso de Haití, también se pagaron importantes compensaciones económicas a los propietarios de esclavos como consecuencia de las aboliciones británica y francesa de 1833 y 1848. Tras el éxito de la rebelión de Santo Domingo en 1791, la inquietud se extendió entre los propietarios. La gran revuelta de Guadalupe de 1802 terminó con la ejecución o deportación de unos 10.000 esclavos, aproximadamente el 10 por ciento de la población, lo que llevó a las autoridades francesas a reanudar temporalmente el comercio de esclavos en las décadas de 1810 y 1820 para repoblar la isla y volver a poner en marcha las plantaciones de azúcar. En 1815 se produjo una nueva revuelta, esta vez en la Guayana británica, la cual también fue sofocada con sangre. El acontecimiento más decisivo fue, sin duda, la gran revuelta de Jamaica en la Navidad de 1831, cuyos sangrientos ecos en la prensa inglesa causaron una fuerte impresión en la opinión pública británica y contribuyeron a que los abolicionistas volvieran a la carga durante los debates de 1832-1833 y se pusieran a convencer a los terratenientes de que era más prudente aceptar una generosa compensación económica antes que correr el riesgo de nuevos enfrentamientos.

En la práctica, la ley de abolición aprobada por el Parlamento británico en 1833 establecía una indemnización integral para los propietarios de esclavos. Se establecieron baremos relativamente sofisticados en función de la edad, el sexo y la productividad de los esclavos, de manera que la indemnización fuera lo más justa y precisa posible. Se pagaron unos 20 millones de libras esterlinas, alrededor del 5 por ciento de la renta nacional del Reino Unido en aquella época, a 4.000 propietarios de esclavos. Si un

---

hablar bajo ningún concepto. En 2015, el presidente francés, de visita en Haití tras el terremoto, reiteró dicha postura. Francia tenía ciertamente una forma de deuda «moral» con Haití, pero las reparaciones monetarias estaban fuera de lugar. Afortunadamente, el Estado francés aún tiene ochenta años para definir su actitud ante el tricentenario de 2104.

Gobierno decidiera hoy dedicar la misma proporción de la renta nacional del Reino Unido a esa política, tendría que desembolsar unos 120.000 millones de euros, lo que equivale a unos 30 millones de euros de media a cada uno de los 4.000 propietarios. Estamos hablando de grandes propietarios, que a menudo tenían varios cientos de esclavos, y algunas veces varios miles. Todo ello se financió con el correspondiente aumento de la deuda pública, que a su vez fue devuelta por todos los contribuyentes británicos, y, en la práctica, principalmente por los hogares de rentas modestas y medias, dada la elevada regresividad del sistema fiscal de la época (basado principalmente en impuestos indirectos).[79]

Los archivos parlamentarios que describen las transacciones, que en su momento parecían perfectamente razonables y justificadas (al menos a ojos de la minoría de ciudadanos-propietarios que tenían poder político), han sido recientemente explotados de forma sistemática, dando lugar a la publicación de varios libros y a la puesta en línea de una base de datos nominativa completa.[80] Así, se ha sabido que entre los descendientes de los propietarios generosamente indemnizados en la década de 1830 se encontraba un primo del primer ministro conservador David Cameron. Hubo peticiones para que se devolviesen al Tesoro las sumas en cuestión, que constituyen el origen de la fortuna familiar y de la cartera financiera e inmobiliaria que aún mantienen a principios del siglo XXI, como en el caso de muchas familias británicas acaudaladas. Pero no ocurrió nada, las cosas han seguido como hasta ahora.

79. Para poner las cosas en perspectiva, cabe señalar también que el presupuesto total de educación (todos los niveles incluidos) no superaba el 0,5 por ciento de la renta nacional en el Reino Unido en el siglo XIX (véase el capítulo 5). Es decir, que el dinero público que se distribuyó para compensar a los propietarios de esclavos equivalía a más de diez años de inversión educativa.

80. Véase N. Draper, *The price of emancipation: slave-ownership, compensation and British society at the end of slavery*, Cambridge University Press, Cambridge (Inglaterra) y Nueva York, 2010; C. Hall, N. Draper, K. McClelland, K. Donington y R. Lang, *Legacies of British slave-ownership*, *op. cit.* La base de datos LBS (Legacies of British Slave-Ownership) está disponible aquí: <http://www.ucl.ac.uk/lbs/>. [Consulta: 16/09/2021]

Tras la abolición francesa de 1848 se concedieron compensaciones similares a los propietarios de esclavos. Como en el caso británico, también se han explotado los archivos correspondientes, que acaban de ser colgados en línea.[81] Ser indemnizados era un requisito evidente e indiscutible para la mayoría de los miembros de las élites «liberales» de la época, como el propio Tocqueville, que durante los debates franceses de la década de 1840 se ilustró con propuestas pretendidamente ingeniosas (una parte de las compensaciones correría a cargo del erario público, y otra parte, a cargo de los propios esclavos, que deberían trabajar durante diez o veinte años a bajo coste para devolver la diferencia), y que eran sobre todo muy generosas para los propietarios. Schœlcher, que ha pasado a la historia como un gran abolicionista, afirmó que se sentía incómodo con las indemnizaciones, pero insistió en que era imposible proceder de otra manera siempre que la esclavitud se hubiera producido dentro de un marco legal.[82] En otras palabras, si los propietarios de esclavos fueran expoliados sin compensación, ¿qué habría que hacer con los que habían vendido sus esclavos hacía unos años y ahora poseían una cartera de valores financieros, un castillo cerca de Burdeos o un edificio en París? ¿No íbamos a encontrarnos, por capilaridad, poniendo en cuestión el orden social en su conjunto y el sistema de propiedad privada? De hecho, en retrospectiva, una abolición justa habría implicado compensar a los esclavos por las décadas

81. Puede consultarse aquí el sitio web *Esclavages et indemnités* creado en 2021 por Myriam Cottias y su equipo, que incluye una base de datos completa de las indemnizaciones pagadas a los propietarios de esclavos tras el acuerdo de 1825 con Haití y la abolición de 1848: <http://esclavage-indemnites.fr>. [Consulta: 16/09/2021]

82. Lamartine, también abolicionista, lo expresó con contundencia en la Cámara de Diputados: «Los colonos deben ser compensados por la parte de la propiedad legal de la que se les privaría a través de sus esclavos: nunca lo entenderemos de otra manera. Sólo las revoluciones despojan sin compensación. Los legisladores no actúan así: cambian, transforman, nunca se arruinan; sea cual sea su origen, tienen en cuenta los derechos adquiridos». Véase T. Piketty, *Capital e ideología*, *op. cit.* Sobre estos debates, véase C. Oudin-Bastide y P. Steiner, *Calcul et morale. Coûts de l'esclavage et valeur de l'émancipation (XVIIIe-XIXe siècles)*, Albin Michel, París, 2015.

de malos tratos y trabajo no remunerado (en lugar de a sus amos), financiada por quienes se habían enriquecido gracias a la esclavitud, directa o indirectamente; es decir, en realidad por todos los ricos propietarios de la época.[83] Durante la Revolución, algunos actores como Condorcet y Thomas Paine habían defendido (sin éxito) la idea de la abolición con una compensación para los esclavos, en forma de pensión a cuenta de sus antiguos amos o una parcela de tierra. Ésa no era en absoluto la visión defendida por las élites dominantes, que juraban respeto absoluto al derecho a la propiedad y preferían no abrir esa peligrosa caja de Pandora.

Además de las indemnizaciones a los propietarios, los decretos de abolición promulgados el 27 de abril de 1848 incluían artículos que «reprimían el vagabundeo y la mendicidad y disponían la apertura de talleres disciplinarios en las colonias», cuyo objetivo era garantizar a los terratenientes mano de obra barata. En otras palabras, no sólo no había planes para compensar a los esclavos o facilitarles el acceso a la tierra, sino que la emancipación de Schœlcher iba acompañada de un régimen de trabajo casi forzoso que mantenía a los antiguos esclavos bajo el control de los dueños de las plantaciones y de las autoridades estatales durante décadas. En la isla de la Reunión, el prefecto definió inmediatamente las condiciones de aplicación: los antiguos esclavos debían presentar un contrato de trabajo de larga duración, ya fuera como trabajadores de las plantaciones o como empleados domésticos, o de lo contrario serían detenidos por vagabundeo y enviados a los talleres disciplinarios previstos en la ley.

En 2020, algunos observadores en el Reino Unido y en Francia se asombraron del desmantelamiento de estatuas de traficantes de esclavos (o a veces de quienes, como Schœlcher, los habían compensado) a raíz del movimiento Black Lives Matter. Tener presentes las injusticias históricas producidas durante la abolición puede ayudarnos a entender mejor esa ira, y también a bus-

83. Una de las ventajas de la fiscalidad progresiva es precisamente que puede tener en cuenta la continuidad de la estructura social, y en este caso tratar de forma diferente a los pequeños y a los grandes propietarios.

car soluciones. Durante los debates que precedieron a la votación de la ley de 2001 que reconoce la trata de esclavos y la esclavitud como «crimen contra la humanidad», la diputada francesa por la Guayana Francesa, Christiane Taubira, propuso sin éxito a la mayoría parlamentaria del momento que se aceptara el principio de reparación y que se creara una comisión para examinar las condiciones concretas.[84] Además de la reparación financiera a Haití, la cuestión principal sigue siendo la reforma agraria en Reunión, Martinica, Guadalupe y la Guayana Francesa, para que por fin las personas nacidas de la esclavitud tengan acceso a parcelas en propiedad, en un contexto en el que la tierra y el patrimonio financiero siguen siendo en gran medida prerrogativas de la población blanca, a veces descendientes de las familias de plantadores que se beneficiaron de las indemnizaciones de 1848. Por compleja que sea, creo que esta cuestión deberá ser respondida tarde o temprano.

Estados Unidos: el largo camino de una república esclavista

Pasemos al caso de Estados Unidos, donde el debate sobre las reparaciones es especialmente intenso. La esclavitud desempeñó un papel fundamental en el desarrollo de Estados Unidos, que en sus inicios era una auténtica república esclavista. De los quince presidentes que se sucedieron hasta la elección de Lincoln en 1860, nada menos que once eran propietarios de esclavos, incluidos Washington y Jefferson, ambos nativos de Virginia, el corazón palpitante de la joven federación en sus primeros días. Entre 1800 y 1860, el sistema esclavista se desarrolla rápidamente. Pero el Noreste y, sobre todo, el Medio Oeste (de donde procedía Lincoln), ambos con un modelo económico diferente, basado en

84. El proyecto de artículo 5 decía: «Se creará un comité de personas cualificadas para determinar el daño sufrido y examinar las condiciones de la reparación debida por este delito». Las competencias y deberes de esta comisión se determinarán por decreto en el Consejo de Estado.

la colonización de las tierras del Oeste y en la mano de obra libre, se desarrollan todavía más rápidamente y quieren impedir la expansión de la esclavitud en los nuevos territorios.

Tras su victoria en 1860, el republicano Lincoln se muestra dispuesto a negociar un final pacífico y gradual de la esclavitud, con compensaciones a los propietarios, como había ocurrido durante las aboliciones británica y francesa de 1833 y 1848. De hecho, los planes habían sido propuestos ya en la década de 1820 por Jefferson y Madison: según ellos, bastaba con transferir la mayor parte de las tierras del Oeste a los propietarios de esclavos, que se convertirían así en grandes terratenientes de los nuevos territorios, mientras se enviaba a los esclavos de vuelta a África, ya que se temía que la convivencia con sus antiguos amos fuera difícil. En realidad, la magnitud de las compensaciones previstas hacía improbable dicha opción.[85] Los sudistas eran conscientes de ello y prefirieron probar la carta de la secesión, como algunos de los colonos blancos de Sudáfrica y Argelia harían más tarde en el siglo XX, con la esperanza de preservar su mundo. Los nordistas se negaron a la escisión y la guerra comenzó en 1861. Cuatro años más tarde, y tras 600.000 muertes (tantas como el total combinado de todos los demás conflictos en los que el país haya participado, incluidas las dos guerras mundiales, Corea, Vietnam e Irak), la lucha terminó con la rendición de los ejércitos confederados en mayo de 1865. No obstante, los nordistas no creían que los negros estuvieran preparados para convertirse en ciudadanos, y mucho menos en propietarios, por lo que dejaron que los blancos recuperaran el control en los Estados del sur e impusieran un estricto sistema de segregación racial que les permitió conservar el poder durante otro siglo, hasta 1965. En el intervalo, Estados Unidos se convirtió en la prime-

85. Véase T. Piketty, *Capital e ideología*, *op. cit.* La compensación total habría requerido una transferencia equivalente aproximadamente a un año de la renta nacional estadounidense o entre tres y cuatro veces la deuda federal contraída por la (devastadora) guerra civil. La magnitud del fenómeno esclavista en Estados Unidos hacía impensable una resolución pacífica con los propietarios. El proyecto de traslado de esclavos a África acabó en desastre con la creación de Liberia.

ra potencia militar del mundo y fue capaz de poner fin al ciclo de autodestrucción nacionalista y genocida entre las potencias coloniales europeas de 1914 y 1945. Los Demócratas, históricamente el partido de la esclavitud, consiguieron convertirse en el partido del New Deal.[86] Empujados por la rivalidad frente al comunismo y por la movilización de la población afroamericana, aprobaron la Ley de Derechos Civiles.

Tras los daños causados por los secesionistas durante la guerra civil, habría parecido incongruente pagarles una compensación a los propietarios de esclavos, por lo que todos los planes para hacerlo fueron abandonados. Sin embargo, en los últimos meses de la guerra, en enero de 1865, los nordistas prometieron a los esclavos emancipados que obtendrían «una mula y 40 acres de tierra» (unas 16 hectáreas) tras la victoria. La idea era tanto movilizarlos en el campo de batalla como compensarlos por décadas de trabajo no remunerado y permitirles encarar el futuro como trabajadores libres. Si se hubiera adoptado, ese programa habría supuesto una importante redistribución agraria, especialmente a costa de los grandes propietarios de esclavos. Pero tan pronto como terminó la guerra, la promesa cayó en el olvido: nunca se adoptó paquete de compensación alguno, y los 40 acres y la mula se convirtieron en un símbolo del engaño y la hipocresía del Norte (hasta el punto de que el director Spike Lee bautizó irónicamente a su productora con el nombre de «40 acres y una mula»).

La cuestión de las reparaciones sigue pendiente. En 2021, la ciudad de Evanston aprobó un programa de reparaciones para la población afroamericana, con pagos individuales de hasta 25.000 dólares como ayuda a la compra de vivienda. Puede parecer una cantidad modesta, habida cuenta de la enorme concentración de la riqueza en Estados Unidos y, en particular, la

86. Sobre los cambios en la estructura del conflicto político en Estados Unidos durante el período de la reconstrucción, véase el fascinante libro de N. Barreyre *L'or et la liberté: une histoire spatiale des États-Unis après la guerre de Sécession*, EHESS, París, 2014. Véase también N. Maggor, *Brahmin capitalism: frontiers of wealth and populism in America's first Gilded Age*, Harvard University Press, Cambridge (Massachusetts), 2017.

magnitud de la desigualdad racial en términos de patrimonio (por el perjuicio sufrido durante la esclavitud y, posteriormente, la segregación), pero puede que sólo sea el comienzo.[87] Existen debates en curso a escala federal, donde a menudo se hacen comparaciones con la ley de compensación a los estadounidenses de origen japonés de 1988, que durante décadas pareció impensable, hasta que finalmente fue aprobada y aplicada. El camino hacia la igualdad y la justicia es una lucha continua.

El colonialismo posesclavista y el trabajo forzoso

Además de la esclavitud y de las compensaciones económicas a los propietarios, el legado colonial en su conjunto debe ser cuestionado. En general, cuando se confrontan las distintas fuentes disponibles sobre distribución de la riqueza, se constata que las sociedades esclavistas y coloniales están entre las más desigualitarias de la historia (véase el gráfico 4.3). El máximo histórico se alcanza en las islas esclavistas como la de Santo Domingo y en vísperas de la Revolución francesa. Según las cuentas de las plantaciones y los registros disponibles, los propietarios, colonos, mestizos y hombres negros libres (10 por ciento de la población) se apropiaban de cerca del 80 por ciento de la producción, mientras que la alimentación y la ropa proporcionada a los esclavos (90 por ciento de la población) absorbía apenas el 20 por ciento restante.[88] Sobre el papel, es posible imaginar sociedades hipertecnológicas que, en el futuro, logren alcanzar un nivel de desigualdad todavía más extremo: la abundancia material permite,

87. Véanse, por ejemplo, las propuestas hechas por W. Darity, K. Mullen, *From here to equality. Reparations for black Americans in the twenty-first century*, University of North Carolina Press, 2020.

88. Del 80 por ciento de la producción en manos de los propietarios, colonos, mestizos y hombres negros libres, cerca del 55 por ciento se exportó en beneficio de los propietarios (menos del 1 por ciento de la población) para financiar la acumulación y el consumo en la metrópoli y en las demás colonias, y el 25 por ciento restante se acumuló o consumió localmente. Véase T. Piketty, *Capital e ideología, op. cit.*

Gráfico 4.3. La desigualdad extrema de rentas en perspectiva histórica: el cénit colonial y esclavista

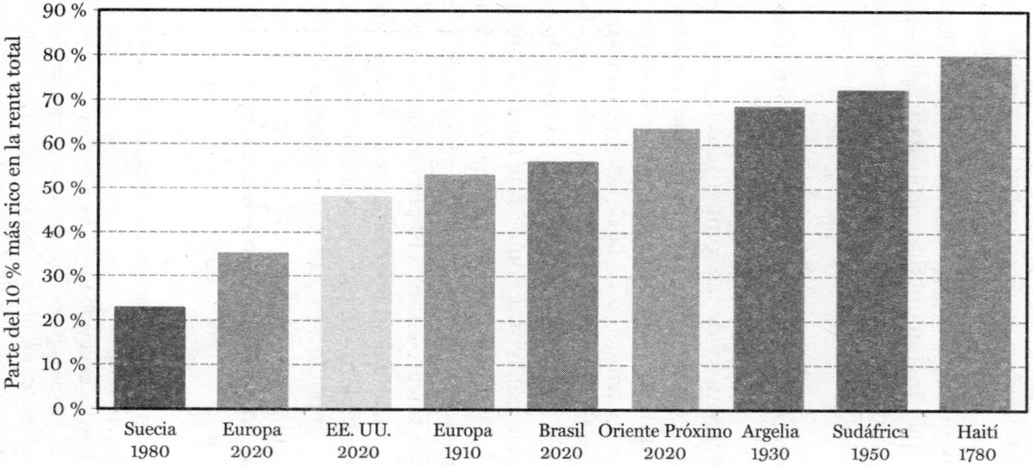

Interpretación: En todas las sociedades observadas, la proporción de la renta total en manos del decil superior (el 10 por ciento de los que más ganan) oscila entre el 23 por ciento de Suecia en 1980 y el 81 por ciento de Santo Domingo (Haití) en 1780 (con un 90 por ciento de esclavos). Sociedades coloniales como la de Argelia en 1930 o la de Sudáfrica en 1950 presentan algunos de los niveles de desigualdad más altos de la historia, con cerca del 70 por ciento de los ingresos totales en manos del decil superior, que agrupa a la población europea.
Fuentes y series: Véase <piketty.pse.ens.fr/egalite>.

en principio, una mayor extracción, siempre que la clase social de tecnomultimillonarios en el poder en esas hipotéticas sociedades consiga desarrollar las herramientas adecuadas tanto en términos de represión como de persuasión. Hasta la fecha eso no ha sucedido, por lo que las islas esclavistas de 1780-1790 siguen llevándose la palma en cuanto a desigualdad en la historia universal se refiere.[89]

Sociedades coloniales como la Argelia francesa de 1930 o la Sudáfrica de 1950 se caracterizan por niveles de desigualdad menos extremos que los observados en las sociedades esclavistas, aunque no del todo ajenos (el 10 por ciento más rico de la población concentraba el 60-70 por ciento de la renta total, en lugar del 80 por ciento). En otras palabras, existe en la práctica un continuo entre los diferentes tipos de regímenes desigualitarios (véase el gráfico 4.4).[90] En las sociedades coloniales posesclavistas, los mecanismos de desigualdad adoptan otras formas, en particular a través de un sistema jurídico, social, fiscal y educativo profundamente discriminatorio. Investigaciones como la de Emmanuelle Saada sobre el imperio francés han demostrado cómo las potencias coloniales desarrollaron sistemas jurídicos específicos en sus imperios hasta mediados del siglo XX, lo que les permitió reconocer derechos en función de determinadas categorías étnico-raciales que codificaron con precisión, aunque se supusiese que dichas categorías habían sido eliminadas del dere-

89. Volvemos a encontrarnos aquí con la distinción entre distribución de la propiedad y distribución de la renta (véase el capítulo 2). La primera puede ser mucho más extrema, ya que la parte del 10 por ciento más rico puede alcanzar el 80 o el 90 por ciento, como en Francia en 1914; con la segunda, eso es más complicado (en parte debido a la limitación impuesta por la mera subsistencia), y requiere un régimen de dominación mucho más duro.

90. Los estudios han demostrado que la desigualdad de ingresos en la isla de la Reunión en 1960 se acercaba al nivel observado en la Argelia francesa o en Sudáfrica. Véase T. Piketty, *Capital e ideología*, *op. cit.*; Y. Govind, «Post-colonial trends of income inequality: evidence from the overseas departments of France», WID.world, 2020; F. Alvaredo, D. Cogneau y T. Piketty, «Inequality under colonial rule: evidence from French Algeria, Cameroon, Túnez, Vietnam, and comparisons with British colonies 1920-1960», WID.world, 2020.

Gráfico 4.4. Distribución de la renta en la metrópoli y en las colonias

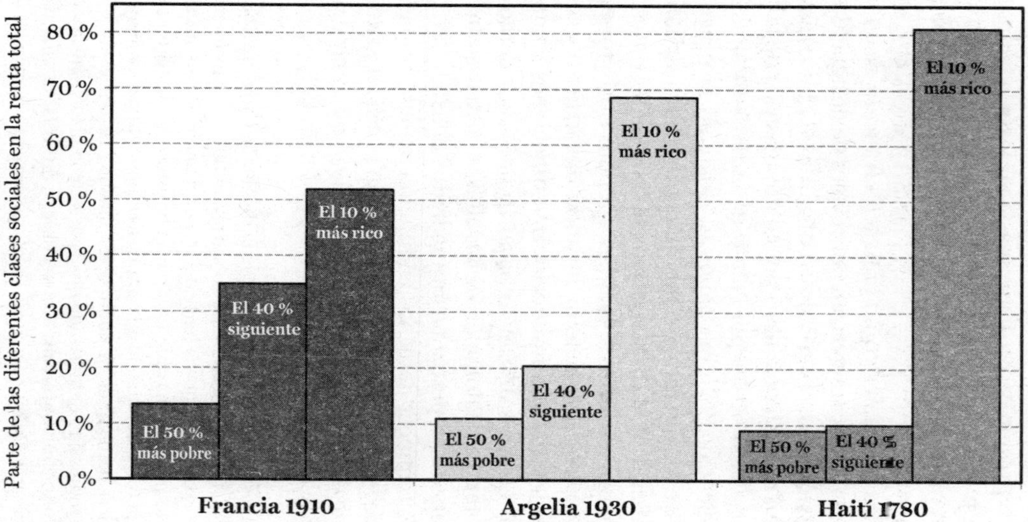

Interpretación: La parte del 10 por ciento de los más ricos en la renta total era superior al 80 por ciento en Santo Domingo (Haití) en 1780 (cuya población estaba formada por un 90 por ciento de esclavos y un 10 por ciento de colonos europeos), frente a más del 65 por ciento en la Argelia de 1930 (con un 90 por ciento de «musulmanes argelinos» y un 10 por ciento de colonos europeos), y alrededor del 50 por ciento en la Francia continental.
Fuentes y series: Véase <piketty.pse.ens.fr/egalite>.

cho metropolitano desde la abolición de la esclavitud.[91] En el caso de la Indonesia neerlandesa, Denys Lombard ha mostrado el nefasto papel desempeñado por el estatuto colonial de 1854, que decidió separar estrictamente a los «nativos» de los «extranjeros orientales» (categoría que incluía a varias minorías chinas, indias y árabes).[92] En Sudáfrica, la discriminación adoptó una forma extremadamente brutal. Con la Natives Land Act de 1913 (Ley de tierras de los nativos), se confinó *de facto* a la población negra en reservas que representaban el 7 por ciento del territorio nacional. La población negra tenía prohibido salir de su zona de trabajo sin un pase especial. Estas medidas, que se radicalizaron aún más con el establecimiento formal del *apartheid* en 1948, se aplicaron hasta 1990. No todos los regímenes jurídicos fueron tan extremos como en el caso sudafricano, pero, en los distintos contextos coloniales, las poblaciones colonizadas se vieron *de facto* sistemáticamente privadas de un acceso al empleo, a la educación y a la propiedad que fuera similar al de los colonos.

Conviene señalar que existe una gradación entre la esclavitud pura y dura y las diversas formas de trabajo más o menos forzoso. Tras la abolición de la esclavitud, las autoridades británicas y francesas desarrollaron nuevos sistemas para traer

91. El decreto de 1928, «por el que se determina el estatuto de los mestizos nacidos de padres legalmente desconocidos en Indochina», otorgaba la condición francesa a toda persona de la que se «presumía que uno de los padres era de raza francesa», lo que llevó a que los tribunales se fijasen en las características físicas y raciales de los demandantes. Véase E. Saada, *Les enfants de la colonie: les métis de l'empire français, entre sujétion et citoyenneté*, *op. cit.*, 2007.

92. Esta separación contribuyó a la fijación de identidades y antagonismos a largo plazo, a pesar de que Insulindia se había caracterizado durante más de un milenio por una mezcla de culturas hindúes, confucianas, budistas y musulmanas que no se ajustaba a la visión marcial de las potencias coloniales. Véase D. Lombard, *Le carrefour javanais: essai d'histoire globale*, EHESS, 1990. Sobre el antagonismo budista-musulmán en Birmania, véase J. Lavialle-Prélois, «De la colonisation à la légitimation: l'autre "terroriste" en Arakan», *Journal des anthropologues*, 2018. Sobre el endurecimiento colonial de las identidades étnicas en África (Mali, Ruanda, Burundi, Congo), véase J.-L. Amselle, E. M'Bokolo, *Au coeur de l'ethnie: ethnies, tribalisme et État en Afrique*, La Découverte, París, 1999.

mano de obra desde más lejos, especialmente de la India en el caso de Reunión y Mauricio, mediante contratos de larga duración (los *engagés*, en el caso francés, y los *indentured workers*, en el inglés). El *engagement* [compromiso] consistía en que los trabajadores indios devolviesen a los empresarios, en un plazo largo, por ejemplo, de diez años, el coste de la travesía que estos últimos habían sufragado y que representaba una parte considerable de sus salarios. En caso de bajo rendimiento laboral o, peor aún, de indisciplina, la obligación de reintegrar el dinero podía prolongarse otros diez años o incluso más. Los expedientes judiciales se han conservado y dejan claro que, en un contexto en el que el sistema judicial está fuertemente sesgado a favor de los empleadores, dicho régimen puede dar lugar a formas de explotación y arbitrariedad no muy alejadas, aunque diferentes, de la esclavitud pura y dura. Las fuentes disponibles también muestran cómo empresarios y tribunales negociaron en cierto modo la transformación del régimen disciplinario en el trabajo. Los propietarios fueron aceptando progresivamente reducir el uso de los castigos corporales empleados durante la esclavitud, a condición de que las autoridades legales los ayudaran a imponer sanciones financieras destinadas a producir el mismo efecto.[93]

Un caso elocuente es el del trabajo forzoso practicado de forma legal (o al menos que pretendía dar apariencia de legalidad) en las colonias francesas desde 1912 hasta 1946. A finales del siglo XIX, cuando los europeos empezaron a adentrarse en el interior del continente africano para explotar sus riquezas naturales y minerales, recurrieron en gran medida al trabajo obligatorio, a menudo en condiciones brutales. Se desataron controversias a raíz de los relatos de las atrocidades cometidas en el Congo belga, propiedad personal del rey Leopoldo II desde 1885, donde la explotación del caucho se realizaba con métodos especialmente violentos destinados a movilizar la mano de obra local y a disciplinar el trabajo: quema de pueblos, mutilación de manos. En 1908, los europeos exigieron finalmente la transferencia del te-

93. Véase A. Stanziani, *Les métamorphoses du travail contraint*, *op. cit.*

rritorio al Estado belga, con la esperanza de que la supervisión de un Parlamento suavizara el régimen. Los abusos cometidos en las colonias francesas también fueron denunciados con regularidad, lo que llevó al Ministerio de Colonias a aprobar textos legales que definían un marco legal para las «prestaciones» o los «servicios», más conocidos como «corveas» [*corvées*], exigidos a los habitantes del África francesa.

La lógica era imparable: la administración colonial giraba en torno al cobro de impuestos; sin embargo, parte de la población indígena no tenía suficientes recursos monetarios para hacer frente a esos impuestos; en consecuencia, se les pedía que pagaran impuestos adicionales en especie, en forma de jornadas de trabajo no remuneradas en beneficio de las autoridades coloniales locales. En la práctica, el problema no era sólo que esas tareas se añadiesen a los pesadísimos impuestos, tanto monetarios como en especie (en forma de gravámenes sobre las cosechas), que ya pagaban las poblaciones colonizadas, sino que la posibilidad del trabajo no remunerado abría el camino a todo tipo de abusos y equivalía a legalizarlos de antemano. El decreto de 1912 «por el que se regula la prestación de los nativos en las colonias y los territorios del gobierno del África Occidental Francesa» establece algunas salvaguardias, pero limitadas y poco controladas.[94] El trabajo forzoso constituyó un escándalo durante la trágica construcción del ferrocarril Congo-Océano entre 1921 y 1934. La administración del AEF[95] se había comprometido inicialmente a proporcionar unos 8.000 trabajadores locales, que pensaba que podría «reclutar» en una franja de 100 kilómetros a lo largo de la vía. Pero la tasa de mortalidad excepcionalmente alta de las obras y su probada peligrosidad ahuyentaron a los trabajadores. Las autoridades coloniales decidieron ir a buscar «machos adultos» al otro extre-

94. Véase M. van Waijenburg, «Financing the African colonial State: the revenue imperative and forced labor», *Journal of Economic History*, 2018.

95. AEF, acrónimo de África Ecuatorial Francesa, fue la federación de territorios coloniales franceses en África central, creada en 1910 y disuelta en 1958. *(N. del t.)*

mo del Congo Medio. A partir de 1925, tuvieron que organizar incursiones en Camerún y en Chad. Los testimonios sobre el «espantoso consumo de vidas humanas», denunciado en el famoso *Viaje al Congo* (1927), de André Gide, y en el libro de reportajes *Tierra de ébano* (1929), del francés Albert Londres, se multiplicaron.

La presión internacional sobre Francia aumentó, especialmente por parte de la Organización Internacional del Trabajo (OIT), creada en 1919 al mismo tiempo que la Sociedad de Naciones, y cuya constitución comenzaba con el siguiente preámbulo: «Considerando que la paz universal y permanente sólo puede basarse en la justicia social. Considerando que existen condiciones de trabajo que entrañan tal grado de injusticia, miseria y privaciones para gran número de seres humanos, que el descontento causado constituye una amenaza para la paz y armonía universales, y considerando que es urgente mejorar dichas condiciones. Considerando que si cualquier nación no adoptare un régimen de trabajo realmente humano, esta omisión constituiría un obstáculo a los esfuerzos de otras naciones que deseen mejorar la suerte de los trabajadores en sus propios países». A esto le seguían una serie de recomendaciones e informes sobre las horas de trabajo y su peligrosidad, la fijación de salarios, los derechos de los trabajadores y sus representantes. Sin embargo, la OIT carecía singularmente de medios y poder coercitivo para hacer cumplir sus recomendaciones. Durante la década de 1920, pidió regularmente a Francia que pusiera fin a las prácticas de trabajo no remunerado y desplazamiento forzoso de mano de obra, que según la organización internacional equivalían a una forma de trabajo servil. Pero las autoridades francesas negaron esas acusaciones, argumentando que justamente habían ampliado la posibilidad de recompra monetaria de las corveas a todos los «indígenas» (y no sólo a los *évolués* [evolucionados], terminología utilizada por la administración colonial francesa para designar a la pequeña minoría de nativos que habían adoptado un modo de vida «europeo» y que hasta entonces eran los únicos con derecho a dicha recompra). Uno de los argumentos favoritos de la administración francesa era que muchos de los casos denunciados, especialmente en el ferrocarril Congo-Océano, no estaban cubiertos por el sistema de corveas, sino por el servicio militar obligatorio, que era uno de los pocos casos de trabajo no remunerado permitidos por la OIT, siempre que no se eludiera el sistema militar para realizar tareas civiles (la OIT sospechaba precisamente que Francia eludía el sistema). Indignadas por semejante intromisión en lo que consideraban su «soberanía nacional», las autoridades francesas se negaron a ratificar el convenio de la OIT sobre trabajo forzoso de 1930. En consecuencia, el trabajo forzoso no remunerado, en forma de prestaciones y conscripciones, continuó existiendo en las colonias francesas hasta después de la Segunda Guerra Mundial; por ejemplo, en las explotaciones de cacao de Costa de Marfil. El decreto de 1912 no fue finalmente abolido hasta 1946, a instancias de Félix Houphouët-Boigny, futuro presidente de Costa de Marfil, en un momento en el que Francia estaba repentinamente dispuesta a hacer cualquier concesión para evitar el desmantelamiento de su imperio.

Francia, una república colonial que se ignora a sí misma

Una de las formas más insidiosas e hipócritas de discriminación en los contextos coloniales, al igual que en otros regímenes desigualitarios, se refiere al acceso a la educación. En el sur de Estados Unidos, la prohibición de que los niños negros asistieran a las mismas escuelas que los niños blancos fue un elemento central que definió el régimen de discriminación racial legal en aplicación hasta 1964-1965. Dichas discriminaciones se declararon entonces ilegales, pero la sociedad estadounidense aún conserva las huellas de aquella profunda desigualdad racial y territorial, que todavía está lejos de ser eliminada. En Europa, y en particular en Francia, a veces se piensa que el pesado legado de discriminación racial legal es específicamente americano y que no concierne en absoluto al continente europeo. En Francia se evoca ritualmente la herencia «republicana» y sus «valores», como si el hecho de que los distintos regímenes monárquicos e imperiales fueran sustituidos definitivamente por una república en la década de 1870 fuera suficiente para garantizar el respeto de la igualdad de derechos en general y de la igualdad racial en particular.

En realidad, la Tercera República no tuvo ningún problema en expoliar Haití durante décadas y prolongar hasta 1950 el tributo impuesto por el Estado monárquico en 1825. Tampoco dudó en instituir en 1912 un régimen de trabajos forzosos en forma de corveas para los «nativos» en las colonias africanas hasta 1946. En Argelia, como en el resto del imperio colonial francés, el Estado republicano impuso hasta 1962 un régimen basado explícitamente en una profunda discriminación racial y étnica. Hasta el último día del imperio colonial, cualquiera que fuera su denominación, los «musulmanes argelinos» y las diversas poblaciones indígenas carecieron de los mismos derechos que los colonos tanto en términos de derechos políticos[96] como en términos de derechos sociales y económicos. En concreto, el sistema escolar siguió siendo profundamente segregador hasta el final en tanto en cuanto las escuelas abiertas a los hijos de colonos y a los nativos estaban la mayoría de las veces estrictamente separadas. Aunque las condiciones no eran exactamente las mismas que en el sur de Estados Unidos, nada permite afirmar que fueran menos desigualitarias. Si Estados Unidos fue una república esclavista, Francia fue durante mucho tiempo una república colonial o, si se prefiere, una república a la cabeza de un imperio colonial. Ambas repúblicas organizaron los territorios que controlaban de manera explícitamente racial y discriminatoria hasta la década de 1960. Si queremos superar ese legado alguna vez, lo mejor es comenzar por hacer balance.

96. Las poblaciones colonizadas tuvieron ciertamente derecho a escaños en la Asamblea Nacional francesa entre 1946 y 1962, pero sobre una base numérica que no guardaba relación con su peso demográfico. Véase T. Piketty, *Capital e ideología, op. cit.*, y el apasionante libro de F. Cooper, *Citizenship between empire and nation, op. cit.*

Investigaciones recientes han permitido comprender mejor la estructura de los presupuestos coloniales durante la dominación francesa y captar mejor algunas de estas desigualdades.[97] En Marruecos, los colegios e institutos reservados a los europeos recibían el 79 por ciento del gasto total en educación en 1925 (aunque sólo representaban el 4 por ciento de la población). En la misma época, la tasa de escolarización primaria de los niños autóctonos era inferior al 5 por ciento en el norte de África e Indochina, e inferior al 2 por ciento en el África Occidental Francesa. Llama la atención que la fuerte desigualdad del gasto en educación no parece mejorar hacia el final de la colonización. En Argelia, los documentos presupuestarios muestran que las escuelas reservadas a los colonos recibían el 78 por ciento del gasto total en educación en 1925 y que esa proporción aumentó al 82 por ciento en 1955, cuando ya habían comenzado los combates por la independencia. El sistema colonial era tan desigualitario en su funcionamiento que parece poco reformable. Cabe señalar que el sistema fiscal utilizado para financiar el gasto público era en sí mismo injusto y regresivo, y recaía principalmente en la población autóctona (impuestos sobre el consumo, derechos indirectos, etc.). En resumen, la población colonizada pagaba elevados impuestos para financiar gastos que beneficiaban principalmente a quienes habían venido a dominarlos política y militarmente.

El sistema educativo de la Francia metropolitana de principios del siglo XX era también extremadamente jerárquico y desigualitario y en gran medida nunca ha dejado de serlo. Pero conviene señalar que no se corresponde en modo alguno con la desigualdad de los medios educativos alcanzada en el contexto colonial (véase el gráfico 4.5). En 1910, la estratificación escolar era muy acusada en Francia: las clases populares rara vez pasa-

97. Véase D. Cogneau, Y. Dupraz y S. Mesplé-Somps, «Fiscal capacity and dualism in colonial States: the French Empire 1830-1962», EHESS y PSE, 2018; É. Huillery, «The black man's burden: the costs of colonization of French West Africa», *Journal of Economic History*, 2014; M. Woker, «Empire of inequality: the politics of taxation in the French colonial empire, 1900-1950s», tesis doctoral, Columbia University, Nueva York, 2020.

Gráfico 4.5. Colonias para los colonos: la desigualdad en la inversión educativa en perspectiva histórica

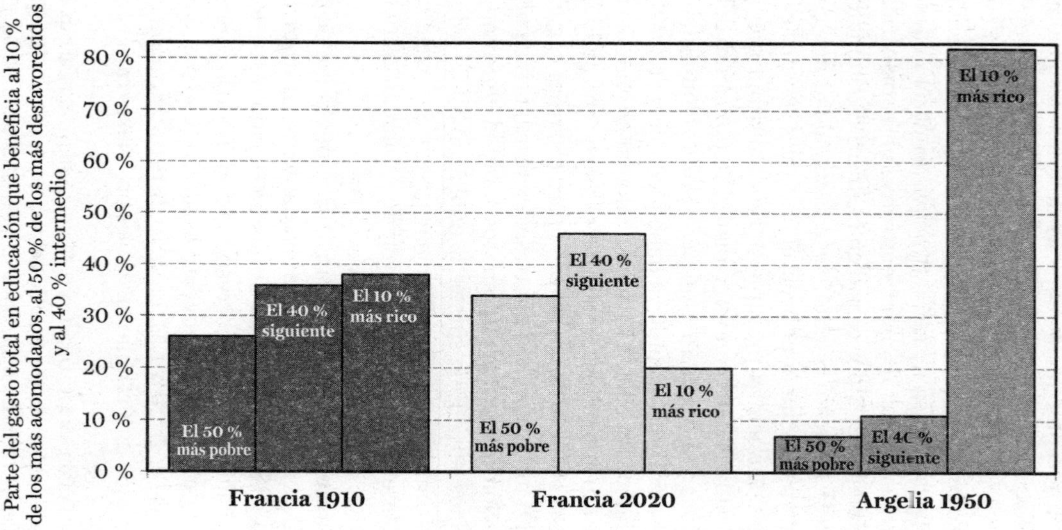

Interpretación: En Argelia, en 1950, el 10 por ciento de la población que se beneficiaba de la mayor inversión en educación primaria, secundaria y superior (en la práctica, los hijos de los colonos) recibía el 82 por ciento del gasto total en educación. En comparación, la proporción del gasto total en educación que se destina al 10 por ciento con mayor inversión educativa era del 38 por ciento en Francia en 1910 y del 20 por ciento en 2020 (que sigue siendo el doble de su peso en la población).

Fuentes y series: Véase <piketty.pse.ens.fr/egalite>.

ban del certificado de educación primaria. A partir de los datos presupuestarios disponibles se observa que, para un mismo grupo de edad, el 10 por ciento de los alumnos que se beneficiaban de la mayor inversión en educación (llegando al instituto o, más raramente, a la enseñanza superior) recibía alrededor del 38 por ciento del gasto total, frente a sólo el 26 por ciento del gasto para el 50 por ciento de los alumnos con menos formación. Se trata de una desigualdad considerable, ya que este último grupo es, por construcción, cinco veces más numeroso que el primero. En otras palabras, el 10 por ciento de los niños más favorecidos disfrutaba de una inversión educativa individual casi ocho veces mayor que el 50 por ciento más desfavorecido. La desigualdad en el gasto educativo en Francia se ha reducido significativamente entre 1910 y 2020, a pesar de que el sistema actual sigue destinando casi tres veces más dinero público por alumno al 10 por ciento más favorecido de los niños que al 50 por ciento con menos recursos, lo que es relativamente sorprendente para un sistema que se supone que debe reducir la reproducción social (volveremos sobre este asunto). Llegados a este punto, señalemos simplemente que las desigualdades educativas en las sociedades coloniales tales como la Argelia francesa eran incomparablemente mayores: la relación de gasto entre los hijos de los colonos y los hijos de los colonizados era de 1 a 40.

La cuestión de las reparaciones: repensar la justicia a escala transnacional

Recapitulemos. La actual distribución de la riqueza entre países y dentro de ellos arrastra la profunda huella del legado esclavista y colonial. El conocimiento de ese pasado es esencial para comprender mejor los orígenes y las injusticias del sistema económico actual, si bien no es suficiente en sí mismo para definir soluciones y remedios. La cuestión es compleja y requiere una cuidadosa deliberación. En algunos casos, la solución pasa por reparaciones explícitas, como el reembolso de la deuda francesa a Haití, inevitable en mi opinión, o la reforma agraria y el acceso a la tierra en determinados territorios o las indemnizaciones en Estados Unidos. Rechazar todo debate sobre las reparaciones, mientras se siguen compensando otros expolios e injusticias de la misma época, complica considerablemente el desarrollo de normas de justicia universal que sean aceptables por todos. Es hora de comprender que las lógicas de la justicia reparadora y de la justicia universalista son complementarias y deben avanzar juntas, apoyándose mutuamente.

No obstante, es evidente que no todos los problemas pueden resolverse con compensaciones. Para reparar el daño causado por el racismo y el colonialismo debemos sobre todo cambiar el sistema económico de forma sistémica, reduciendo las desigualdades y garantizando un acceso lo más igualitario posible a la educación, al empleo y a la propiedad, independientemente del origen de cada uno. Eso requiere políticas antidiscriminatorias ambiciosas, coherentes y verificables, sin por ello hacer rígidas las diferentes identidades, que siempre son plurales y multidimensionales. Veremos hasta qué punto es posible, a partir de la experiencia disponible, conseguir un equilibrio entre criterios sociales y criterios vinculados al origen. Por razones similares, es necesario superar la oposición entre las medidas de redistribución nacionales y las medidas internacionales. En concreto, todos los países y todos los ciudadanos del mundo deberían tener derecho a una parte de los ingresos recaudados a las multinacionales y los multimillonarios de todo el mundo: en primer lugar, porque todo ser humano debería tener un derecho mínimo igualitario a la salud, la educación y el desarrollo; y, en segundo lugar, porque la prosperidad de los países ricos no existiría sin los países pobres. El enriquecimiento occidental, al igual que el japonés y el chino, siempre ha estado basado en la división internacional del trabajo y en la explotación desenfrenada de los recursos naturales y humanos del planeta. Todas las acumulaciones de riqueza que se han producido en el planeta son tributarias de un sistema económico global, por lo que la cuestión de la justicia y la evolución hacia la igualdad deben plantearse en esa misma escala. Antes de seguir avanzando en esta dirección, debemos comprender mejor cómo han cambiado las desigualdades de estatus y de clase desde el siglo XVIII a escala mundial y, en particular, en los países occidentales.

Capítulo 5

Revoluciones, estatus y clase

La revuelta de esclavos en Santo Domingo en 1791 allanó el camino hacia el fin de la esclavitud y del colonialismo, pero la lucha por la igualdad racial sigue vigente. Lo mismo ocurre con las desigualdades de estatus en general: la Revolución francesa dio un paso esencial en 1789 al abolir los privilegios de la nobleza, pero no acabó con los múltiples privilegios del dinero, ni mucho menos. Veremos lógicas censitarias y plutocráticas exacerbadas que se aplicaron hasta principios del siglo XX en muchos países, como Suecia. Esas mismas lógicas, parcialmente edulcoradas, siguen prevaleciendo hoy en día de diferentes formas, como la importancia del dinero en los procesos electorales o la concentración de poder entre los accionistas de una empresa, en detrimento de personas más competentes e implicadas en el proceso de producción.

¿El fin de los privilegios y las desigualdades de estatus?

Según un cuento de hadas muy extendido, la igualdad jurídica está definitivamente instaurada en los países occidentales desde la época de la Ilustración y las «revoluciones atlánticas». La Revolución francesa y la abolición de los privilegios de la nobleza en la noche del 4 de agosto de 1789 se consideran el acontecimiento fundacional. La realidad es obviamente más compleja. Las repúblicas estadounidense y francesa fueron esclavistas, coloniales y discriminatorias en sus leyes hasta la década de 1960. Otro tanto ocurre con las monarquías británica y neerlandesa. En casi todas partes, en el mundo occidental, las mujeres casadas tuvieron que esperar hasta los años 1960-1970 para liberarse de la tutela legal de sus maridos y obtener la igualdad legal formal entre sexos. De hecho, la igualdad de derechos proclamada a finales del siglo XVIII fue principalmente entre hombres blancos, especialmente entre los hombres blancos propietarios.

La abolición de los privilegios la noche del 4 de agosto de 1789 fue, sin duda, un acontecimiento esencial, pero debe considerarse en el contexto de una larga lucha inacabada por la igualdad. No habría habido noche del 4 de agosto sin el asalto a la Bastilla del 14 de julio y, sobre todo, sin las revueltas campesinas del verano de 1789, que atacaron a señores y castillos, quemando los títulos de propiedad que encontraron a su paso, y que terminaron de convencer a los diputados reunidos en París de que era necesario actuar rápidamente y poner fin a las instituciones injustas del feudalismo. Las revueltas se produjeron tras décadas de rebeliones campesinas que un poder dividido controlaba cada vez peor, sobre todo en el verano de 1788, cuando por fin se planteó claramente la cuestión de las condiciones de elección a los Estados Generales, en un ambiente casi insurreccional (ocupaciones de parcelas y bienes comunales, violencia contra los propietarios).[98]

Conviene señalar que, aunque la nobleza francesa perdió definitivamente sus privilegios fiscales, políticos y jurisdiccionales

98. Véase J. Nicolas, *La Rébellion française: mouvements populaires et conscience sociale, 1661-1789*, Gallimard, París, 2002, que enumera 87 rebeliones antiseñoriales entre 1730 y 1759 y 246 entre 1760 y 1789. Véase también G. Lemarchand, *Paysans et seigneurs en Europe: une histoire comparée, XVIe-XIXe siècles*, Presses universitaires de Rennes, Rennes, 2011, que subraya el papel de las revueltas campesinas a escala europea, especialmente en los años que precedieron a la oleada revolucionaria de 1848.

en 1789, siguió conservando durante mucho tiempo una posición social privilegiada como clase propietaria. El estudio de los apellidos en los archivos de herencias de París nos ha permitido comprobar que, aunque la nobleza apenas representaba el 1 por ciento de la población parisina en el siglo XIX, sus miembros estaban entre el 40 y el 45 por ciento de las personas más ricas en las décadas de 1830 y 1840, poco menos que en vísperas de la Revolución. Hasta los años 1880-1910 no se redujo definitivamente el peso de la nobleza entre las mayores riquezas (véase el gráfico 5.1).

Esa persistencia puede explicarse por varios factores. Exiliada en las monarquías europeas vecinas entre 1789 y 1815, la nobleza regresó en masa a Francia en 1815 y se benefició de medidas muy favorables durante el período de las monarquías censitarias (1815-1848). Recuérdese, en particular, la emblemática ley de los «mil millones de los emigrantes», que transfería sumas considerables a la nobleza (cerca del 15 por ciento de la renta nacional de la época, financiada con impuestos y deuda pública) para compensarla por las tierras y las rentas perdidas durante la Revolución. Debatida durante los primeros días de la Restauración, dicha ley fue adoptada en 1825 por el Gobierno que presidía el conde de Villèle, que ese mismo año impuso a Haití la indemnización a los propietarios de esclavos (una gran parte de los cuales eran aristócratas).

De manera general, hay que subrayar que las redistribuciones realizadas durante la Revolución francesa fueron más limitadas de lo que a veces se imagina. Las propiedades eclesiásticas, que representaban casi el 25 por ciento del total de tierras y bienes inmuebles del reino (incluyendo el valor de los diezmos eclesiásticos), fueron ciertamente nacionalizadas sin compensación. Pero, en lugar de redistribuirlas entre los campesinos sin tierra, fueron subastadas entre quienes podían permitírselo. El abate Siéyès, que había hecho suya la causa del Tercer Estado en su célebre opúsculo de enero de 1789,[99] se escandalizó por una ope-

99. «¿Qué es el Tercer Estado? Todo. ¿Qué ha sido hasta ahora en el orden político? Nada. ¿Qué es lo que pide? Llegar a ser algo.»

Gráfico 5.1. La nobleza en las herencias parisinas (1780-1910)

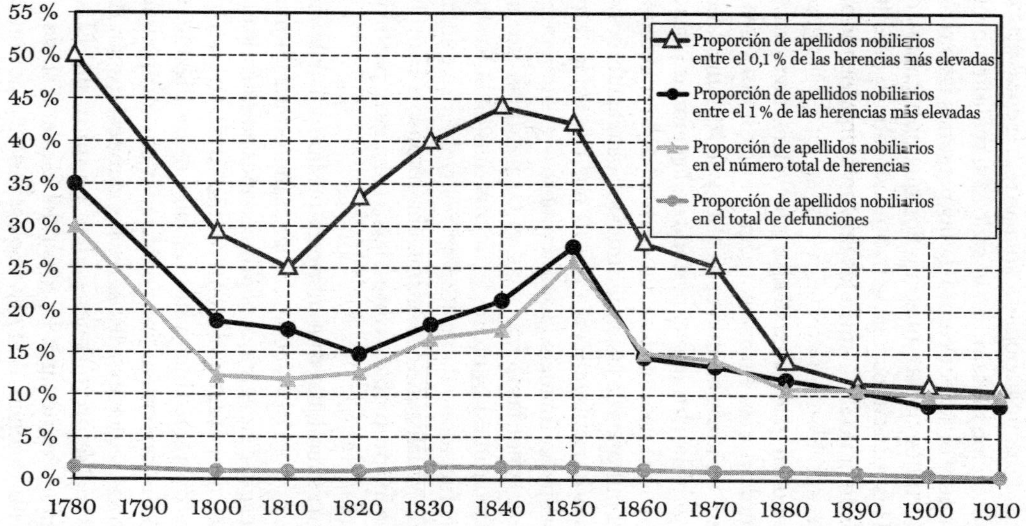

Interpretación: La proporción de apellidos nobles entre el 0,1 por ciento de los patrimonios parisinos descendió del 50 al 25 por ciento entre 1780 y 1810, antes de subir a cerca del 40-45 por ciento durante el período de las monarquías censitarias (1815-1848), para luego descender a cerca del 10 por ciento a finales del siglo XIX y principios del XX. En comparación, los apellidos de la nobleza siempre han representado menos del 2 por ciento del número total de muertes entre 1780 y 1910.

Fuentes y series: Véase <piketty.pse.ens.fr/egalite>.

ración, que, según él, sólo iba a enriquecer a los terratenientes, nobles o burgueses, mientras secaba la financiación de las obras sociales de la Iglesia (ayuda a los más desfavorecidos, escuelas, hospitales, etc.). En Inglaterra, la disolución de los monasterios decidida por Enrique VIII en 1530 había contribuido también a reforzar a la clase terrateniente, al tiempo que la Cámara de los Lores se convertía en una asamblea casi exclusivamente nobiliaria, siendo que hasta entonces el clero había ocupado la mitad de los escaños. En Francia, al igual que en Inglaterra, se pasó gradualmente de una ideología trifuncional, en la que se suponía que la posición de las dos clases dominantes (el clero y la nobleza) estaba justificada por su función al servicio del Tercer Estado y de la sociedad en su conjunto (dirección espiritual y obras sociales por parte del clero, orden y protección por parte de la nobleza), a una ideología que puede calificarse de «propietarista» o, más sencillamente, de «capitalista», según la cual la única misión de los propietarios privados era encontrar el uso más rentable para sus bienes y enriquecerse, bajo la protección del Estado, sin ninguna contrapartida social.

La lenta superación del trabajo forzoso y semiforzoso

Al final, la Revolución francesa suprimió los privilegios de la nobleza y reforzó los derechos de los propietarios. Para todos aquellos que no poseían nada, el resultado fue ambiguo. El hecho de que ya no estuviesen sometidos a la arbitrariedad señorial y que se beneficiasen de un sistema de justicia centralizado a escala nacional que trataba a todos los ciudadanos de la misma manera constituía, en principio, un verdadero progreso. Sin embargo, la concentración de la propiedad en manos del 1 por ciento más rico —nobleza y burguesía en conjunto— apenas disminuyó entre 1780 y 1800, y volvió a aumentar entre 1800 y 1910. Para el 50 por ciento más pobre, el progreso fue casi nulo.[100]

100. Véase el capítulo 2, gráfico 2.1.

La Revolución francesa debe reconsiderarse como parte del largo proceso de transformación del estatus del trabajo en las sociedades francesa y europeas. Se da por cierto que, en vísperas de 1789, la servidumbre había desaparecido del campo francés y británico desde hacía siglos. Una de las explicaciones que suelen darse es que la relativa escasez de mano de obra y el colapso institucional tras la peste negra de mediados del siglo XIV habían fomentado la «deserción» de los siervos y su emancipación. Muchos historiadores han insistido en el carácter demasiado mecánico de esta explicación. En realidad, todo depende de las relaciones locales de poder y del contexto sociopolítico, como demuestra el endurecimiento de la servidumbre en Europa del Este después del siglo XIV y su tardía abolición en el siglo XIX.[101] Para los medievalistas más optimistas, la ideología trifuncional cristiana permitió el fin gradual del trabajo en régimen de servidumbre y la unificación de todos los trabajadores en una única clase social de trabajadores libres, reconocida como tal en el oeste del continente, siguiendo un proceso que ya estaba muy avanzado incluso antes de la peste negra.[102] Puede que esto sea así en parte, pero las fuentes disponibles no permiten ser totalmente precisos, ya que hay muchas diferencias locales y regionales de unos casos a otros.

101. El endurecimiento de la servidumbre en el Este (especialmente en torno al mar Báltico) parece explicarse en parte por la intensificación de las exportaciones de grano a Occidente en los siglos XVI-XVIII y la capacidad de los terratenientes para imponer un régimen laboral más duro. Véase T. Raster, «Serfs and the market: second serfdom and the East-West goods exchange, 1579-1859», PSE, 2019. La abolición de la servidumbre en Prusia en 1807, en Austria-Hungría en 1848 y en Rusia en 1861 se acompaña de compensaciones a los terratenientes por parte de sus antiguos siervos. Véase S. A. Eddie, *Freedom's price: serfdom, subjection and reform in Prussia 1648-1848*, Oxford University Press, Nueva York, 2013; T. Dennison, «The institutional framework of serfdom in Russia: the view from 1861», en S. Cavaciocchi (ed.), *Serfdom and slavery in the European economy, 11th-19th centuries*, Firenze University Press, Florencia, 2014.

102. Véase M. Arnoux, *Le temps des laboureurs: travail, ordre social et croissance en Europe (XIe-XIVe siècle)*, Albin Michel, París, 2012. Véase también J. Le Goff, «Les trois fonctions indo-européennes, l'historien et l'Europe féodale», *Annales. Économies, Sociétés, Civilisations*, 1979.

Lo que sí es cierto es que en la época de la Revolución seguían existiendo focos de servidumbre en Francia, por ejemplo, en las tierras de la abadía de Saint-Claude (un gran señorío eclesiástico en la región de Jura), y que las restricciones a la movilidad laboral no se levantarían definitiva y sistemáticamente hasta ese momento. El lenguaje de las «corveas» estaba presente por todas partes en el campo francés en 1789. En general, los campesinos gozaban de libertad de movimiento (a menudo una noción bastante teórica cuando no se tienen ni propiedades ni red social), pero debían a su señor jornadas de trabajo no remuneradas. Estas corveas fueron objeto de un intenso debate durante la Revolución. Durante la fase más igualitaria y redistributiva, entre 1792-1794, los miembros de la convención argumentaron que las corveas llevaban en su propio nombre su origen servil y feudal, y por ello exigieron que fueran abolidas sin compensación, al igual que los privilegios nobiliarios la noche del 4 de agosto. De ese modo, algunos campesinos pobres obtendrían la plena propiedad de los frutos de su trabajo y de la tierra que cultivaban. Pero durante la mayor parte de la Revolución, entre 1789-1791 y de nuevo a partir de 1795 con el retorno del principio censitario,[103] lo que va a prevalecer es una concepción mucho más conservadora: que las corveas eran en realidad simples rentas que debían ser rebautizadas como tales en el futuro, y que cualquier otra decisión correría el riesgo de socavar el sistema de propiedad en su conjunto. Así, las corveas feudales se convirtieron en la mayoría de los casos en rentas capitalistas (una corvea de un día a la semana, por ejemplo, se convertía en la renta equivalente a una quinta o sexta parte del producto agrícola), sin más debate.[104]

103. La Constitución de 1793 instituyó el sufragio universal masculino, pero no tuvo tiempo de aplicarlo.

104. Sobre este debate, véase T. Piketty, *Capital e ideología*, *op. cit.*, y el fascinante libro de R. Blaufarb, *The great demarcation: the French Revolution and the invention of modern property*, Oxford University Press, Oxford (Inglaterra) y Nueva York, 2016. En su libro de 2013 *Freedom's price* (*op. cit.*), S. A. Eddie llega a sostener que la abolición prusiana de la servidumbre en 1807 (con compensación a los terratenientes) fue en última instancia más favorable para los campesinos pobres que la Revolución francesa.

Hay que señalar también la dureza del régimen de disciplina laboral y la tendencia a reforzar los derechos de propiedad durante el siglo XVIII y gran parte del XIX. En el Reino Unido, las Enclosures Acts, leyes aprobadas y endurecidas en varias ocasiones (sobre todo entre 1773 y 1801), llevaron a erigir setos alrededor de cada parcela y acabaron con el derecho de los campesinos pobres a utilizar las tierras comunales y los pastizales. Contribuyeron a llenar los caminos de mano de obra ociosa y fácilmente explotable, que terminaría alimentando la industrialización británica. La Black Act de 1723, por su parte, fue una ley que debilitó a los más desfavorecidos al instituir la pena capital para los ladronzuelos de madera y los cazadores de caza menor, gente humilde que se había acostumbrado a aventurarse de noche, con la cara tiznada para no ser reconocidos, en tierras que no eran suyas y cuyos propietarios exigían ahora poder conservar para su uso exclusivo.[105] El nuevo proletariado, empobrecido, estuvo sometido a la bien llamada Master and Servant Act hasta 1875, ley que otorgaba plenos poderes a los empleadores (incluida la criminalización de la contratación por parte de otro empleador) y les permitía así mantener los salarios lo más bajos posible.[106] En

105. Véase el libro clásico de E. P. Thompson, *Whigs and hunters: the origin of the Black Act*, Allen Lane, Londres, 1975. Se perseguía a quienes atacaran a ciervos, talaran árboles, pescaran furtivamente en estanques o arrancaran monte bajo. Un presunto delincuente podía ser condenado en el acto a la horca. Inicialmente prevista para tres años, esta ley se prolongó y endureció durante más de un siglo. En otros lugares de Europa se observó también un endurecimiento similar de los derechos de propiedad, por ejemplo, en Prusia en 1821, lo que impresionó al joven Marx y contribuyó a convencerlo de que la propiedad es una relación social históricamente construida e instituida, bajo la égida del Estado y de las clases propietarias, y no una realidad natural y atemporal. La Revolución francesa decretó que los terrenos y bosques privados se abrieran a la caza para el público en general, una medida todavía en vigor actualmente.

106. Quizá la mejor prueba del deterioro de las condiciones de vida a finales del siglo XVIII y principios del XIX sea el descenso de talla de los reclutas, sobre todo en los centros urbanos e industriales. Véase S. Nicholas y R. Steckel, «Heights and living standards of English workers during the early years of industrialization», *Journal of Economic History*, 1991.

Francia, el *livret ouvrier*[107] introducido en 1803, endurecido en 1854 y finalmente abolido en 1890, permitía a los propietarios denunciar a los trabajadores supuestamente rebeldes frente a futuros empleadores. En 1885, todavía existía en Suecia una ley que obligaba al trabajo forzoso a quienes no tenían empleo o propiedades suficientes para ganarse la vida, y castigaba a los infractores con el arresto. Durante el siglo XIX, en la mayoría de los países europeos existían disposiciones similares que permitían al Estado y a la clase propietaria reprimir a los vagabundos y disciplinar el trabajo.

En las colonias, el régimen legal era aún peor: el trabajo forzoso estuvo presente hasta 1946, cuando no hasta la independencia. En la metrópolis, la movilización sindical y obrera y las intensas luchas sociales permitían imponer nuevas normas con mayor rapidez. En Francia se aprobaron leyes sobre el trabajo infantil en 1841, la libertad sindical en 1884, los accidentes laborales en 1898, los convenios colectivos y la jornada de ocho horas en 1919, las vacaciones pagadas en 1936 y la seguridad social en 1945. La instauración de un estatuto del trabajo asalariado y de una verdadera «sociedad salarial» constituye un gran avance civilizatorio que se extiende a lo largo de un período muy largo y adopta múltiples formas. El pago mensual de los salarios (garantizando un ingreso fijo cada mes, en lugar de cada día o semana), por ejemplo, no se generalizó hasta 1969-1977.[108] Sabemos bien que esta evolución es parcialmente reversible, en función de la

107. Documento oficial en el que se identificaba al trabajador y se registraban sus entradas y salidas con sus sucesivos empleadores, permitiendo el control de los trabajadores por parte de las autoridades. *(N. del t.)*

108. Véase R. Castel, *Les métamorphoses de la question sociale*, Gallimard, París, 1999, pp. 594-595; R. Castel y C. Haroche, *Propriété privée, propriété sociale, propriété de soi*, Hachette littératures, París, 2005. Véase también C. Didry, *L'institution du travail: droit et salariat dans l'histoire*, La Dispute, París, 2016; M. Margairaz y M. Pigenet, *Le prix du travail: France et espaces coloniaux, XIXe-XXIe siècles*, Éditions de la Sorbonne, París, 2019. Sobre el largo proceso de «socialización» del derecho, a través del derecho laboral y del derecho de la propiedad, véase L. Duguit, *Les transformations générales du droit privé depuis le Code Napoléon*, F. Alcan, París, 1912, que se acerca al solidarismo y al socialismo durkheimiano de su época.

relación de fuerzas políticas y económicas. El estatuto de los asalariados se ha debilitado considerablemente en los últimos tiempos, por ejemplo, con el régimen de *autoentrepreneur*[109] introducido en la ley de «modernización» de la economía adoptada en Francia en 2008, régimen con menores cotizaciones y peor protección social, una evolución cuyas consecuencias nefastas para los trabajadores afectados ha podido verse durante la pandemia de 2020-2021. El desarrollo de las plataformas digitales y de los *gig workers* pagados por tarea constituye hoy en día una formidable amenaza tanto para el estatuto asalariado como para nuestras libertades, y sólo puede combatirse mediante la regulación pública del sector y la aplicación de una nueva legislación.[110] Conviene no olvidar que, históricamente, el desarrollo y la protección del estatuto asalariado se han producido sobre todo en los Estados nación del Norte, a veces a costa de un endurecimiento de sus fronteras. Dicha evolución ha tenido poco impacto en los trabajadores de los países del Sur, que en la economía global están tan atrapados en sus territorios de origen a comienzos del siglo XXI como lo estaban los siervos de la abadía de Saint Claude en el siglo XVIII. El camino hacia la igualdad y la dignidad en el trabajo es una lucha continua, que pasa actualmente por una profunda transformación del sistema económico mundial. Volveremos sobre ello.

109. Régimen de trabajo autónomo en el que se sustituyen todas las cotizaciones a la seguridad social y todos los impuestos por un pago único basado en la facturación. *(N. del t.)*

110. Véase S. Zuboff, *The age of surveillance capitalism*, Verso, Londres, 2019 (versión castellana de Albino Santos, *La era del capitalismo de la vigilancia*, Paidós, Barcelona, 2020); C. Durand, *Techno-féodalisme: critique de l'économie numérique*, Zones, París, 2020; S. Abdelnour y D. Méda, *Les nouveaux travailleurs des applis*, La Vie des idées-PUF, París, 2020. La mejor solución es definir como «plataforma sistémica» a todas las plataformas utilizadas por una fracción significativa de la población y tratarlas como un servicio casi público, con una regulación estricta de los algoritmos y el respeto de los derechos fundamentales.

Suecia en 1900: un hombre, cien votos

Junto con la lucha por los derechos laborales, la batalla por el sufragio universal fue la otra gran lucha social y política del siglo XIX y principios del XX. En 1815, Luis XVIII instaura en Francia el sistema político que había observado en Inglaterra, con una Cámara de Pares reservada a la alta nobleza (como la Cámara de los Lores) y una Cámara de Diputados elegida por sufragio censitario (como la Cámara de los Comunes, aunque incluso más restringida). En la práctica, durante la primera Restauración, sólo el 1 por ciento de los hombres adultos que pagaban más impuestos directos tenían derecho a voto. El umbral para ser elegible era aún más alto, limitándose al 0,2 por ciento de los hombres adultos.[111] El sufragio se amplió ligeramente tras la Revolución de 1830: el número de votantes bajo la Monarquía de Julio aumentó a algo más del 2 por ciento de los hombres adultos, y el número de votantes elegibles se incrementó a cerca del 0,4 por ciento de los hombres adultos. El sufragio universal masculino se aplicó brevemente tras la Revolución de 1848, y luego se aplicó definitivamente a partir de 1871, antes de extenderse finalmente a las mujeres en 1944. En el Reino Unido, el avance hacia el sufragio universal masculino fue mucho más gradual (véase el gráfico 5.2). La proporción de hombres adultos con derecho a voto era de apenas el 5 por ciento en 1820, antes de subir al 14 por ciento tras la reforma electoral de 1832, al 30 por ciento tras la de 1867 y, sobre todo, al 60 por ciento con la reforma electoral de 1884, que transformó de raíz la situación política y dio lugar a una legislación social y fiscal mucho más redistributiva. El sufragio universal masculino se introdujo finalmente en 1918, seguido por el sufragio femenino universal en 1928.

111. Los impuestos directos que se tenían en cuenta eran principalmente el impuesto sobre el patrimonio (tierras y bienes inmuebles) y la contribución de patentes (activos profesionales: fábricas, equipos). Simplificando, se trataba de los grandes propietarios, como en otros sistemas censitarios. En Francia, la ley de «doble voto» promulgada en 1820 introdujo la posibilidad de que los electores censitarios con mayores fortunas (a grandes rasgos, los elegibles) pudieran votar por segunda vez para designar a una parte de los diputados.

Gráfico 5. 2. La evolución del sufragio masculino en Europa (1820-1920)

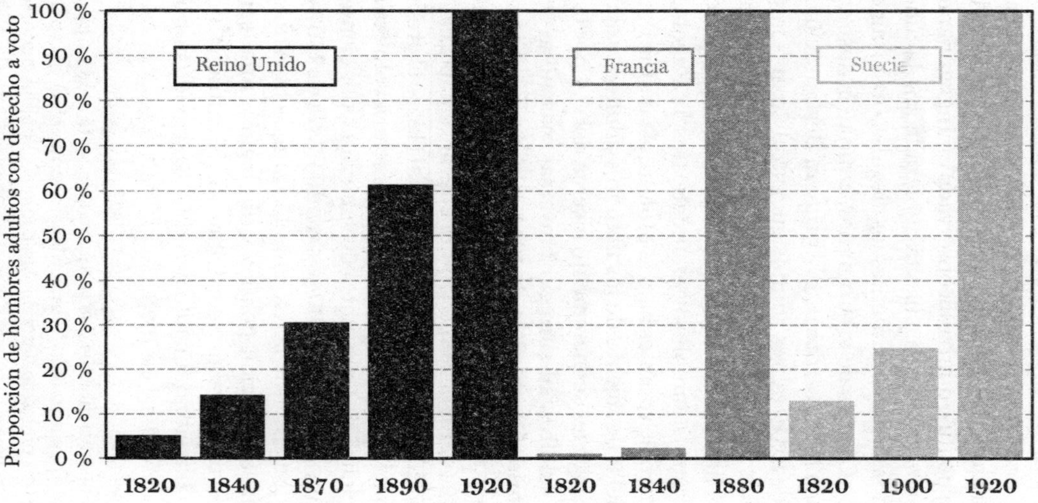

Interpretación: El porcentaje de hombres adultos con derecho a voto (habida cuenta de la franquicia electoral, es decir, del montante de impuestos a pagar y/o de propiedades a poseer para poder votar) aumentó en el Reino Unido del 5 por ciento, en 1820, al 30 por ciento, en 1870, y al cien por cien, en 1920; y en Francia, del 1 por ciento, en 1820, al cien por cien, en 1880.
Fuentes y series: Véase <piketty.pse.ens.fr/egalite>.

Un caso especialmente interesante y poco conocido es el de Suecia. Desde 1527 hasta 1865, la monarquía sueca se basó en un parlamento, el Riksdag, formado por representantes de los cuatro órdenes o estados que componían el reino en aquella época: la nobleza, el clero, la burguesía urbana y el campesinado. Este sistema fue sustituido en 1865 por un sistema parlamentario censitario bicameral: una cámara alta elegida por una pequeña minoría de grandes terratenientes (apenas 9.000 votantes, menos del 1 por ciento de la población masculina adulta) y una cámara baja también censitaria pero sensiblemente más abierta (alrededor del 20 por ciento de los hombres adultos tenían derecho a voto). Las reformas de 1909-1911 extendieron el derecho al voto entre los hombres, en 1919 se abolieron completamente los requisitos de propiedad, y en 1921 se extendió finalmente el sufragio universal a las mujeres. Hacia 1900, con poco más del 20 por ciento de los hombres adultos con derecho a voto, Suecia era uno de los países europeos menos desarrollados.

La característica principal del sistema censitario aplicado en Suecia entre 1865 y 1911 era que los votantes recibían un número determinado de votos en función de la cuantía de sus impuestos, propiedades e ingresos.[112] Dentro del 20 por ciento de hombres que eran lo suficientemente ricos para votar, los votantes se dividían en unos 40 grupos, y a cada grupo se le asignaba un peso electoral diferente. En concreto, los miembros del grupo menos rico tenían un voto cada uno, mientras que los del grupo más rico tenían hasta 54 votos cada uno. El baremo exacto que determinaba el peso electoral de cada elector [*fyrkar*] se determinaba mediante una fórmula que dependía de la cuantía de sus impuestos, sus propiedades y sus ingresos. Se aplicó un sistema similar en las elecciones municipales, con la característica adicional de que las sociedades anónimas también tenían derecho a participar, con un número de votos que dependía de la cuantía de sus impuestos y del tamaño de sus propiedades y beneficios.

112. Véase el apasionante artículo de E. Bengtsson, «The Swedish *Sonderweg* in question: democratization and inequality in comparative perspective, c. 1750-1920», *Past and Present*, 2018.

En el caso de los municipios urbanos, un solo votante, ya fuera un particular o una empresa, no podía tener más de 100 votos. En el caso de los municipios rurales, en cambio, no existía dicho límite, hasta el punto de que en las elecciones municipales de 1871 hubo 54 municipios en los que un solo votante acumulaba más del 50 por ciento de los votos. Entre esos dictadores democráticamente legítimos se encontraba el propio primer ministro, el conde Arvid Posse, que en la década de 1880 contaba con la mayoría de los votos en su municipio de residencia, en el que su familia poseía una enorme finca. En otros 414 municipios, un solo elector acumulaba más del 25 por ciento de los votos.

El sorprendente experimento hipercensitario sueco es interesante en más de un sentido. En apenas unas décadas, Suecia pasó del sistema propietarista hiperdesigualitario más exacerbado a la quintaesencia de una sociedad relativamente igualitaria (o al menos más igualitaria que cualquier otra sociedad conocida), con la llegada al poder de los socialdemócratas a principios de la década de 1920, tras una intensa movilización sindical y obrera y, con posterioridad, de manera casi permanente desde 1932 hasta 2006. En vísperas de la Primera Guerra Mundial, la concentración de la propiedad era tan extrema en Suecia como en Francia o el Reino Unido (véase el gráfico 5.3). Fue sin duda el país europeo que más avanzó en la codificación constitucional y electoral de la desigualdad.[113] Posteriormente, en el período de entreguerras, los socialdemócratas tomaron el control de la administración y pusieron la capacidad estatal del país al servicio de un proyecto político completamente diferente. En lugar de utilizar los registros de la propiedad y de la renta para distribuir los derechos de voto, los utilizaron para aplicar impuestos fuertemente progresivos a los más ricos con la finalidad de financiar

113. Otro caso interesante, aunque menos extremo, es el del Reino de Prusia, principal componente del Imperio alemán de 1871 a 1918, que entre 1848 y 1918 aplicó un sistema original con tres clases de ciudadanos ordenados según el importe de sus impuestos. En concreto, los votantes prusianos estaban organizados en tres categorías de impuestos en orden creciente, definidas de tal manera que cada clase pagaba un tercio de la recaudación total y elegía un tercio de los grandes electores, que a su vez elegían a los diputados.

Gráfico 5.3. La desigualdad patrimonial extrema: las sociedades propietaristas europeas en la Belle Époque (1880-1914)

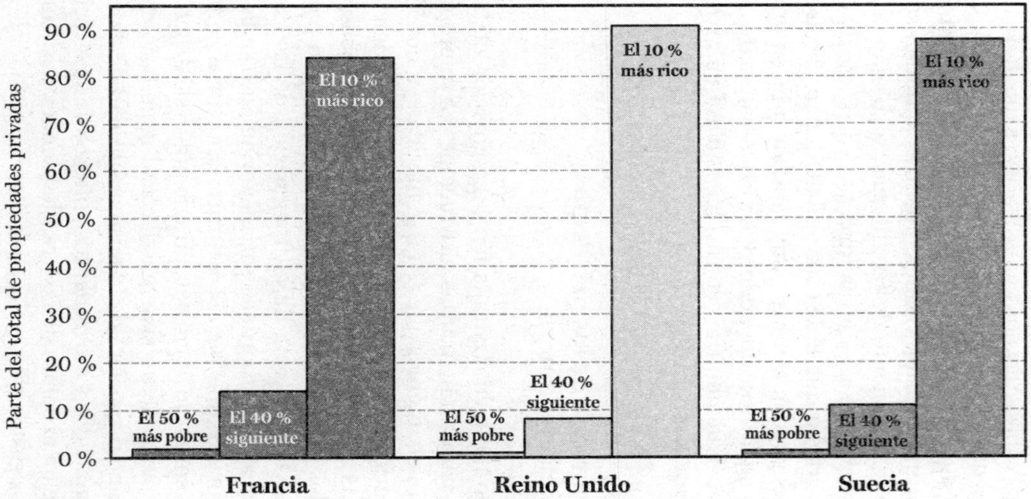

Interpretación: La parte de la riqueza total (activos inmobiliarios, profesionales y financieros, netos de deudas) en manos del 10 por ciento de la población más rica fue por término medio del 84 por ciento en Francia entre 1880 y 1914 (frente al 14 por ciento del siguiente 40 por ciento y el 2 por ciento del 50 por ciento más pobre), del 91 por ciento en el Reino Unido (frente al 8 por ciento y el 1 por ciento, respectivamente) y del 88 por ciento en Suecia (frente al 11 por ciento y el 1 por ciento, respectivamente).
Fuentes y series: Véase <piketty.pse.ens.fr/egalite>.

servicios públicos que permitieran un acceso relativamente igualitario a la sanidad y a la educación a toda la población (en comparación con otros países). La experiencia sueca demuestra que nada es inamovible. Algunos piensan a veces que hay culturas o civilizaciones que son intrínsecamente igualitarias o desigualitarias: en este sentido, Suecia habría sido siempre igualitaria, quizá por una antigua pasión vikinga, mientras la India y sus castas habrían sido eternamente desigualitarias, seguramente por razones arias casi místicas. En realidad, todo depende de las instituciones y las reglas que cada comunidad humana se da a sí misma. Las cosas pueden cambiar muy rápidamente, en función de los distintos equilibrios de poder y de los movimientos y las luchas sociales, siguiendo trayectorias inestables que merecen ser estudiadas con atención.

Las metamorfosis de los privilegios: la democracia del dinero

El caso sueco también ilustra la fértil imaginación de las clases propietarias para configurar las instituciones en su propio beneficio. Sería un error creer que esa ingeniosidad ya no existe: los multimillonarios de hoy en día ya no se atreven a exigir abiertamente el derecho de voto al estilo sueco, pero a menudo utilizan otros métodos para conseguir los mismos fines. En particular, cabe destacar que el tema de la financiación de las campañas políticas nunca se ha abordado satisfactoriamente en las democracias electorales, más bien al contrario. En teoría, podría pensarse que un corolario obvio del sufragio universal debería de ser el establecimiento de un sistema electoral igualitario en el que cada ciudadano dispusiera de la misma cantidad de dinero para contribuir a partidos y movimientos políticos de su elección, con una prohibición absoluta de las grandes donaciones y un límite estricto de los gastos electorales, de manera que todos los candidatos y votantes estuvieran en igualdad de condiciones. Podría incluso imaginarse que esa igualdad política estuviera garantizada en las distintas Constituciones, y que se protegieran tales disposiciones con la misma fuerza que el propio sufragio universal. No sólo no es así, sino todo lo contrario.

Varios países han desarrollado tímidos sistemas de financiación pública de las campañas electorales y los partidos políticos, como Alemania en la década de 1950, Estados Unidos e Italia en 1970-1980 y Francia en la década de 1990. Pero se trata de sistemas claramente inadecuados y a menudo se ven completamente desbordados por los flujos de dinero privado. Esto es especialmente cierto en Estados Unidos, donde determinados grupos de presión han conseguido convencer a los jueces de que no debe existir un techo para el gasto político (cualquier techo violaría la libertad de expresión de los más acomodados),[114] pero también en Europa, India y Brasil. En la mayoría de los países, los sistemas de reducción de impuestos para las donaciones políticas, así como para las donaciones en general, subvencionan las preferencias políticas o culturales de los contribuyentes más ricos a costa del dinero de los más pobres. En Francia, un votante adinerado que dona 7.500 euros a su partido político preferido (el límite anual autorizado) tiene derecho, si es sujeto pasivo, a una reducción fiscal de 5.000 euros financiada por el resto de los contribuyentes. En comparación, el elector medio sólo tiene derecho a cerca de 1 euro por votante, indirectamente, a través de la financiación pública de los partidos políticos.[115] El ejemplo muestra

114. Véase T. Kuhner, *Capitalism vs democracy: money in politics and the free market constitution*, Stanford University Press, Stanford (California), 2014; L. Bartels, *Unequal democracy: the political economy of the new Gilded Age*, Princeton University Press, Princeton (Nueva Jersey), 2016.

115. Véase J. Cagé, *Le prix de la démocratie*, Fayard, París, 2018; *Libres et égaux en voix*, Fayard, París, 2020. En total, las reducciones de impuestos para las donaciones políticas (que benefician principalmente al 1 por ciento de los contribuyentes más ricos, y sobre todo al 0,01 por ciento más rico) tienen aproximadamente el mismo coste para las finanzas públicas que la totalidad de la financiación pública oficial (basada, en particular, en los resultados de las últimas elecciones, y que, por tanto, da la misma importancia a todos los votantes). La autora Julia Cagè propone sustituir este sistema desigualitario por «bonos de igualdad democrática» del mismo valor para todos, y aplicar un sistema similar a la filantropía y a los medios de comunicación.

cómo las lógicas censitarias siguen existiendo: simplemente se han hecho un poco menos visibles.

Los mismos problemas se plantean en relación con la financiación de los medios de comunicación, los *think tanks* y otros organismos de formación de opinión. Distintas leyes destinadas a limitar la concentración de la prensa o a reducir el poder de los accionistas sobre sus redacciones han sido puestas en marcha en varios países, a menudo tras la Segunda Guerra Mundial, pero son notoriamente inadecuadas y nunca se han adaptado a la era digital. En Francia, un puñado de multimillonarios posee actualmente más de la mitad de los medios de comunicación. Esta situación se da en casi todas partes, tanto en los países pobres como en los ricos. La mejor solución sería cambiar el marco jurídico y adoptar una verdadera ley de democratización de los medios de comunicación, que garantizase a los empleados y a los periodistas la mitad de los puestos en los órganos de dirección, sea cual sea su forma jurídica, que abriese la puerta de par en par a los representantes de los lectores y que limitase drásticamente el poder de sus accionistas.[116]

El punto clave es que esta crítica a la democracia contemporánea y a su captura por el dinero debe ir acompañada de propuestas de acuerdos institucionales específicos para avanzar hacia una mayor igualdad. Durante el siglo xx, la crítica a la democracia «burguesa» fue utilizada con demasiada frecuencia como excusa por parte de los gobernantes y las clases burocráticas dominantes en los países del bloque soviético, así como en una serie de nuevos países recién conseguida su independencia, para suprimir las elecciones multipartidistas o tomar el control de los medios de comunicación. Rechazar las urnas nunca está justificado. Por otro lado, la introducción de una financiación radicalmente igualitaria de los partidos políticos, de las campañas electorales y de los medios de comunicación no sólo está justificada, sino que es indispensable si se quiere empezar a hablar de democracias realmente basadas en un principio de igualdad. Esto

116. Véase J. Cagé, B. Huet, *L'information est un bien public: repenser la propriété des médias*, Seuil, París, 2021.

debe ir acompañado de una multiplicación de los modos de participación política, especialmente en forma de asambleas de ciudadanos y referendos deliberativos, siempre que se aborde con rigor la cuestión de la financiación de las campañas y la igualdad en la producción y difusión de la información.[117]

En la práctica, no existe una protección de la democracia y de la igualdad política de este tipo. Las Constituciones y los tribunales de la mayoría de los países tienden a proteger el orden establecido, en el sentido de que imponen restricciones legales muy fuertes para evitar que una mayoría política pueda proceder, por ejemplo, a una refundación ambiciosa del régimen propietarista (o simplemente trate de limitar el poder de los accionistas). La redistribución de la propiedad suele estar sujeta a una obligación de compensación, lo que en la práctica hace casi imposible cualquier transferencia real. Si una persona es dueña de todo lo que se puede poseer en un país y tiene que ser totalmente compensada por cualquier transferencia de su propiedad a otras personas o comunidades, entonces es imposible modificar la situación de partida, al menos dentro de un marco legal. Si a eso se añade el hecho de que las normas que rigen las revisiones constitucionales suelen estar cuidadosamente cerradas con llave (como ocurre en Francia con el derecho de veto del Senado, una cámara muy poco democrática),[118] la situación conduce en algunos casos al inmovilismo total. No es de extrañar que todo régimen intente

117. El éxito del referéndum organizado por Uber y Lyft para preservar su modelo de hiperprecarización en California en 2020 ilustra los límites de una visión idílica de la democracia directa, así como la necesidad de repensar un estatuto salarial que concilie protección y autonomía.

118. El Senado es elegido por un colegio electoral estructuralmente conservador que representa en exceso a las zonas rurales. En 1946, bajo la presión de los socialistas y los comunistas, perdió su derecho de veto sobre la legislación ordinaria (un derecho de veto que, bajo la Tercera República, había provocado el retraso de muchas reformas fiscales y sociales esenciales durante varias décadas), pero lo conservó para las enmiendas constitucionales, que deben ser aprobadas por cada una de las dos cámaras por mayoría simple, antes de ser sometidas a una votación de dos tercios de ambas cámaras reunidas en Congreso, o bien a la ratificación por referéndum.

hacer irreformables los principios que defiende y haga pasar por ilegal cualquier intento de cuestionarlos.

La consecuencia es que esas normas se transgreden regularmente a lo largo de la historia. La marcha hacia la igualdad está repleta de momentos revolucionarios en los que se redefinen las instituciones políticas para permitir la transformación de las estructuras sociales y económicas. En Francia, cuando los Estados Generales se reunieron en 1789, no existía ninguna norma que permitiera a una Asamblea Nacional proclamarse y atribuirse el derecho de abolir los privilegios de la nobleza y decidir la expropiación de los bienes del clero, pisoteando el derecho de veto que las dos órdenes privilegiadas habían tenido durante siglos. Ninguno de los cambios de régimen que se han producido en Francia desde 1789 (ha habido una docena aproximadamente) ha tenido lugar según las normas establecidas por el régimen anterior.[119] En el Reino Unido, la Cámara de los Lores, que había dominado casi totalmente el bicameralismo británico hasta finales del siglo XIX (de la que procedían la mayoría de los primeros ministros), se vio obligada en 1909-1911 a renunciar a su veto y a ceder para siempre el poder a la Cámara de los Comunes en un clima de extrema tensión, en el contexto eruptivo de la votación de su *People's Budget* [presupuesto del pueblo] y de la creación de un impuesto progresivo sobre la renta global.[120] En Esta-

119. La principal revisión constitucional hasta la fecha de la Quinta República, la de 1962, relativa a la elección del presidente por sufragio universal, se basó también en una clara violación de la Constitución por parte del general De Gaulle (que el Consejo Constitucional nombrado por él mismo le perdonó fácilmente), ya que no había ninguna disposición (ni la hay hoy en día) en la que dicha revisión pudiera decidirse por referéndum sin la aprobación previa por ambas cámaras.

120. Los lores se arriesgaron a vetar esta propuesta popular, y el primer ministro liberal Lloyd George (que temía que su partido fuera sustituido por los laboristas, como finalmente ocurrió, y que necesitaba tranquilizar a los nuevos votantes de la clase obrera) decidió redoblar la apuesta consiguiendo que los comunes aprobaran un proyecto de ley constitucional que eliminara el poder de veto legislativo de los lores, al tiempo que convocaba nuevas elecciones, que ganó ampliamente. Los lores cayeron entonces en la trampa de la llamada «doctrina Salisbury», una promesa verbal hecha imprudentemente en la déca-

dos Unidos, en 1937, Roosevelt tuvo que amenazar a la Corte Suprema con ampliarla con nuevos jueces miembros (el plan *court-packing*) para que ésta levantara el veto, en nombre de la libertad de empresa, a su legislación social, cuando acababa de ser reelegido con el 61 por ciento de los votos.[121] Es probable que se produzcan episodios similares en el futuro, en momentos de crisis que no pueden predecirse de antemano. También en ese caso, la constatación no debe servir de excusa para retorcer las reglas del derecho, sino, por el contrario, para proponer otras nuevas, más profundamente igualitarias y democráticas que las anteriores, sin perder de vista que el derecho debe ser una herramienta de emancipación y no de conservación de las posiciones de poder.

La persistencia del voto censitario: la plutocracia económica

Si hay un ámbito en el que el voto censitario sigue reinando, es en el del poder económico. En las sociedades anónimas, los accionistas tienen legalmente todo el poder, con derechos de voto proporcionales al número de acciones que poseen. Podría decirse que ésta es la definición del capitalismo, pero el hecho es que se trata de un arreglo institucional específico, que no es particularmente natural y que se ha impuesto de manera gradual en el con-

---

da de 1880 de que los lores debían aceptar ratificar la legislación para la que los comunes tuvieran un apoyo popular explícito. Se vieron obligados a votar ambos textos y a firmar su propia sentencia de muerte, después de que el rey amenazara con llenar la Cámara de los Lores con varios cientos de nuevos miembros, si traicionaban su promesa al país. Véase T. Piketty, *Capital e ideología*, *op. cit.*

121. Obsérvese el arcaísmo de la Corte Suprema de Estados Unidos, cuyos jueces son nombrados de por vida, como el papa de la Iglesia católica y los apóstoles de la Iglesia mormona. Sin embargo, los cardenales de más de ochenta años de edad perdieron el derecho a elegir al papa a raíz de una bula papal en 1970, prueba, por si hiciera falta, de que todas las instituciones pueden ser reformadas, incluso las más venerables.

texto de circunstancias y relaciones de poder específicas.[122] Sobre el papel, es perfectamente posible concebir otras reglas. Nada garantiza que los accionistas sean más competentes para gestionar la empresa que los propios empleados ni que estén más comprometidos con el proyecto económico de la empresa a largo plazo. Más bien suele ser lo contrario: un fondo de inversión puede entrar y salir del capital de una empresa a corto plazo, mientras que los empleados suelen invertir en ella gran parte de su vida, de su energía y de sus conocimientos. Son, en muchos sentidos, los primeros inversores a largo plazo de la empresa; si observamos las cosas desde la distancia no podemos sino sorprendernos de la persistencia de la plutocracia en materia económica.

Desde mediados del siglo XX se ha experimentado con sistemas algo más equilibrados, incluso en países nominalmente «capitalistas». En Alemania, el llamado sistema de «cogestión» distribuye al 50 por ciento los órganos de gobierno de las empresas (consejo de administración o consejo de supervisión) entre los representantes de los trabajadores y los de los accionistas. Este sistema se introdujo en 1951 en las industrias del acero y el carbón y se extendió en 1952 a las grandes empresas (de todos los sectores). La ley alemana de 1976 sobre la cogestión estableció el sistema actual, en el que un tercio de los puestos en los órganos de gobierno de las empresas de entre 500 y 2.000 empleados corresponde a los trabajadores, y la mitad en el caso de las em-

122. En el siglo XVIII y principios del XIX, las primeras sociedades anónimas se constituyeron a menudo sobre la base de la igualdad entre los socios y luego se introdujeron gradualmente sistemas con varias clases de derechos de voto para que los mayores contribuyentes de capital tuvieran más votos, sin llegar sin embargo a la pura proporcionalidad, porque se temía que ello condujera a una concentración demasiado grande de poder en un número reducido de personas y perjudicara la calidad de la deliberación y las relaciones entre los socios. En el Reino Unido, no fue hasta la Company Law de 1906 que este principio de proporcionalidad entre el número de acciones y los derechos de voto se convirtió en el modo de gobierno por defecto de las sociedades anónimas (los estatutos siempre pueden establecer excepciones a este principio y pueden prever varias categorías de acciones y todo tipo de normas específicas). Véase E. McGaughey, «Participation in corporate governance», tesis doctoral, LSE, 2014.

presas de más de 2.000 empleados.[123] Se han adoptado disposiciones similares en Austria, Suecia, Dinamarca y Noruega, donde las normas se aplican también a las pequeñas y medianas empresas.[124] Sin embargo, hasta ahora, la cogestión apenas se ha extendido fuera de la Europa germánica y nórdica.[125]

En la práctica, no conviene exagerar la importancia de la cogestión: en caso de empate, son siempre los accionistas quienes deciden. Sin embargo, es un cambio significativo en las reglas capitalistas habituales. Hay que tener en cuenta que el 50 por ciento de los derechos de voto se atribuye a los trabajadores como tales, en calidad de «inversores en trabajo», independientemente de cualquier participación en el capital. Si, además, los trabajadores poseen el 10 o el 20 por ciento del capital o si una autoridad pública tiene una participación del 10 o del 20 por ciento, entonces la mayoría puede cambiar, incluso frente a un accionista con el 80 o el 90 por ciento de las acciones.[126] Desde el punto de vista de los accionistas, es un cuestionamiento inaceptable de su derecho natural. Estas medidas se obtuvieron tras luchas sociales y políticas extremadamente tensas, en un contexto en el que la re-

123. Véase E. McGaughey, «The codetermination bargains: the history of German corporate and labour law», *Columbia Journal of European Law*, 2017. Véase también S. Silvia, *Holding the shop together: German industrial relations in the postwar era*, ILR Press (Cornell University Press), Ithaca (Nueva York), 2013.

124. En Suecia, los empleados sólo ocupan un tercio de los puestos, pero la norma se aplica a todas las empresas con más de 25 empleados. El umbral es de 35 empleados en Dinamarca y de 50 en Noruega. En Austria, la norma sólo se aplica por encima de los 300 empleados, lo que en la práctica restringe considerablemente el ámbito de aplicación (casi tanto como en Alemania).

125. En 1972, 1983 y 1988 se debatieron varios proyectos de directivas de la Unión Europea para imponer normas mínimas (entre un tercio y la mitad de los puestos para los trabajadores), pero se encontraron con la feroz hostilidad de los partidos conservadores (y el limitado entusiasmo de los socialistas franceses y de los laboristas británicos, que entonces apostaban principalmente por las nacionalizaciones).

126. Por ejemplo, el estado de Baja Sajonia posee el 13 por ciento del capital de Volkswagen, y los estatutos de la empresa le garantizan el 20 por ciento de los derechos de voto, al margen del 50 por ciento de los votos que corresponden a los empleados.

lación de fuerzas estaba claramente del lado del trabajo, tras el trauma de la crisis de 1929 y los vínculos de las élites económicas con el nazismo. Las leyes alemanas de 1951 y 1952 fueron aprobadas por los democristianos, pero bajo la intensa presión de los socialdemócratas y, sobre todo, de los sindicatos obreros, que entonces sostenían reivindicaciones todavía más ambiciosas, como su participación en igualdad de condiciones en los comités de planificación regionales y federales. Conviene subrayar que esas leyes sólo pudieron aplicarse porque la Constitución alemana de 1949 había adoptado previamente una definición innovadora de la propiedad, que consideraba su finalidad social. En concreto, el texto constitucional establece de entrada que el derecho a la propiedad sólo es legítimo en la medida en que «contribuya al bienestar general de la comunidad» (artículo 14). Menciona explícitamente que la socialización de los medios de producción y la redefinición del régimen de propiedad entran en el ámbito de la ley, en términos tales que abren la posibilidad de medidas como la cogestión.[127] El texto sigue la tradición abierta por la Constitución alemana de 1919, adoptada a su vez en un contexto casi insurreccional y que había permitido la redistribución de la tierra y la plasmación de nuevos derechos sociales y sindicales (derechos que posteriormente quedaron suspendidos entre 1933 y 1945).[128] Las asociaciones patronales intentaron en repetidas ocasiones impugnar la cogestión ante los tribunales, sobre todo a raíz de la ley de 1976, aprobada por los socialdemócratas, pero el Tribunal Constitucional rechazó tales intentos basándose en la Ley fundamental de 1949. Por el contrario, varios países, entre ellos Francia, conservan en sus textos constitucionales una definición de la propiedad como derecho absoluto y natural que data de finales

127. «El suelo y la tierra, los recursos naturales y los medios de producción podrán ser objeto de propiedad colectiva o de otras formas de gestión colectiva por ley» (artículo 15).

128. Así, el artículo 155 de la Constitución alemana de 1919 establece que la ley determinará el régimen de la propiedad inmobiliaria y la distribución de la tierra en función de objetivos sociales, como garantizar «un hogar saludable para todas las familias» y «un centro de actividad económica correspondiente a sus necesidades».

del siglo XVIII, por lo que una posible adopción de normas de cogestión al estilo alemán sin revisión constitucional sería probablemente impugnada ante los tribunales.[129]

Socialismo participativo y reparto del poder

En teoría, es perfectamente posible profundizar en las normas de cogestión germánicas y nórdicas; un sistema que, según todos los estudios, ha conducido a una mejor implicación de los trabajadores en las estrategias a largo plazo de las empresas y a una mayor eficacia colectiva.[130]

Por ejemplo, es posible imaginar un sistema en el que, por un lado, los representantes de los trabajadores tuvieran el 50 por ciento de los derechos de voto en todas las empresas, incluidas las más pequeñas, y, por otro, los derechos de voto de un accionista individual (dentro del 50 por ciento de los derechos de voto que corresponden a los accionistas) no pudieran superar un determinado umbral en empresas suficientemente grandes. Así, un

129. El artículo 2 de la Declaración de Derechos del Hombre y del Ciudadano de 1789, que sigue formando parte del bloque de constitucionalidad, dice: «La finalidad de cualquier asociación política es la protección de los derechos naturales e imprescriptibles del hombre. Tales derechos son la libertad, la propiedad, la seguridad y la resistencia a la opresión». Dado que la Constitución no aporta ninguna precisión a esta definición naturalista de la propiedad (del tipo, por ejemplo, de las Constituciones alemanas de 1919 y 1949), los jueces son libres de interpretarla como crean conveniente, especialmente en el sentido más conservador y favorable al mantenimiento de los derechos de los propietarios actuales. La legislación francesa introdujo por primera vez en 2013 una tímida presencia de los trabajadores en los consejos de administración de las grandes empresas (un puesto de cada doce, confirmado en 2019 con una ligera extensión del ámbito de aplicación), pero es muy probable que una ley que concediera la mitad de los puestos a los trabajadores fuera censurada en ausencia de una revisión constitucional previa.

130. Véase E. McGaughey, «A twelve-point plan for labour, and a manifesto for labour law», 2017; S. Silvia, *Holding the shop together*, *op. cit.*; S. Jäger, B. Schœfer y J. Heining, «Labor in the boardroom», *Quarterly Journal of Economics*, 2021; J. Harju, S. Jäger y B. Schoefer «Voice at work», MIT, 2021.

accionista individual podría poseer un máximo del 90 por ciento de los derechos de voto de los accionistas en una pequeña empresa (menos de 10 empleados), disminuyendo linealmente dicho umbral hasta el 10 por ciento de los derechos de voto de los accionistas en las grandes empresas (más de 90 empleados).[131] De este modo, un solo accionista que fuera empleado de su propia empresa tendría la mayoría de los derechos de voto en una empresa muy pequeña (hasta 10 empleados), pero tendría que recurrir a la deliberación colectiva con otros empleados a medida que la empresa incrementase su tamaño (véase el gráfico 5.4). En una empresa muy pequeña, mantener un fuerte vínculo entre la aportación de capital y el poder económico puede estar justificado: si una persona invierte todos sus ahorros en un pequeño negocio que es el proyecto de su vida (por ejemplo, una tienda de comestibles bio, una cafetería o un restaurante), no es anormal que tenga más derechos de voto que un asalariado contratado la víspera y que además se dispone a ahorrar para poner en marcha él mismo su propio negocio.[132] Sin embargo, a medida que el negocio involucra a más empleados y recursos colectivos, la concentración de poder deja de estar justificada. De acuerdo con este esquema, un único accionista que no fuese él mismo un empleado perdería la mayoría de los derechos de voto en cuanto contratase a un trabajador. Asimismo, si los empleados tuviesen participación en el capital de la empresa, aunque fuera minoritaria, obtendrían rápidamente la mayoría de los derechos de voto. Ni que decir tiene que estos parámetros son sólo ilustrativos y deberían ser objeto de una amplia deliberación y experimentación.

El ejemplo de «socialismo participativo» aquí descrito tiene un solo objetivo: ilustrar la enorme diversidad de sistemas econó-

131. Véase T. Piketty, *Capital e ideología, op. cit.* Este sistema generaliza las normas de limitación de los derechos de voto propuestas para el caso de las empresas de comunicación por J. Cagé, *Sauver les médias*, Seuil, París, 2015; Versión castellana de Joan Rimbau, *Salvar los medios de comunicación*, Anagrama, Barcelona, 2016.

132. La forma de sociedad cooperativa basada en la estricta igualdad de votos entre los empleados puede ser adecuada para algunos proyectos, pero imponerla sistemáticamente sería contraproducente.

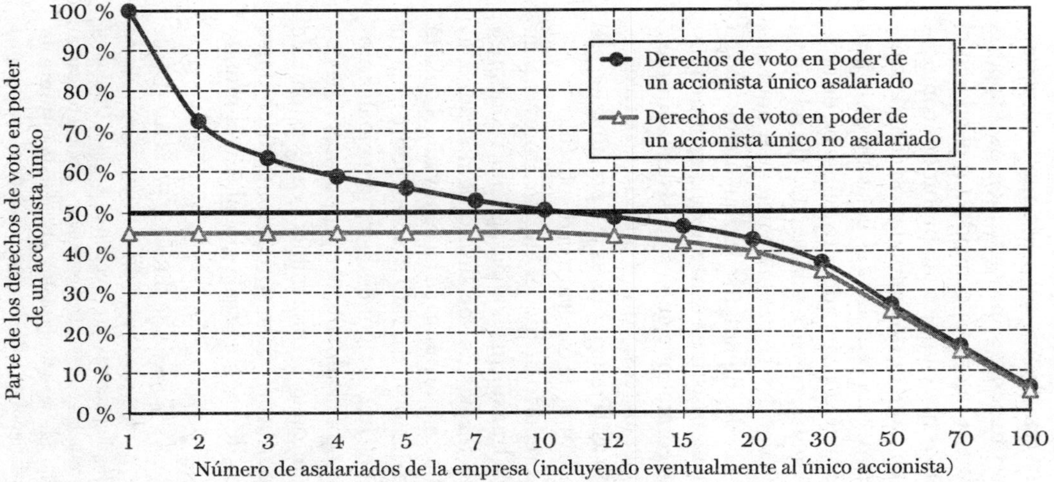

Interpretación: En el sistema de socialismo participativo considerado en este ejemplo, un solo accionista (que posee el cien por cien de las acciones de la empresa) tiene el 73 por ciento de los derechos de voto si la empresa tiene 2 empleados (incluido él mismo), el 51 por ciento de los derechos de voto si tiene 10 empleados (incluido él mismo), y pierde la mayoría por encima de 10 empleados. Un solo accionista no empleado posee el 45 por ciento de los derechos de voto si la empresa tiene menos de 10 empleados; a partir de ahí, su cuota disminuye progresivamente hasta el 5 por ciento con 100 empleados.

Nota: Los parámetros utilizados son los siguientes: (i) los trabajadores (sean o no accionistas) se reparten el 50 por ciento de los derechos de voto; (ii) dentro del 50 por ciento de los derechos de voto que corresponden a los accionistas, un accionista individual no puede tener más del 90 por ciento (es decir, el 45 por ciento de los derechos totales de voto) en una empresa con menos de 10 empleados; esta proporción disminuye linealmente hasta el 10 por ciento (es decir, el 5 por ciento de los derechos totales de voto) en las empresas con más de 90 empleados (los derechos de voto de los accionistas no asignados se reasignan a los asalariados).

Fuentes y series: Véase <piketty.pse.ens.fr/egalite>.

micos posibles. A la vista de la experiencia histórica, resulta evidente que la aplicación de un sistema similar requeriría una movilización popular muy fuerte. En la mayoría de los países, como en Francia, un cambio de este tipo necesitaría también una revisión sustancial de la Constitución, que probablemente sólo podría hacerse en tiempos de crisis, como ha ocurrido a menudo en el pasado. Asimismo, veremos que cambios tan profundos como éstos necesitarían ir acompañados de una refundación completa del sistema fiscal, para permitir una verdadera circulación de la propiedad y del poder económico, así como de la redefinición de múltiples tratados internacionales, en particular en todo lo relativo a los movimientos de capitales. No se pretende defender aquí que un sistema de este tipo pueda implantarse fácilmente de un día para otro, sino simplemente insistir en el hecho de que entre 1780 y 2020 se han producido continuos cambios del sistema jurídico, fiscal y social no menos gigantescos, y que el proceso no va a detenerse de repente así como así. Por lo tanto, es útil preguntarse por las siguientes etapas, a partir de la experiencia disponible.

En lo que respecta al reparto del poder en las empresas, y en general al debate sobre la transformación del sistema económico y la aparición de nuevas formas de socialismo democrático, es sorprendente observar hasta qué punto se ha renovado el debate desde la crisis financiera de 2008. En varios países, sobre todo en Estados Unidos y el Reino Unido, algunos de los principales movimientos políticos han comenzado a hacer propuestas novedosas de normas que se inspiran de alguna manera en el sistema de cogestión germánico y nórdico.[133] Si se aprueban, podrían darse las condiciones para una difusión a escala global. En el mundo

133. Véanse, por ejemplo, los proyectos de la Reward Work Act (Ley de recompensa del trabajo) y la Accountable Capitalism Act (Ley de capitalismo responsable) defendidos por los demócratas en el Senado de Estados Unidos en 2018-2020. El primero exige que las empresas que cotizan en bolsa tengan al menos un tercio de consejeros que sean asalariados; el segundo instituye un 40 por ciento de consejeros asalariados en todas las grandes empresas y exige una mayoría del 75 por ciento en los consejos de administración para aprobar las donaciones políticas (sin prohibirlas, dada la jurisprudencia de la Corte Suprema). Sobre el nuevo programa del partido laborista británico, véase K. Ewing,

intelectual y sindical, ambiciosos proyectos colectivos e internacionales como el «Manifiesto Trabajo» de 2020 nos han recordado que existen muchas formas de organizar el sistema económico y, en particular, las relaciones de poder dentro de las empresas.[134] Más allá de la cogestión, los derechos sindicales en su conjunto merecen ser replanteados a escala europea y transnacional, facilitando la afiliación sindical y la participación de los trabajadores, reservando los contratos públicos a las empresas que firmen convenios colectivos y, por último, generalizando el derecho de los sindicatos a acudir a los centros de trabajo y a organizar reuniones en ellos.[135] Aunque es demasiado pronto para saber qué impacto tendrán estas iniciativas, muestran la viveza de las discusiones en curso. Veremos más adelante que el debate iniciado en Suecia en las décadas de 1970 y 1980 sobre los «fondos salariales» (conocidos como fondos Meidner) también se ha reactivado recientemente. No obstante, antes de analizar con más detalle las perspectivas de futuras transformaciones, es necesario, en primer lugar, comprender mejor cómo se produjo la fortísima compresión de las desigualdades económicas que tuvo lugar durante el siglo XX en muchos países, y en particular dentro de las principales potencias capitalistas del mundo.

G. Hendy y C. Jones, *Rolling out the Manifesto for Labour Law,* Institute for Employment Rights, 2018.

134. Véase D. Méda, J. Battilana e I. Ferreras, *Le Manifeste Travail: démocratiser, démarchandiser, dépolluer*, Seuil, París, 2020. Véase también I. Ferreras, *Firms as political entities: saving democracy through economic bicameralism*, Cambridge University Press, Cambridge (Inglaterra), 2017. Véase también E. McGaughey, «A twelve-point plan for labour, and a manifesto for labour law», *Industrial Law Journal,* art. cit., que propone la elección de administradores por parte de asambleas mixtas formadas por asalariados y accionistas.

135. Véase el programa de la federación sindical UNI Global Union. Véase también S. Block y B. Sachs, «Clean slate for worker power: building a just economy and democracy», informe, Harvard Law School, Cambridge (Massachusetts), 2020.

Capítulo 6

La «gran redistribución» (1914-1980)

Entre 1914 y 1980, las desigualdades de renta y de patrimonio se redujeron considerablemente en todo el mundo occidental (Reino Unido, Francia, Alemania, Estados Unidos, Suecia, etc.), así como en Japón, Rusia, China y la India, aunque de forma diferente. En este capítulo, vamos a centrarnos en el caso de los países occidentales e intentaremos comprender mejor cómo se produjo esa «gran redistribución».

El primer factor fue el surgimiento y consolidación a largo plazo del Estado social, en gran medida como consecuencia de las luchas sociales y de la creciente movilización socialista y sindical desde finales del siglo XIX. Se aceleró de manera importante a causa de las dos guerras mundiales y la crisis de 1929, que en el espacio de treinta y un años (1914-1945) transformaron por completo las relaciones de poder entre el trabajo y el capital. El segundo factor fue el desarrollo de una fiscalidad muy progresiva sobre la renta y las herencias, que redujo enormemente la concentración de la riqueza y del poder económico en la cúspide de la jerarquía social, al mismo tiempo que promovió una mayor movilidad social y prosperidad colectiva. La fiscalidad progresiva desempeñó un papel decisivo en la definición de un nuevo contrato social y fiscal. Por último, veremos la enorme influencia de la liquidación de los bienes extranjeros y coloniales y de las deudas públicas en el proceso de desacralización de la propiedad privada y de reducción de las desigualdades. Las rivalidades entre las potencias europeas y el carácter insostenible del régimen colonial desigualitario jugaron un papel crucial en el movimiento que condujo al colapso de las sociedades propietaristas de la Belle Époque. La forma en que Europa se reconstruyó después de la guerra, mediante la cancelación de sus deudas públicas, también ofrece lecciones para el futuro.

La invención del Estado social: educación, salud, protección social

Entre 1914 y 1980, el peso del Estado fiscal y social en los países occidentales experimentó una expansión sin precedentes. A finales del siglo XIX y principios del XX, los ingresos fiscales totales, incluyendo impuestos, contribuciones y gravámenes obligatorios de todo tipo, representaban menos del 10 por ciento de la renta nacional en Europa y Estados Unidos. Entre 1914 y 1980, ese porcentaje se triplicó en Estados Unidos y más que se cuadruplicó en Europa. Desde los años 1980-1990, los ingresos fiscales oscilan entre el 40 y el 50 por ciento de la renta nacional en el Reino Unido, Alemania, Francia y Suecia. Numerosos estudios han demostrado que el auge del Estado fiscal ha contribuido significativamente al desarrollo económico. El aumento de los ingresos ha financiado gastos que no sólo han resultado esenciales para reducir la desigualdad, sino también para fomentar el crecimiento, en particular la inversión masiva y relativamente igualitaria en educación y sanidad (al menos mucho más masiva e igualitaria que todo lo habido hasta entonces), infraestructuras de transporte y equipamientos públicos, así como rentas de sustitución esenciales para hacer frente al envejecimiento (como las pensiones) y para estabilizar la economía y la sociedad en caso de recesión (como el seguro de desempleo).[136]

136. Véase en particular P. H. Lindert, *Growing public: social spending and economic growth since the 18th century*, Cambridge University Press, Cambridge (Inglaterra), 2004.

En el caso de los principales países europeos, el aumento de los ingresos se explica casi en su totalidad por el incremento del gasto social en educación, sanidad, pensiones y otras transferencias (véase el gráfico 6.1). El período 1914-1950 es también de crucial importancia para la transformación del papel del Estado. En vísperas de la Primera Guerra Mundial, los Estados europeos estaban centrados en el mantenimiento del orden y el respeto de los derechos de propiedad, tanto en el ámbito interno como en el internacional y colonial, tal y como había sucedido a lo largo del siglo XIX. Las políticas de soberanía (ejército, policía, justicia, administración general, infraestructuras básicas) absorbían casi todos los ingresos fiscales, cerca del 8 por ciento de la renta nacional, sobre un total de apenas el 10 por ciento. Los demás gastos (especialmente los sociales) tenían que conformarse con apenas el 2 por ciento de la renta nacional (de la que menos del 1 por ciento se destinaba a educación). En cambio, a principios de la década de 1950, los elementos esenciales del Estado social estaban ya implantados en Europa, con unos ingresos totales que superaban el 30 por ciento de la renta nacional, y un conjunto diversificado de gastos educativos y sociales que absorbían ya dos tercios del total. La tendencia continuó desarrollándose y ampliándose entre 1950 y 1980.

Es importante destacar la importancia central del gasto en educación, tanto como factor de igualdad como motor de desarrollo. A finales del siglo XIX y principios del XX, el sistema escolar era extremadamente elitista y jerárquico. Sólo una minoría de la población podía aspirar a estudiar más allá de la educación primaria o los primeros años de secundaria. El gasto en educación comienza a aumentar entre 1870 y 1910, pero en general se mantiene entre el 0,5 y el 1 por ciento de la renta nacional, con Estados Unidos claramente en cabeza y un retraso patente en el Reino Unido.[137] La

137. Véase T. Piketty, *Capital e ideología*, *op. cit.* En 1870, el gasto público en educación (todos los niveles) representaba el 0,7 por ciento de la renta nacional en Estados Unidos, frente al 0,4 por ciento en Francia y el 0,2 por ciento en el Reino Unido. En 1910, había aumentado al 1,4 por ciento en Estados Unidos, frente al 1 por ciento en Francia y el 0,7 por ciento en el Reino Unido. En comparación, los presupuestos militares alcanzaban o superaban el 4 o 5 por

Gráfico 6.1. El surgimiento del Estado social en Europa (1870-2020)

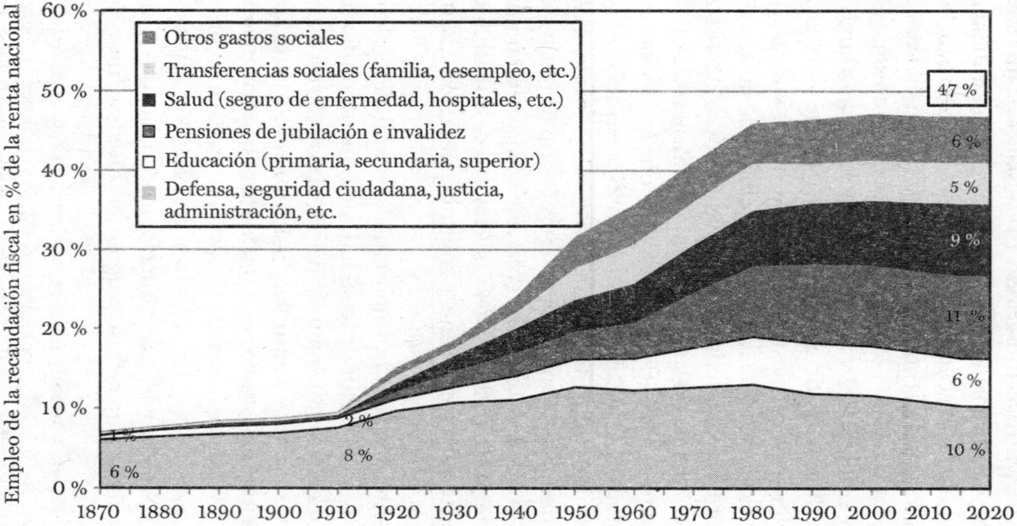

Interpretación: En 2020, los ingresos fiscales representaron el 47 por ciento de la renta nacional por término medio en Europa occidental y se emplearon de la siguiente manera: el 10 por ciento de la renta nacional se destinó a gastos soberanos (defensa, seguridad ciudadana, justicia, administración general, infraestructuras básicas: carreteras, etc.); el 6 por ciento, a educación; el 11 por ciento, a pensiones; el 9 por ciento, a sanidad; el 5 por ciento, a transferencias sociales (excluidas las pensiones); el 6 por ciento, a otros gastos sociales (vivienda, etc.). Hasta 1914, el gasto público absorbía casi todos los ingresos fiscales.

Nota: La evolución mostrada aquí es la media de Alemania, Francia, Reino Unido y Suecia.

Fuentes y series: Véase <piketty.pse.ens.fr/egalite>.

inversión en educación se multiplicó casi por diez a lo largo del siglo XX, alcanzando alrededor del 6 por ciento de la renta nacional en todos los países occidentales en las décadas de 1980 y 1990, lo que ha permitido financiar el acceso casi universal a la educación secundaria y un fuerte aumento del acceso a la educación superior. En ese contexto general de expansión educativa, el liderazgo de Estados Unidos fue especialmente claro a mediados del siglo XX. En la década de 1950, la proporción de jóvenes de 12 a 17 años (chicos y chicas) matriculados en la escuela secundaria había alcanzado allí casi el 80 por ciento, mientras se situaba entre el 20 y el 30 por ciento en el Reino Unido y Francia, y algo menos del 40 por ciento en Alemania y Suecia. En estos cuatro países, no se alcanzaron hasta las décadas de 1980 y 1990 las tasas de escolarización secundaria del 80 por ciento observadas en Estados Unidos varias décadas antes.[138] En Japón, un país que ya había experimentado una expansión educativa acelerada entre 1880 y 1930, en un contexto de competencia exacerbada y convergencia con las potencias occidentales, la evolución fue más rápida: la escolarización secundaria alcanzó el 60 por ciento en la década de 1950 y superó el 80 por ciento a principios de la de 1970.

En general, a finales del siglo XIX, los gobiernos comenzaron a darse cuenta de que la formación era una cuestión de poder, no simplemente una cuestión de igualdad y emancipación individual. La segunda Revolución Industrial, que se extendió entre 1880 y 1940 a las industrias química, siderúrgica, eléctrica, del automóvil, del equipamiento doméstico, etc., fue mucho más exigente en cuanto a cualificación. Durante la primera Revolución Industrial, sobre todo en el sector textil y del carbón, era

---

ciento de la renta nacional en Europa en el siglo XIX y principios del XX. A escala mundial, el gasto militar ha descendido desde más del 6 por ciento de la renta nacional en 1960 (guerras coloniales, guerra fría) al 3 por ciento en 2020 (2 por ciento en Europa, 4 por ciento en Estados Unidos, 10 por ciento en Arabia Saudí).

138. El mismo desfase temporal se observa en la escolarización primaria durante el siglo XIX, que superó el 80 por ciento en torno a 1850 en Estados Unidos, mientras que en los casos de Alemania, Francia y el Reino Unido hubo que esperar hasta 1890-1910.

suficiente con movilizar a una mano de obra relativamente mecánica, supervisada por capataces y unos pocos ingenieros. En la segunda Revolución Industrial, se hizo imprescindible que una proporción cada vez mayor de la mano de obra pudiera dominar procesos de fabricación que requerían un mínimo de conocimientos técnicos y numéricos, consultar los manuales de los equipos, etc. Como resultado, Estados Unidos, seguido por los recién llegados Alemania y Japón, superó gradualmente al Reino Unido en los nuevos sectores industriales. La considerable diferencia de productividad laboral entre Estados Unidos y el resto del mundo occidental a mediados del siglo XX se debió en gran medida a su liderazgo educativo. Esa ventaja se cerró en las décadas siguientes, al igual que la brecha de productividad: el producto interior bruto por hora trabajada ha sido casi exactamente el mismo en Estados Unidos, Alemania y Francia desde las décadas de 1980 y 1990. Nótese de paso la importancia de seleccionar correctamente los indicadores socioeconómicos. Ignorar las horas trabajadas en este tipo de comparaciones (una opción muy discutible y desgraciadamente extendida) significa ignorar los enormes cambios históricos que han conducido a aumentar el tiempo de ocio y las vacaciones pagadas, así como a reducir la duración de la semana laboral, cuestión que ha estado en el centro de las movilizaciones sindicales y populares de los dos últimos siglos.[139]

El segundo salto adelante del Estado fiscal: una revolución antropológica

Conviene subrayar la profunda diferencia de naturaleza entre el primer gran salto del Estado fiscal y el segundo. El primer gran salto, entre 1700 y 1850, cuando los ingresos fiscales de las gran-

139. Véase ibídem, pp. 600-601. El movimiento histórico de reducción del tiempo de trabajo también ha sido muy importante en Estados Unidos, pero bastante menos que en Europa, lo que puede estar relacionado con el desarrollo más limitado del Estado social estadounidense en general.

des potencias europeas pasaron de alrededor del 1 o 2 por ciento de la renta nacional a aproximadamente el 6 u 8 por ciento, correspondió principalmente al crecimiento del gasto militar y la financiación de los poderes soberanos.[140] La élites nobiliarias y burguesas controlaban el Estado, en un contexto de competencia con otros países y de expansión colonial y comercial. Sin embargo, entre 1914 y 1980, el gasto social ocupa la primera línea. Las consideraciones sobre los poderes soberanos no están del todo ausentes, pero la ampliación sin precedentes del papel del Estado se hace sobre todo en beneficio de las clases populares y medias, y en gran medida bajo su control, o al menos bajo el de los movimientos políticos que las representan mediante sufragio, en condiciones totalmente inéditas en la historia.

En el Reino Unido, el Partido Laborista obtiene la mayoría absoluta de los escaños en las elecciones de 1945 y crea el Servicio Nacional de Salud (National Health Service, NHS) y un amplio sistema de seguridad social. El país más aristocrático de Europa, que hasta la crisis constitucional de 1909 había sido gobernado por la Cámara de los Lores, se convirtió en un país en el que un partido auténticamente popular y obrero llegaba al poder y ponía en marcha sus reformas. En Suecia, país en el que hasta 1910 el voto de un terrateniente valía por cien, el voto de los trabajadores mantiene a los socialdemócratas en el poder de forma casi ininterrumpida desde 1932. En Francia, el Frente Popular introduce las vacaciones pagadas en 1936, y la fuerte presencia de los comunistas y los socialistas en el Parlamento y el Gobierno hace posible la adopción de la seguridad social en 1945. En Estados Unidos, en 1932, una coalición popular lleva al poder a los demócratas, y el New Deal desafía definitivamente los dogmas del *laissez-faire* y el poder de las élites económicas y financieras.[141] La revolución antropológica es doble. Por primera

140. Véase el capítulo 3, gráfico 3.1.

141. Los laboristas, socialdemócratas, socialistas, comunistas y demócratas siguen concentrando el voto popular en el período 1950-1980, independientemente de la estratificación social considerada (ingresos, nivel de estudios, propiedad, etc.). Estas coaliciones se fragmentaron gradualmente a partir de 1980-1990, lo que puede estar relacionado con el hecho de que los progra-

vez en la historia a esta escala, el Estado escapa al control exclusivo de las clases dominantes. Es la consagración del sufragio universal, de la democracia parlamentaria y representativa, del proceso electoral y de la alternancia política, todo ello impulsado por una prensa independiente y por el movimiento sindical. El sistema político es perfeccionable, si hace falta a costa de importantes revisiones constitucionales, pero sabiendo todos que es necesario partir de lo conseguido hasta ahora para ir más allá. Esta constatación se viene haciendo desde las décadas de 1970 y 1980 y ha contribuido en gran medida a la deslegitimación final del contramodelo comunista: si es fuente de menos libertad política y genera menor bienestar social y económico, ¿para qué sirve?

La segunda lección es que no sólo es posible salir del poder censitario, sino también del capitalismo y de la mercantilización generalizada.[142] Vastos sectores de la economía, empezando por la educación y la sanidad, y en gran medida el transporte y la energía, se han organizado al margen de la lógica de mercado, con diversos sistemas de empleo público, estructuras mutualistas o sin ánimo de lucro, subvenciones e inversiones financiadas con impuestos. No sólo han funcionado, sino que lo han hecho de forma mucho más eficiente que el sector capitalista privado. Aunque algunos grupos de presión estadounidenses siguen afirmando lo contrario (por razones obvias y, desgraciadamente, a veces con cierta eficacia), cualquiera que se preocupe por los hechos sabe que los sistemas sanitarios públicos al estilo europeo son menos costosos y más eficaces en términos de bienestar y

---

mas políticos de redistribución se volvieran menos ambiciosos. Véase A. Gethin, C. Martínez-Toledano y T. Piketty, *Clivages politiques et inégalités sociales: une étude de 50 démocraties 1948-2020*, EHESS, Gallimard y Seuil, París, 2021.

142. Sobre la importancia de los procesos de desmercantilización en la construcción de los diferentes tipos de estado de bienestar, véase G. Esping-Andersen, *Les trois mondes de l'État-providence*, PUF, París, 2015. Véase también K. Polanyi, *The great transformation*, Beacon Press, Boston, 1944, sobre la mercantilización generalizada de la vida durante el siglo XIX y principios del XX y su papel en el colapso de las sociedades europeas a partir de 1914.

esperanza de vida que las empresas privadas estadounidenses.[143] En materia de educación, casi nadie propone sustituir las escuelas, los institutos o las universidades por sociedades anónimas regidas según la lógica capitalista.[144] Cualesquiera que sean las (legítimas) disputas y debates sobre las mejoras o la conveniencia de un nuevo impulso, ningún movimiento político importante en los países que han visto el aumento del Estado fiscal y social en el siglo XX propone volver a la situación anterior a 1914, cuando los ingresos fiscales representaban menos del 10 por ciento de la renta nacional.

La invención de la fiscalidad progresiva sobre la renta y las herencias

Pasemos ahora a la cuestión de la fiscalidad progresiva. Hasta principios del siglo XX, casi todos los sistemas fiscales del mundo eran claramente regresivos, en el sentido de que se basaban sobre todo en impuestos sobre el consumo e indirectos que imponían una carga proporcionalmente mayor a los más pobres que a los más ricos. El caso más extremo de un impuesto regresivo es el impuesto de capitación, que es un impuesto de la misma cuantía absoluta para todos, que por definición representa una proporción de ingresos diez veces mayor para un salario bajo que para un ejecutivo diez veces mejor pagado.[145] Un impuesto proporcio-

143. Véase, por ejemplo, P. C. Michaud *et al.*, «Differences in health between Americans and western Europeans», *Social Science & Medicine*, 2011; M. Roser, «Link between health spending and life expectancy: US is an outlier», OurWorldInData, 2017; A. Case y A. Deaton, *Deaths of despair and the future of capitalism*, Princeton University Press, Princeton (Nueva Jersey), 2020.

144. Se intentó en Chile después de 1973 o con la Universidad Trump, pero acabó en fiasco, en parte porque la búsqueda de beneficios tiende a socavar las motivaciones éticas en las que se basa la educación, como ocurre en la sanidad y en muchos otros sectores (medios de comunicación, cultura, etc.).

145. Como el impuesto llamado *poll tax* defendido por Thatcher en 1988. Este impuesto fue tan impopular que el partido *tory* tuvo que abandonar el proyecto en 1990 y cambiar de primer ministro.

nal es un impuesto que representa el mismo porcentaje de renta o riqueza para todas las clases sociales. Por el contrario, un impuesto progresivo se caracteriza porque cuanto mayor es la renta o el patrimonio, mayor es el tipo impositivo efectivo que pagan los distintos grupos sociales.[146]

El debate sobre la fiscalidad progresiva tiene una larga historia. Adquiere importancia en el siglo XVIII, especialmente durante la Revolución francesa. Numerosos opúsculos proponían sistemas bastante similares a los que finalmente se aplicaron a gran escala durante el siglo XX. En 1767, el urbanista Graslin defendió una escala de impuestos en la que una renta igual a la mitad de la renta media pagaría un tipo efectivo del 5 por ciento, mientras que una renta igual a 1.300 veces la renta media tendría que pagar el 75 por ciento en impuestos. En 1792, el *sieur*[147] Lacoste propuso un sistema similar para el impuesto de sucesiones: los menores patrimonios pagarían un impuesto del 6 por ciento, y los grandes patrimonios, un tipo del 67 por ciento (véase la tabla 6.1). No obstante, exceptuando los años 1793-1794, en los que se experimentó brevemente con escalas progresivas, la Revolución condujo a impuestos proporcionales o regresivos. En el siglo XIX, las herencias de padres a hijos se gravaban con un tipo del 1 por ciento, independientemente de su importe. Los tipos impositivos eran más altos en el caso de transmisiones a hermanos, primos y no familiares, pero sin tener en cuenta el importe de la transmisión. El rechazo a la progresividad contribuye a explicar el aumento de la concentración de la propiedad registrado hasta 1914.

Fue necesario esperar a principios del siglo XX para que la fiscalidad progresiva se generalizase en pocos años. En Estados Unidos, el tipo máximo del impuesto federal sobre la renta (el aplicable a las rentas más altas) pasó del 7 por ciento, en 1913, al 77 por ciento, en 1918, antes de alcanzar el 94 por ciento en 1944

146. Nótese que la regresividad o progresividad de un impuesto puede definirse en función del nivel de renta o de riqueza. Ambos enfoques son pertinentes y complementarios, ya que la renta y la riqueza son dos indicadores complementarios de la capacidad de pago de las personas.

147. *Sieur*, del francés *monsieur* ['señor' o 'caballero']. *(N. del e.)*

Tabla 6.1. Algunas propuestas de progresividad fiscal en Francia en el siglo XVIII

Graslin: impuesto progresivo sobre la renta *(Ensayo analítico sobre riqueza e impuestos, 1767)*	
Múltiplo de la renta media	Tipo efectivo de imposición
0,5	5 %
20	15 %
200	50 %
1.300	75 %

Lacoste: impuesto progresivo sobre las herencias *(Ley nacional de sucesiones, 1792)*	
Múltiplo del patrimonio medio	Tipo efectivo de imposición
0,3	6 %
8	14 %
500	40 %
1.500	67 %

Interpretación: En la propuesta de impuesto sobre la renta progresivo de Graslin de 1767, el tipo impositivo efectivo pasa gradualmente del 5 por ciento para una renta anual de 150 «libras tornesas» (aproximadamente la mitad de la renta media por adulto de la época) al 75 por ciento para una renta de 400.000 libras (unas 1.300 veces la renta media). Una progresividad similar se observa en el proyecto de impuesto progresivo sobre las herencias defendido por Lacoste en 1792.
Fuente: Véase <piketty.pse.ens.fr/egalite>.

(véase el gráfico 6.2). Durante el período 1932-1980, casi medio siglo, la media de los tipos impositivos máximos fue del 81 por ciento. Aunque Estados Unidos estuvo a la cabeza de esta evolución, el cambio también fue espectacular en el Reino Unido, Alemania, Francia, Suecia y Japón tanto en lo que se refiere a los impuestos progresivos sobre la renta como a los impuestos progresivos sobre las sucesiones (véase el gráfico 6.3).

¿Habría podido imponerse tan rápidamente la fiscalidad progresiva sin la conmoción de la Primera Guerra Mundial y sin la presión del régimen bolchevique sobre las élites de los países capitalistas? Es imposible responder a esta pregunta con rigor. La historia del mundo desde 1914 se ha visto tan perturbada por la Primera Guerra Mundial y los numerosos acontecimientos que la siguieron, empezando por la Revolución rusa de 1917, que ya no tiene mucho sentido imaginar un siglo XX sin el período de entreguerras, sin la URSS y sin la Guerra Fría.[148] Con perspectiva, sin embargo, la invención de la fiscalidad progresiva debe considerarse sobre todo como la consecuencia de movilizaciones sociales y políticas, así como de movimientos reivindicativos de fondo. El proceso se vio ciertamente acelerado por una serie de acontecimientos (guerras, revoluciones, crisis), pero la importancia relativa de esos acontecimientos varía mucho de un país a otro y, sobre todo, no surgieron de la nada: fueron en gran medida el producto de las fortísimas tensiones sociales y desigualdades de la época.

En el caso de Francia, llama la atención que los grupos parlamentarios que decidieron elevar el tipo máximo al 60 por ciento a principios de la década de 1920, en el marco de llamado Bloc National (una de las mayorías más a la derecha en la historia de la República), fueron los mismos que se habían negado antes de la guerra a votar el impuesto sobre la renta con un tipo

148. Véase E. Hobsbawm, *L'âge des extrêmes: histoire du court XXe siècle*, Éditions Complexe y Le Monde diplomatique, primera edición francesa, Bruselas y París, 1999. Edición original inglesa *Age of extremes: the short twentieth century, 1914-1991*, Michael Joseph y Viking Penguin, Londres y Nueva York, 1994.

Gráfico 6.2. La invención de la progresividad fiscal: el tipo marginal máximo del impuesto sobre la renta (1900-2020)

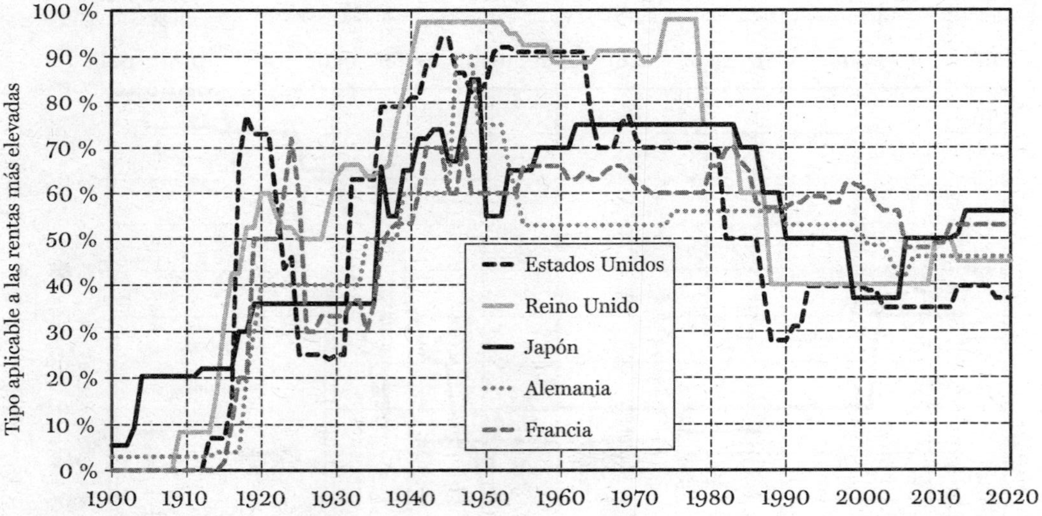

Interpretación: El tipo máximo del impuesto sobre la renta fue del 23 por ciento en promedio en Estados Unidos desde 1900 a 1932, del 81 por ciento entre 1932 y 1980, y del 39 por ciento entre 1980 y 2020. En los mismos períodos, el tipo máximo fue del 30, 89 y 46 por ciento en el Reino Unido; 26, 68 y 53 por ciento en Japón; 18, 58 y 50 por ciento en Alemania, y 23, 60 y 57 por ciento en Francia. La progresividad fiscal alcanzó su punto álgido a mediados de siglo, sobre todo en Estados Unidos y el Reino Unido.

Fuentes y series: Véase <piketty.pse.ens.fr/egalite>.

Gráfico 6.3. La invención de la progresividad fiscal: el tipo marginal máximo del impuesto sobre las sucesiones (1900-2020)

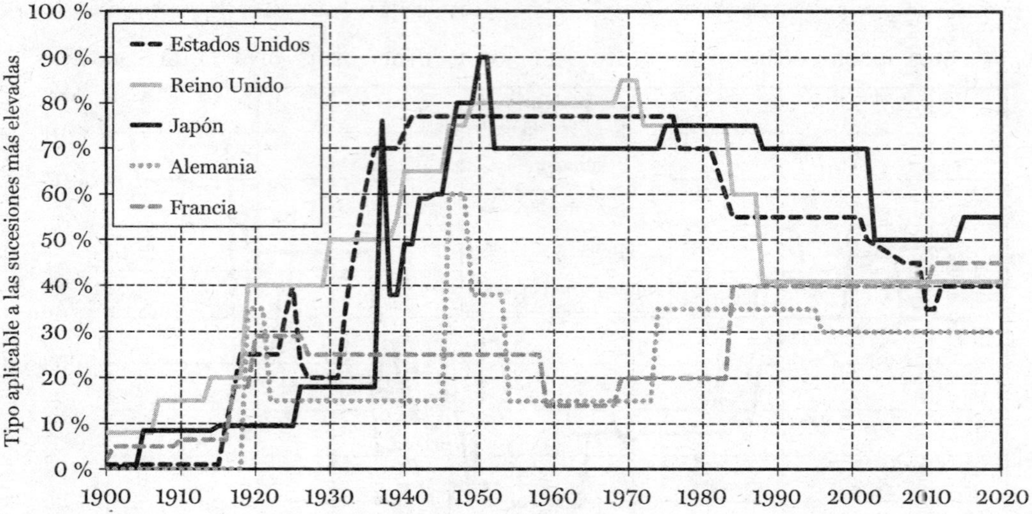

Interpretación: El tipo impositivo sobre las sucesiones más elevadas fue del 12 por ciento en promedio en Estados Unidos desde 1900 a 1932, del 75 por ciento entre 1932 a 1980, y del 50 por ciento entre 1980 y 2020. En los mismos períodos, el tipo máximo fue del 25, 72 y 46 por ciento en el Reino Unido; 9, 64 y 63 por ciento en Japón; 8, 23 y 32 por ciento en Alemania, y 15, 22 y 39 por ciento en Francia. La progresividad fiscal alcanzó su punto álgido a mediados de siglo, sobre todo en Estados Unidos y el Reino Unido.

Fuentes y series: Véase <piketty.pse.ens.fr/egalite>.

del 5 por ciento, utilizando todos los medios a su alcance para impedir su aprobación.[149] Apenas unos años más tarde, en un contexto político totalmente transformado por la guerra y la destrucción, por los millones de muertos y mutilados, en un momento en que los salarios todavía no habían recuperado el poder adquisitivo de 1914, y cuando varias oleadas de huelgas amenazaban con paralizar el país, primero en mayo-junio de 1919 y posteriormente en la primavera de 1920, uno casi tiene la impresión de que el color político no importaba. Había que encontrar ingresos, y nadie imaginaba que los más ricos pudieran librarse. La amenaza socialista y comunista desempeñó en ese momento un papel evidente: más valía para las élites aceptar un impuesto fuertemente progresivo que correr el riesgo de una expropiación general algún día. Eso no quiere decir, sin embargo, que no se hubiera podido materializar la misma amenaza sin el asesinato en Sarajevo o la toma del Palacio de Invierno. Las movilizaciones a favor de la progresividad fiscal venían cobrando impulso desde antes de la guerra, que probablemente sólo encendió la mecha.[150]

149. Antes de la guerra, las élites republicanas usaron y abusaron del argumento de que el país se había vuelto igualitario en 1789 y no necesitaba una fiscalidad progresiva (a pesar de que los datos disponibles en la época ya mostraban la extrema concentración de la riqueza). Si incluimos el recargo del 25 por ciento aplicado a los solteros (y del 10 por ciento para los matrimonios sin hijos después de dos años de matrimonio, lo cual es prueba, si fuera necesaria, de la imaginación fiscal de los gobernantes), adoptado en 1920 por el Bloc National, entonces, el tipo máximo alcanza el 75 por ciento en 1923 y el 90 por ciento en 1924 (incluyendo otros recargos votados por el Cartel des Gauches). Para una historia de la fiscalidad progresiva en Francia, véase *Les hauts revenus en France au XXe siècle, op. cit.*

150. La creación de un impuesto progresivo sobre las sucesiones (ley de 25 de febrero de 1901) había precedido a la del impuesto progresivo sobre la renta (ley de 15 de julio de 1914, que había sido bloqueada durante mucho tiempo por el Senado, desde su adopción por los diputados en 1909 y que finalmente se adoptó para financiar la guerra). Inicialmente fijado en el 2,5 por ciento, el tipo aplicado a las herencias más altas se elevó al 6,5 por ciento en 1910 para ayudar a financiar las pensiones de los obreros y campesinos. En el Reino Unido, Alemania y Japón, el movimiento para aumentar la progresividad también estaba en marcha antes de 1914.

La importancia decisiva de las movilizaciones sociales y políticas se confirma al examinar otros casos. Entre 1909 y 1911, el régimen hipercensitario sueco fue puesto en cuestión. El país no se vio relativamente afectado por las dos guerras mundiales. Lo que resultó decisivo para establecer tanto el Estado social como la fiscalidad progresiva fue, sobre todo, la llegada al poder de los socialdemócratas. En el Reino Unido también se produjo un episodio esencial en 1909-1911 con la caída de la Cámara de los Lores y la aprobación del *People's Budget* [presupuesto del pueblo], que también combinaba una fuerte progresividad fiscal con presupuestos sociales. En Estados Unidos, el impuesto federal sobre la renta se introdujo en 1913 y no tuvo nada que ver con el primer conflicto mundial: fue la culminación de un largo proceso de revisión constitucional que había comenzado en 1895 y que da muestra de la fuerte movilización popular y de la demanda de justicia fiscal y económica existente en el país.[151] También es necesario subrayar el papel central que desempeñó la crisis de 1929 en Estados Unidos, un acontecimiento que fue más decisivo y traumático al otro lado del Atlántico que la Primera Guerra Mundial o la Revolución rusa. La crisis demostró a todo el mundo la necesidad de recuperar el control sobre el capitalismo, y llevó a Roosevelt a elevar la progresividad fiscal a niveles sin precedentes en las décadas de 1930 y 1940.

Progresividad real y contrato social: el consentimiento fiscal

¿Cuáles han sido los efectos económicos reales de la progresividad fiscal? Es importante disipar el mito de que los tipos impositivos más altos no se aplicaron a nadie y no tuvieron un efecto

151. El proceso de revisión fue impulsado tanto por los demócratas (que habían sido censurados por la Corte Suprema en 1895) como por el People's Party (o Populist Party), que entonces defendía en su agenda política el reparto de tierras y los créditos para los pequeños agricultores, y se oponía al dominio de los accionistas, los terratenientes y las grandes corporaciones sobre el gobierno del país.

sustancial. Los tipos del 70 o del 80 por ciento afectaban ciertamente sólo a una pequeña minoría de la población, generalmente al 1 por ciento más rico (o incluso al 0,1 por ciento).[152] Pero el hecho es que la distribución de la renta y, sobre todo, de la propiedad estaba extremadamente concentrada a principios del siglo XX: el 1 por ciento más rico de la población poseía más de la mitad de la riqueza total en Francia y casi dos tercios en el Reino Unido. El 0,1 por ciento más rico poseía más de una cuarta parte de toda la riqueza en Francia y más de un tercio en el Reino Unido. Si excluimos la vivienda y nos centramos exclusivamente en la propiedad de los medios de producción, la concentración era aún mucho mayor. En otras palabras, aunque los tipos impositivos del 70 y el 80 por ciento sólo se aplicasen al 1 por ciento o al 1 por mil más rico, estos grupos tan reducidos tenían un peso considerable en el régimen desigualitario que caracterizaba a las sociedades propietaristas de la Belle Époque. El examen minucioso de los registros de herencias franceses a escala individual ha demostrado hasta qué punto los impuestos progresivos sobre la renta y las herencias desempeñaron un papel importante en la desconcentración de la propiedad que tuvo lugar entre 1914 y 1950.[153]

En el caso de Estados Unidos, teniendo en cuenta todos los impuestos (tanto el impuesto federal sobre la renta como los demás impuestos existentes en los distintos niveles de gobierno) se observa que el sistema fiscal fue muy progresivo entre 1914 y 1980. En concreto, los tipos impositivos efectivos pagados por el 90 por

152. Hay que tener en cuenta que el tipo superior del 70 o del 80 por ciento puede ser un tipo marginal (que se aplica a la fracción de la renta o del patrimonio que supera ese umbral) o un tipo efectivo (que se aplica entonces a la totalidad de la renta o del patrimonio). Los baremos expresados directamente en tipos efectivos fueron utilizados por el Frente Popular en su reforma fiscal de 1936. Tienen la gran ventaja de ser más transparentes desde el punto de vista democrático: todo el mundo sabe mejor quién paga qué y, sobre todo, puede ver que generalmente es necesario subir mucho el tipo máximo para que los tipos efectivos alcancen niveles sustanciales. Véase ibídem, pp. 272-278.

153. Véase T. Piketty, G. Postel-Vinay y J.-L. Rosenthal, «The end of rentiers: Paris 1842-1957», WID, 2018.

ciento de la población más pobre eran significativamente inferiores al tipo impositivo medio del país, mientras que los tipos efectivos pagados por el milésimo y el diez milésimo más rico llegaban al 60 o 70 por ciento, más de tres veces el tipo medio (véase el gráfico 6.4).[154] Los datos disponibles para los países europeos confirman la misma conclusión. La progresividad fiscal efectiva fue una realidad generalizada e indiscutible en este periodo.

Esta alta progresividad tuvo varias consecuencias, en primer lugar, sobre la reducción de las desigualdades y la disminución de la concentración de la renta y las propiedades en la cúspide de la sociedad, y en segundo lugar, sobre el contrato social en su conjunto y la aceptación colectiva de una mayor presión fiscal y una mayor socialización de la riqueza. Entre 1914 y 1980, los contribuyentes modestos y medios (asalariados, autónomos o propietarios de pequeñas y medianas empresas) podían confiar en que los agentes económicos más ricos (rentas y patrimonios elevados, empresas más prósperas) tributarían a un tipo significativamente más alto que ellos. La situación es muy diferente en la actualidad: la progresividad real ha desaparecido, cuando no se ha convertido en regresividad en tanto en cuanto los más ricos consiguen a veces pagar tipos efectivos inferiores a los que pagan las clases medias y populares, y las mayores empresas consiguen a menudo pagar un tipo impositivo inferior al de las pequeñas y medianas empresas.[155] Esto supone un gran riesgo para la aceptabilidad política de la fiscalidad y la legitimidad del sistema de solidaridad social en su conjunto.

154. También se tienen en cuenta aquí el impuesto de sociedades (asignado a los diferentes percentiles de accionistas afectados), el impuesto sobre la propiedad (asignado a los percentiles de propietarios), los impuestos sobre el consumo (asignados a los percentiles de consumidores), etc.

155. Así, el tipo efectivo de los 400 mayores contribuyentes estadounidenses ha caído por debajo del de los contribuyentes menos ricos en 2018-2019. Véase E. Saez y G. Zucman, *The triumph of injustice*, W. W. Norton & Company, Nueva York, 2019. Versión castellana de Pablo Hermida Lazcano, *El triunfo de la injusticia*, Taurus, Barcelona, 2021. Estas estimaciones sólo tienen en cuenta lo que es directamente observable e ignoran una gran parte de las sofisticadas estrategias de optimización y elusión fiscal.

Gráfico 6.4. Tipos efectivos y progresividad fiscal en Estados Unidos (1910-2020)

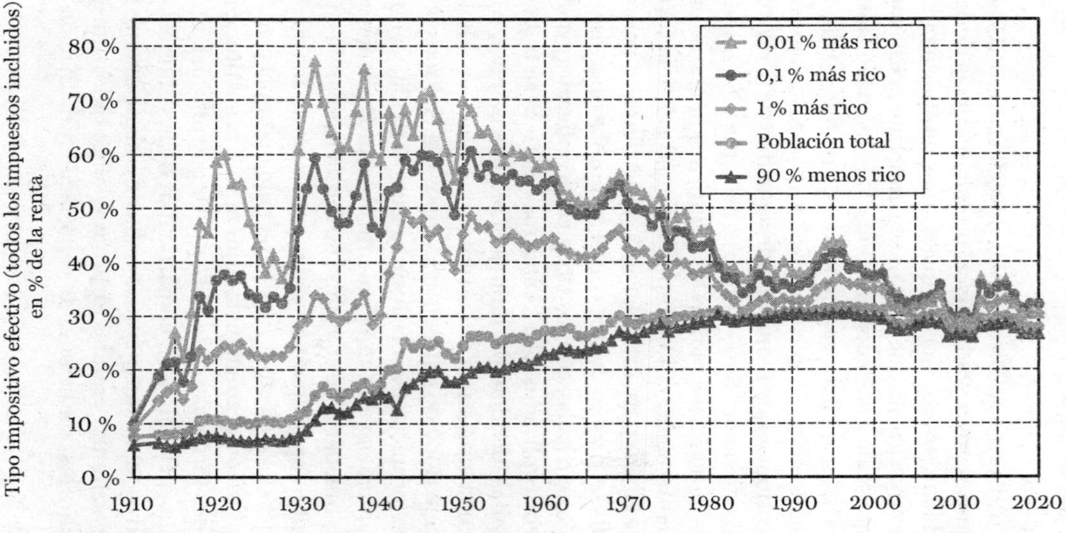

Interpretación: Entre 1915 y 1980, el sistema fiscal de Estados Unidos fue muy progresivo, en el sentido de que los tipos impositivos efectivos pagados por las rentas más altas (todos los impuestos combinados, expresado en porcentaje de la renta total antes de impuestos) eran significativamente más altos que el tipo impositivo medio efectivo pagado por el conjunto de la población (y en particular por el 90 por ciento de las rentas más bajas). Desde 1980, el sistema fiscal ha sido débilmente progresivo, con diferencias reducidas entre los diferentes tipos impositivos efectivos.

Fuentes y series: Véase <piketty.pse.ens.fr/egalite>.

La fiscalidad progresiva como herramienta para reducir también la desigualdad antes de impuestos

Conviene destacar aquí otra lección clave del período 1914-1980; a saber, que la progresividad fiscal no sólo redujo la desigualdad después de impuestos, sino, lo que es más importante, también antes de impuestos (lo que a veces se denomina predistribución, en contraposición a la redistribución).[156] Esta conclusión puede parecer paradójica, pero en realidad es bastante obvia. Resulta especialmente claro en el caso de los impuestos progresivos sobre las sucesiones, que reducen la desigualdad de la riqueza en la siguiente generación. Sería aún más evidente si el impuesto de sucesiones se utilizara para redistribuir a quienes no heredan prácticamente nada, y si el impuesto anual sobre la fortuna se utilizara también para articular una redistribución permanente del capital. Lo mismo ocurre con el impuesto progresivo sobre la renta, en particular con los tipos casi confiscatorios del 80 o 90 por ciento aplicados a las rentas más altas. Si se trata de rentas del capital (dividendos, intereses, alquileres, etc.), como era el caso de una gran parte de las rentas más altas en la Belle Époque y en el período de entreguerras, tipos tan elevados obligan a los grandes propietarios a reducir su estilo de vida, ya que, de lo contrario, pueden verse rápidamente obligados a tener que deshacerse de una parte de su capital de forma irreparable, poniendo a la venta una proporción cada vez mayor de sus empresas y propiedades. Este efecto ha desempeñado un papel central en la desconcentración gradual de la riqueza y en la sustitución de las muy grandes fortunas por la clase media patrimonial. En el caso de las rentas del trabajo y, en particular, de los altos salarios de los ejecutivos, tipos tan elevados reducen drásticamente la posibilidad de acumular grandes fortunas y, sobre todo, transforman radicalmente las condiciones de negociación y de fijación de esos

156. Véase A. Bozio, B. Garbinti, J. Goupille-Lebret, M. Guillot y T. Piketty, «Predistribution vs redistribution: evidence from France and the US», WID.world, 2020.

altísimos salarios, lo que acaba beneficiando a los salarios más bajos.

Los datos disponibles demuestran que este segundo efecto ha sido de gran importancia, especialmente en Estados Unidos. Concretamente, los tipos del 80 o 90 por ciento aplicados en la era Roosevelt y durante la posguerra llevaron a las grandes empresas a poner fin a las remuneraciones astronómicas de los altos ejecutivos, cuyo coste parecía cada vez más desproporcionado con respecto a las ganancias reales y a sus usos alternativos. Las superremuneraciones se diluyeron, liberando recursos para la inversión y para aumentar los salarios más bajos. Los datos indican que el efecto redistributivo de los tipos confiscatorios se produjo principalmente a través de la predistribución, lo que por cierto significa que la simple observación de los tipos efectivos pagados por los diferentes percentiles sólo mide una parte de su impacto total. La comparación entre diferentes países indica que este mecanismo fiscal es más eficaz cuando va acompañado de una mayor participación de los trabajadores en la fijación y en el control de los salarios y las escalas salariales (por ejemplo, a través de representantes sindicales en los consejos de administración, en Alemania y los países nórdicos, o en el War Labor Board, en Estados Unidos).[157] En diferentes sectores y países, los datos empresariales disponibles también han demostrado que, a partir de un determinado nivel, no existe una relación significativa entre la remuneración de los grandes ejecutivos y sus resultados económicos, y que estas superremuneraciones tienen un impacto negativo en los salarios bajos y medios.[158]

Nótese que la aplicación de una fiscalidad tan progresiva no parece haber desalentado la innovación y el aumento de la productividad. En Estados Unidos, la renta nacional per cápita cre-

157. Se trata de un organismo tripartito (Gobierno, sindicatos y empresas) creado para controlar los salarios y facilitar las relaciones laborales. Véase C. Goldin y R. Margo, «The great compression: the wage structure in the United States at mid-century», *Quarterly Journal of Economics*, 1992.

158. Véase T. Piketty, *Capital e ideología*, *op. cit.*

ció a un ritmo del 1,8 por ciento anual entre 1870 y 1910 sin impuesto sobre la renta, del 2,1 por ciento entre 1910 y 1950 tras su introducción, e incluso del 2,2 por ciento entre 1950 y 1990, período durante el cual el tipo máximo fue del 72 por ciento en promedio. El tipo máximo se redujo entonces a la mitad, con el objetivo declarado de impulsar el crecimiento. Sin embargo, desde entonces, el crecimiento de la renta per cápita se ha reducido a la mitad, el 1,1 por ciento anual de media entre 1990 y 2020 (véase el gráfico 6.5). A partir de un determinado nivel de desigualdad, aumentar las diferencias de renta y riqueza no tiene ningún un efecto positivo sobre el dinamismo económico.[159] En resumen, la información disponible actualmente sugiere que los tipos cuasiconfiscatorios fueron un gran éxito histórico. Condujeron a una importante reducción de las disparidades de riqueza y renta, al mismo tiempo que mejoraron la situación de las clases medias y populares, ampliando el Estado social y fomentando un mejor rendimiento económico y social general. Es la lucha por la igualdad y la educación lo que, históricamente, ha permitido el desarrollo económico y el progreso humano; no la sacralización de la propiedad, la estabilidad y la desigualdad.[160]

159. La misma evolución se observa en Europa: la progresividad fiscal es máxima durante el período 1950-1990, al igual que el crecimiento, que posteriormente cae, como la progresividad. Sin embargo, los resultados son más difíciles de interpretar en el caso europeo, ya que el crecimiento fue especialmente débil entre 1910 y 1950, debido a las guerras, con el consiguiente efecto de recuperación posterior. En el caso de Estados Unidos no existe tal efecto (el crecimiento de 1910-1950 se sitúa en un punto intermedio entre el crecimiento de 1870-1910 y el de 1950-1990), lo que hace que la comparación sea más significativa. Véase ibídem, gráficos 11.12-11.15.

160. A este respecto, cabe destacar el estancamiento de la inversión en educación desde 1980-1990 (véase el gráfico 6.1), una evolución paradójica a escala histórica dado el aumento del número de alumnos, y que además parece ser una de las explicaciones más plausibles de la menor tasa de crecimiento.

Gráfico 6.5. Crecimiento económico y fiscalidad progresiva en Estados Unidos (1870-2020)

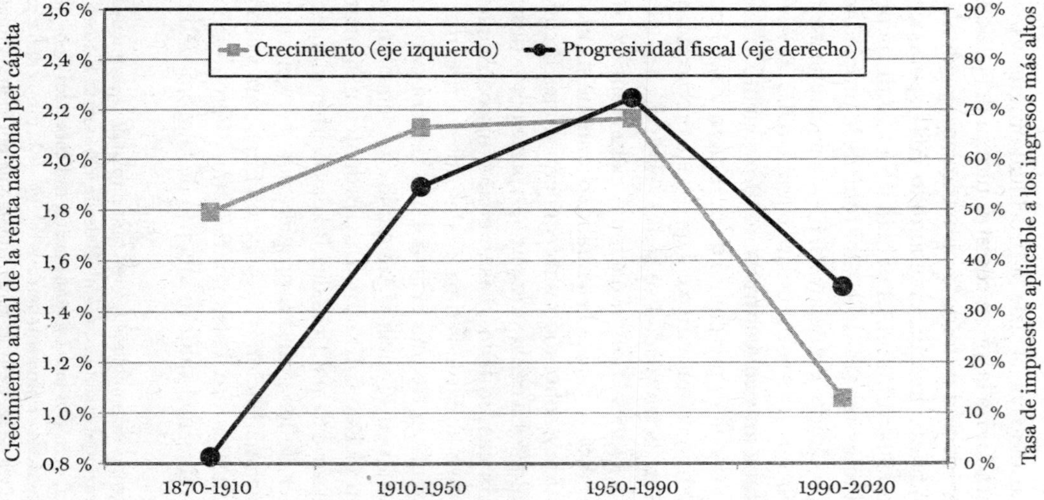

Interpretación: En Estados Unidos, el crecimiento de la renta nacional per cápita se redujo del 2,2 por ciento anual entre 1950 y 1990 al 1,1 por ciento anual entre 1990 y 2020, mientras que el tipo marginal máximo de las rentas más altas cayó del 72 al 35 por ciento. El impulso al crecimiento prometido cuando se redujo el tipo marginal superior no se materializó.
Fuentes y series: Véase <piketty.pse.ens.fr/egalite>.

La liquidación de los activos coloniales y de la deuda pública

Además del Estado social y de la fiscalidad progresiva, el tercer factor que caracteriza la «gran redistribución» del período 1914-1980 es la liquidación de los activos extranjeros y coloniales y de las deudas públicas durante este período. En vísperas de la Primera Guerra Mundial, la prosperidad de los grandes propietarios parecía inquebrantable. El valor total de la propiedad privada en el Reino Unido, Francia y Alemania equivalía a entre seis y ocho veces la renta nacional (véase el gráfico 6.6).[161] Asimismo, la riqueza estaba muy concentrada: el 10 por ciento más rico poseía entre el 80 y el 90 por ciento de la riqueza total. Entre 1914 y 1950 se produjo un auténtico colapso de la propiedad privada: el valor total de la propiedad se redujo en la década de 1950 a entre dos y tres veces la renta nacional, para recuperarse lentamente desde entonces hasta la actualidad, aunque sin alcanzar el punto de partida y, sobre todo, sin recuperar nunca la concentración del pasado.[162] La caída se explica en parte por la destrucción de bienes (fábricas, edificios, casas, etc.) como consecuencia de los combates y bombardeos durante las dos guerras mundiales, lo que representa entre una cuarta y una tercera parte del descenso observado en Francia y Alemania (y apenas un pequeño porcentaje en el Reino Unido). Una proporción similar se explica por una serie de políticas destinadas deliberadamente a reducir el poder de los grandes propietarios: congelación de los alquileres, nacionalizaciones, regulación financiera y económica, derechos sindicales, etc. Estas políticas tan diferentes tienen en común que reducen el valor monetario de la propiedad para los

161. Las fuentes disponibles sugieren que el total de la propiedad privada se mantuvo aproximadamente en ese nivel desde 1700 hasta 1914 en el Reino Unido y Francia, pero con una transformación radical en los tipos de propiedad: las tierras agrícolas representaban dos tercios de la propiedad a principios del siglo XVIII, antes de ser sustituidas gradualmente por bienes inmuebles, industriales e internacionales. Véase T. Piketty, *El capital en el siglo XXI*, *op. cit.*, gráficos 3.1 y 3.2.

162. Véase el capítulo 2, gráfico 2.3.

Gráfico 6.6. La propiedad privada en Europa (1870-2020)

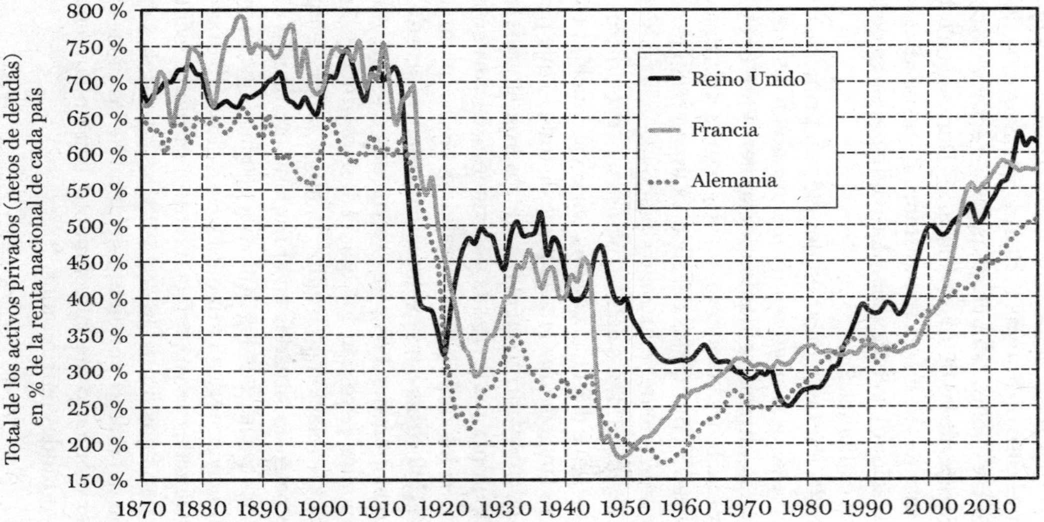

Interpretación: El valor de mercado de la propiedad privada (bienes inmuebles, bienes profesionales y activos financieros, netos de deudas) equivalía a alrededor de 6 u 8 años de la renta nacional en Europa occidental entre 1870 y 1914, antes de desplomarse de 1914 a 1950 y situarse en el equivalente de 2 o 3 años de renta nacional entre 1950 y 1970, y volver a subir posteriormente a alrededor de 5 o 6 años en los años 2000 a 2020.
Fuentes y series: Véase <piketty.pse.ens.fr/egalite>.

propietarios privados, no su valor social para los usuarios: se trata, por tanto, de una redistribución del poder, no de una pérdida de valor real. Por último, la tercera y mayor parte, entre un tercio y la mitad en el caso de Francia y Alemania (casi dos tercios en el Reino Unido), se explica por la liquidación de activos extranjeros y, posteriormente, de las deudas públicas.[163] También en este caso se trata esencialmente de una redistribución y no de una destrucción: las poblaciones colonizadas y los contribuyentes de la posguerra ganan en libertad.

Esta liquidación tiene lugar en dos etapas: primero, los activos extranjeros se destruyen o se transforman en deudas públicas; luego, estas últimas se liquidan a su vez. Para entender el proceso, hay que tener en cuenta que los activos internacionales habían alcanzado a principios del siglo xx un nivel sin precedentes en la historia, que no se ha reproducido hasta la fecha (véase el gráfico 6.7). En 1914, los activos netos en el extranjero ascendían a casi dos años de renta nacional en el caso de los propietarios británicos (más de una cuarta parte de todo lo que poseían) y a cerca de un año y medio en el caso de los propietarios franceses (casi una quinta parte de sus posesiones). Dichos activos se encontraban en los imperios coloniales, como las plantaciones de caucho en Indochina o las explotaciones madereras en el Congo, pero también en muchos otros territorios que no eran propiamente colonias pero con los que el Reino Unido y Francia tenían una fuerte relación jerárquica: pensemos, por ejemplo, en los pozos de petróleo situados en el Imperio otomano o en Persia, en los ferrocarriles o en los títulos de deuda pública o privada en Rusia, China y América Latina. El peso de los activos coloniales e internacionales se ve perfectamente a escala individual en los archivos parisinos. Entre 1872 y 1912, las inversiones extranjeras pasaron del 6 al 21 por ciento del total de los bienes transmitidos en el momento del fallecimiento, con un aumento aún mayor en los grandes patrimonios.[164]

163. Para un desglose más detallado, véase T. Piketty, *Capital e ideología*, *op. cit.*

164. Véase ibídem, tabla 4.1.

Gráfico 6.7. Los activos en el extranjero en perspectiva histórica: el cénit colonial franco-británico

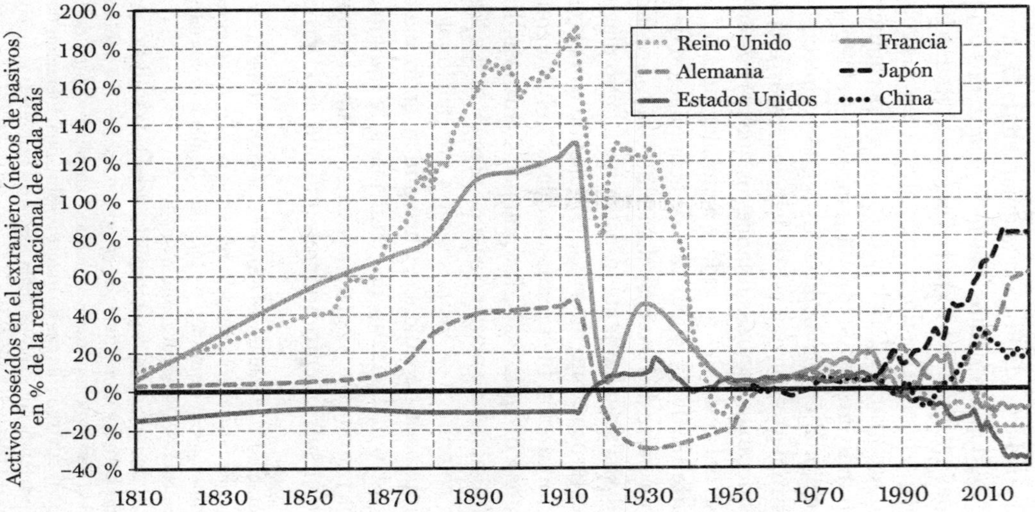

Interpretación: Los activos extranjeros netos, es decir, la diferencia entre los activos poseídos en el extranjero por propietarios residentes en el país (incluido el Gobierno) y los activos poseídos en ese país por propietarios del resto del mundo, ascendían en 1914 al 191 por ciento de la renta nacional en el Reino Unido y al 125 por ciento en Francia. En 2020, los activos netos en el extranjero equivalen al 82 por ciento de la renta nacional en Japón, al 61 por ciento en Alemania y al 19 por ciento en China.
Fuentes y series: Véase <piketty.pse.ens.fr/egalite>.

Estas inversiones internacionales generaban ingresos considerables (beneficios, dividendos, intereses, alquileres, cánones) a sus propietarios: el equivalente a un 5 por ciento de renta nacional adicional en el caso de Francia (similar a toda la producción industrial de los departamentos más industrializados del norte y del este del país) y cerca del 10 por ciento en el Reino Unido.[165] Esto es lo que permitió a las dos principales potencias coloniales del momento registrar un déficit comercial casi permanente con el resto del mundo entre 1880 y 1914 (entre el 1 y el 2 por ciento de la renta nacional en promedio): los ingresos procedentes de los activos extranjeros cubrían ese déficit con creces, a la vez que dejaban considerables recursos financieros que permitían seguir apoderándose del resto del mundo y acumular nuevos activos. De hecho, entre 1880 y 1914, el ritmo de acumulación de activos extranjeros por parte de Francia y del Reino Unido era tan excesivo que resultaba sencillamente insostenible a largo plazo tanto por razones externas como internas. En relación con el resto del mundo, la acumulación fue tan rápida que, si hubiera continuado durante unas décadas más, las potencias europeas habrían estado en condiciones de poseer casi todo el planeta. La lógica de la extracción colonial y de las posesiones internacionales iba a menudo acompañada de violencia y brutalidad, en forma de trabajo casi forzoso o mal pagado, de condiciones de trabajo degradadas, de discriminación y, generalmente, de una indiferencia notable hacia el sufrimiento humano infligido en el proceso.[166]

165. La contabilidad monetaria es expresiva, pero subestima la escala real de la extracción colonial, que sólo puede comprenderse adecuadamente con un enfoque multidimensional expresado en términos de flujos materiales (algodón, madera, aceite, etc.). Véase el capítulo 3.

166. Véase el capítulo 4. La hambruna irlandesa de 1845-1848 (alrededor de un millón de muertos y 1,5 millones de emigrantes sobre una población inicial de 8 millones) ha sido comparada a menudo con la hambruna de Bengala de 1943-1944 (unos cuatro millones de muertos sobre una población de 50 millones). Tanto en Irlanda como en Bengala, las élites británicas eran conscientes de los acontecimientos y se negaron a tomar las medidas necesarias para evitar la tragedia, en algunos casos con el objetivo casi explícito de la regulación maltusiana de una población pobre y, además, rebelde. La hambruna irlandesa alimentó un profundo resentimiento contra los terratenientes ingleses en las

La situación sólo podía contribuir a alimentar movimientos de liberación nacional y a favorecer su victoria final, algo que los dos conflictos mundiales no hicieron sino acelerar.

En el seno de Europa, la magnitud de los flujos financieros y de los beneficios era bien conocida, y los activos coloniales eran objeto de una competencia y una rivalidad cada vez más intensas.[167] Alemania, que se había convertido en la primera potencia demográfica e industrial del continente a finales del siglo XIX y principios del XX, poseía muchos menos activos extranjeros que el Reino Unido y Francia. La crisis marroquí de 1911 estuvo a punto de provocar el estallido de las hostilidades, pero Alemania acabó aceptando el acuerdo franco-británico de 1904 sobre Marruecos y Egipto, al mismo tiempo que obtenía una compensación en Camerún. Eso pospuso la guerra unos años. Hasta la siguiente chispa, que fue la definitiva.

El estallido de las hostilidades provocó el colapso de los activos extranjeros. Las posesiones británicas y francesas se recuperaron en parte durante la década de 1920, en parte gracias al reparto de los activos coloniales alemanes, pero desaparecieron definitivamente tras la Segunda Guerra Mundial. Entre 1914 y los años 1950-1960, las posesiones internacionales más importantes de la historia desaparecieron por completo (véase el gráfico 6.7). Esto se debió, en parte, a una serie de expropiaciones tras los procesos revolucionarios y las guerras de independencia. Tras la Revolución de 1917, el nuevo Estado soviético decidió repudiar todas las deudas acumuladas por el régimen zarista. Una expedición militar dirigida por el Reino Unido, Francia y Estados Unidos desembarcó en el norte de Rusia en 1918-1920, con la esperanza de sofocar la revolución, pero sin éxito. A finales de dicho período, en 1956, Egipto decidió nacionalizar el canal de Suez, que ha-

---

décadas siguientes, seguido de un poderoso movimiento de ocupación de tierras y de rechazo al pago de rentas, que finalmente condujo a la redistribución de tierras y, luego, a la independencia del país.

167. En su clásico libro de 1916, *El imperialismo, fase superior del capitalismo,* Lenin había movilizado naturalmente las estadísticas de inversión financiera disponibles en la época para mostrar la enormidad de la persecución de recursos entre las potencias coloniales rivales.

bía estado generando sólidos dividendos a los accionistas franco-británicos desde su construcción en 1869. El Reino Unido y Francia volvieron a plantearse una operación militar, como habían hecho tantas veces en el pasado. Pero esta vez fueron abandonados por Estados Unidos, que no podía arriesgarse a dejar que los países del sur cayeran uno a uno en manos de la Unión Soviética. Las potencias coloniales dejaron de existir.

Además de las expropiaciones, las propias guerras costaron caras a los grandes propietarios europeos. Para financiar los combates, de una violencia sin precedentes, los tenedores de activos extranjeros vendieron una proporción cada vez mayor de sus activos para financiar a sus Estados que, como es natural, prometieron devolver las deudas hasta el último céntimo después de la guerra, promesa que nunca iban a poder cumplir. Tras la Primera Guerra Mundial, con la esperanza de rescatar a sus grandes propietarios, el Estado francés impuso a Alemania una deuda de un montante increíble en el Tratado de Versalles: alrededor del 300 por ciento de la renta nacional alemana, en un momento en que el país estaba arrodillado. Obsérvese que es aproximadamente la misma proporción de renta nacional que la deuda impuesta a Haití en 1825, con la diferencia de que Alemania tenía medios para salir adelante. Para las autoridades francesas, la cantidad estaba justificada: en 1871, Francia había tenido que pagar el equivalente al 30 por ciento de su renta nacional a Alemania, y los daños causados por los combates de 1914-1918 habían sido mucho mayores. En realidad, se había llegado al punto de ruptura del sistema. En *Mein Kampf*, escrito en 1924 mientras las tropas francesas ocupaban el Ruhr para recuperar sus posesiones, Hitler se refiere constantemente a este infame tributo, impuesto además por un pueblo en declive demográfico, y concluye que sólo la formación de un poder supraestatal permitirá al pueblo alemán levantar cabeza y forjar por fin un imperio colonial a su altura.[168] La crisis de 1929 y, posteriormente, los

168. Junto con el antisemitismo enfermizo, la otra gran obsesión del texto se refiere a las «hordas de negros» que los ocupantes franceses habían llevado al Rin. Hitler conjeturaba que los franceses se preparaban para eliminar «los

combates de la Segunda Guerra Mundial acabarían por provocar el colapso definitivo de los activos coloniales y de las potencias propietaristas y colonialistas que habían dominado el mundo hasta 1914.

Europa se reconstruye gracias a la cancelación de deudas públicas

En 1945-1950, los principales Estados europeos se encontraron con una enorme deuda pública: entre el 200 y el 300 por ciento de la renta nacional (véase el gráfico 6.8). Gran parte de esa deuda era la traducción, treinta años después, de los activos extranjeros que se habían ido vendiendo para financiar las guerras (véase el gráfico 6.7). La mayoría de los países optaron entonces por no reembolsar dichas deudas y orientarse a otras prioridades económicas y sociales, combinando tres series de medidas ya probadas tras el primer conflicto mundial: cancelaciones totales, inflación y gravámenes excepcionales sobre la riqueza privada. En Francia, la inflación superó el 50 por ciento anual durante cuatro años consecutivos, de 1945 a 1948. La deuda pública se desmoronó con la misma rotundidad que una fábrica se viene abajo por un bombardeo. El problema fue que también se arruinaron millones de pequeños ahorradores, mientras que las personas más adineradas que habían canjeado a tiempo sus títulos de deuda pública por acciones o bienes inmuebles se vieron poco o nada afectadas. Eso contribuyó a agravar la pobreza endémica entre las personas mayores en la década de 1950, así como a generar un profundo sentimiento de injusticia. En Alemania occidental, donde el recuerdo traumático de la hiperinflación de 1923 seguía vivo, se emplearon soluciones más sofisticadas. La reforma monetaria de 1948 canjeó las deudas de cien marcos an-

---

últimos restos de sangre franca» y que querían crear «un inmenso Estado mestizo que se extendería desde el Congo hasta el Rin». El miedo a la «gran sustitución» aparece ya unido al miedo hacia el gran mestizaje. Véase T. Piketty, *Capital e ideología*, *op. cit.*

Gráfico 6.8. La deuda pública: entre acumulaciones y anulaciones

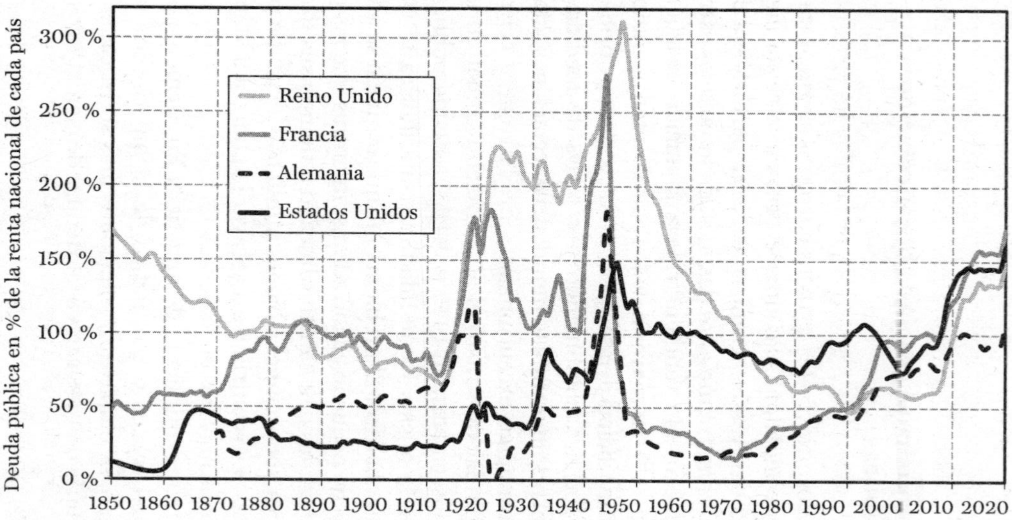

Interpretación: La deuda pública aumentó fuertemente tras las dos guerras mundiales, alcanzando entre el 150 por ciento y el 300 por ciento de la renta nacional en 1945-1950, para luego descender bruscamente en Alemania y Francia (cancelaciones de deuda, impuestos excepcionales sobre la riqueza privada, alta inflación), y más gradualmente en el Reino Unido y Estados Unidos. El endeudamiento volvió a aumentar bruscamente tras las crisis financiera y epidémica de 2008 y 2020.
Nota: No se tiene en cuenta aquí la deuda alemana resultante del Tratado de Versalles (1919), que ascendía a más del 300 por ciento de la renta nacional de la época, cuyo reembolso nunca tuvo lugar realmente.
Fuentes y series: Véase <piketty.pse.ens.fr/egalite>.

tiguos por deudas de un marco en la nueva moneda, a la vez que aplicaba una escala para proteger a los pequeños ahorradores. La deuda desapareció sin causar inflación. En 1952, el Bundestag adoptó un régimen de «compensación de cargas» (*Lastenausgleich*, en alemán) consistente en una tasa de hasta el 50 por ciento sobre los activos financieros, profesionales e inmobiliarios más elevados (fuera cual fuera su naturaleza), para financiar compensaciones a los pequeños y medianos patrimonios afectados por la destrucción de la guerra y por la reforma monetaria. El sistema distaba mucho de ser perfecto, pero movilizó sumas considerables (alrededor del 60 por ciento de la renta nacional alemana, con pagos distribuidos a lo largo de treinta años) y constituyó un intento ambicioso y en gran medida exitoso de reconstrucción del país sobre una base de justicia social.[169] Alemania también se benefició de una condonación de su deuda externa en la Conferencia de Londres de 1953, lo cual contribuyó a aumentar el margen disponible para la reconstrucción, el gasto social y la inversión en infraestructuras y en formación.[170] En Japón, una exacción excepcional aplicada en 1946-1947 alcanzó el 90 por ciento en las carteras más importantes y permitió también una liquidación acelerada de las cuentas de guerra.[171]

En retrospectiva, estas políticas fueron un gran éxito, en el sentido de que permitieron deshacerse de las deudas del pasado en pocos años para así encarar el futuro y la reconstrucción. Si las deudas hubieran tenido que ser reembolsadas por medios ordinarios, sin cancelaciones ni inflación, sin gravámenes excep-

169. Véase el apasionante libro de M. L. Hughes, *Shouldering the burdens of defeat: West Germany and the reconstruction of social justice*, University of North Carolina Press, Chapel Hill, 1999. Véase también S. Bach, «Die linke capital levy: revenue and distributional effects», DIW, 2020, para una comparación estimulante con una propuesta similar debatida recientemente en el Bundestag para extinguir la deuda generada por la crisis de la COVID-19.

170. La deuda exterior fue suspendida en 1953, antes de ser definitivamente anulada con motivo de la reunificación alemana en 1991. Véase G. Galofré-Vila, C. Meissner y D. Stuckler, «The economic consequences of the 1953 London debt agreement», *European Review of Economic History*, 2018.

171. Véase T. Piketty, *Capital e ideología*, *op. cit.*

cionales sobre el capital privado, con superávits presupuestarios acumulados año tras año, todavía seguiríamos en ello hoy, a principios de la década de 2020, pagando intereses a los herederos de los activos coloniales y nacionales anteriores a 1914. La estrategia de reembolsar a los rentistas a largo plazo fue empleada por el Reino Unido en el siglo XIX, si bien bajo un régimen censitario.[172] Es difícil imaginar qué Gobierno podría haber impuesto la misma estrategia tras la guerra o incluso en las décadas siguientes. Pese a todo, conviene no olvidar que las decisiones tomadas en 1945-1950 supusieron importantes luchas políticas y fueron muy discutidas. El hecho es que la liquidación de los activos internacionales y la deuda pública, tras un largo y conflictivo proceso, desempeñó un papel importante en la reducción de las desigualdades de renta y de riqueza y en la «gran redistribución» que tuvo lugar entre 1914 y 1980.

172. La deuda británica superó el 200 por ciento de la renta nacional en 1815. Fue saldada con un siglo de superávits presupuestarios (del 2-3 por ciento de la renta nacional entre 1815 y 1914, soportado por el total de contribuyentes en beneficio de la clase propietaria, en una época en la que la inversión educativa apenas suponía el 1 por ciento de la renta nacional), sin llegar a extinguirse por completo. Véase ibídem, y V. Amoureux, «Public debt and its unequalizing effects: explorations from the British experience», PSE, 2014.

Capítulo 7

Democracia, socialismo y fiscalidad progresiva

Dirijamos ahora la mirada al futuro. La «gran redistribución» de 1914-1980, que no fue una sinecura ni una cena de gala, nos ha dejado lecciones valiosas. La principal es que el Estado social y la fiscalidad progresiva son herramientas poderosas para transformar el capitalismo. El movimiento hacia la igualdad sólo puede reanudarse si esas instituciones son objeto de una amplia movilización y apropiación colectiva. También es crucial apreciar las limitaciones de lo que esas instituciones lograron en el siglo XX y el porqué de su debilitamiento desde 1980. Insistiré aquí, en particular, en el papel nocivo jugado por la liberalización financiera y la libre circulación de capitales, así como en las conclusiones estratégicas que se imponen para salir de ese marco.

Los límites de la igualdad: la hiperconcentración de la propiedad

Para empezar, es necesario recordar el alcance limitado de los avances igualitarios que tuvieron lugar durante el pasado siglo XX. El hecho más llamativo es la persistencia de una hiperconcentración de la propiedad (véase el gráfico 7.1). En Europa se observa, sin duda, la emergencia de una «clase media patrimo-

Gráfico 7.1. La persistencia de la hiperconcentración de la propiedad

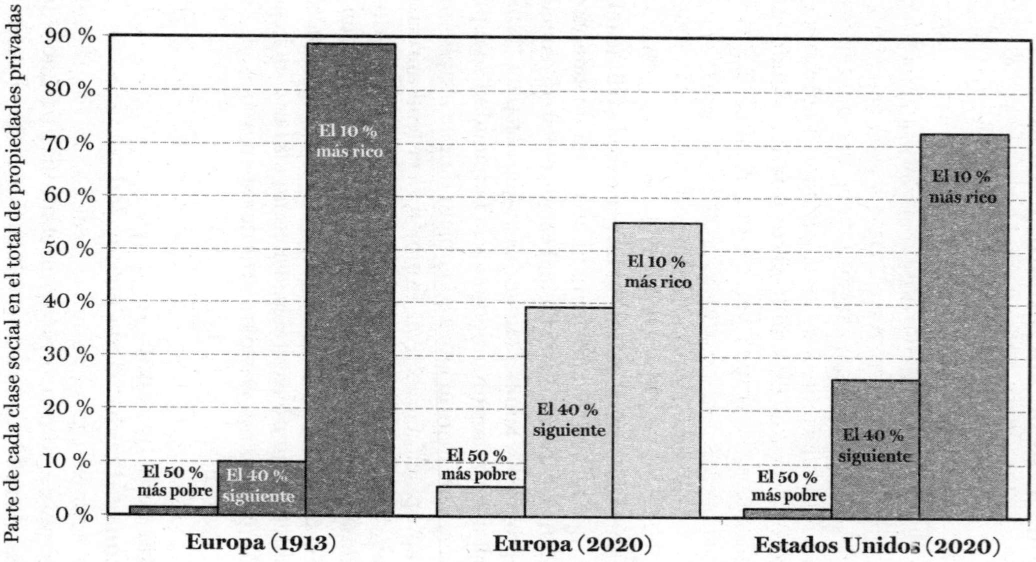

Interpretación: La participación del 10 por ciento más rico en el total de la propiedad privada era del 89 por ciento en Europa (promedio del Reino Unido, Francia y Suecia) en 1913 (frente al 1 por ciento del 50 por ciento más pobre), del 56 por ciento en Europa en 2020 (frente al 6 por ciento del 50 por ciento más pobre), y del 72 por ciento en Estados Unidos en 2020 (frente al 2 por ciento del 50 por ciento más pobre).
Fuentes y series: Véase <piketty.pse.ens.fr/egalite>.

nial». El 40 por ciento intermedio de la población, entre el 50 por ciento más pobre y el 10 por ciento más rico, poseía poco más del 10 por ciento de la propiedad total en 1913, frente al 40 por ciento que posee en 2020, sobre todo en forma de bienes inmuebles.[173] Sin embargo, en la Europa de 2020, el 50 por ciento más pobre sigue sin poseer nada verdaderamente tangible (comparten entre ellos el 5 por ciento de la propiedad total), mientras que el 10 por ciento más rico posee el 55 por ciento del total. En otras palabras, los primeros tienen una riqueza media más de 500 veces inferior a la de los segundos (su porcentaje sobre la propiedad total es más de 10 veces inferior, siendo el número de personas en su grupo 5 veces superior). En Estados Unidos, la situación es aún más extrema: el 50 por ciento más pobre de la población apenas posee el 2 por ciento del total en 2020, frente al 72 por ciento del 10 por ciento más rico y el 26 por ciento de la clase media patrimonial. En términos de concentración de la propiedad, los Estados Unidos de 2020 se encuentran en una posición intermedia entre la Europa de 1913 y la Europa de 2020, y tienden a acercarse a la primera.

Resulta sorprendente cómo Estados Unidos y Europa han invertido sus posiciones relativas en términos de desigualdad a lo largo del siglo xx (véase el gráfico 7.2). A principios de siglo, la concentración de la propiedad en Europa era mayor que en Estados Unidos. Las fortunas europeas estaban vinculadas sobre todo con los activos coloniales e internacionales (Reino Unido, Francia) y con sistemas sociopolíticos desigualitarios y censitarios (Suecia). Cuando podían, las clases populares emigraban a Estados Unidos en búsqueda de mejores salarios. La situación se invirtió después de dos guerras mundiales, además de movilizaciones sindicales y políticas, que impusieron nuevas reglas y transformaron la faz del Viejo Continente. En Europa se desarrolló un Estado social más amplio y ambicioso, lo que llevó a una mayor reducción de la desigualdad que en Estados Unidos. Ambas trayectorias se cruzaron en 1960-1970, y la diferencia viene ampliándose en el sentido opuesto desde 1980. La clase

173. Véase el capítulo 2, gráfico 2.2.

Gráfico 7.2. La propiedad en Europa y en Estados Unidos (1900-2020): nacimiento y fragilidad de una clase media patrimonial

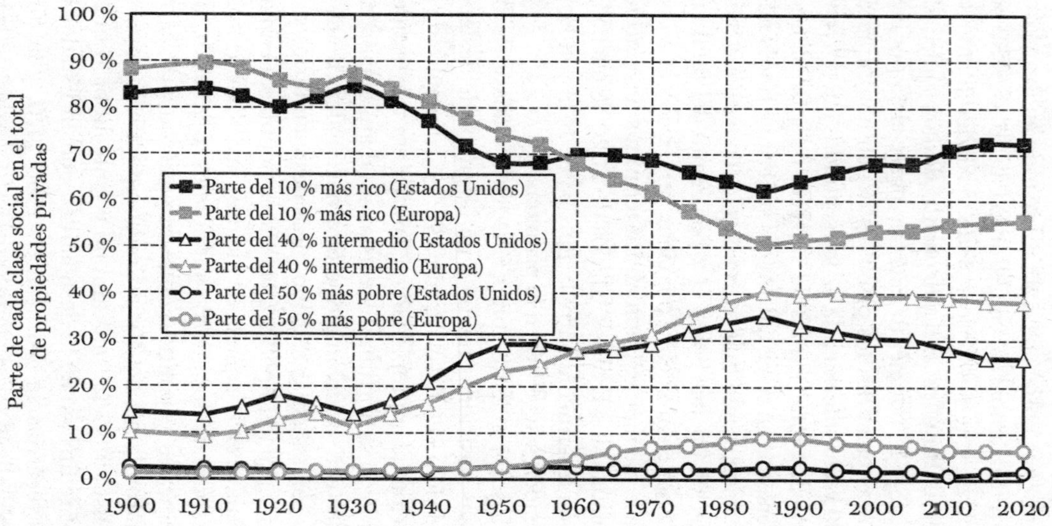

Interpretación: Tanto en Europa como en Estados Unidos, entre 1914 y 1980 se produjo un fuerte descenso del peso del 10 por ciento más rico en el total de la propiedad privada (bienes inmuebles, activos profesionales y financieros, netos de deudas), principalmente en beneficio del 40 por ciento situado entre el 10 más rico y el 50 más pobre. Esa tendencia se ha invertido parcialmente entre 1980 y 2020, sobre todo en Estados Unidos.
Fuentes y series: Véase <piketty.pse.ens.fr/egalite>.

media patrimonial de Estados Unidos, que estaba casi al mismo nivel que su homóloga europea a principios de la década de 1980, ha visto cómo su participación en la riqueza total del país se ha reducido en más de una cuarta parte entre 1985 y 2020, mientras que la parte del 50 por ciento más pobre sigue reduciéndose a niveles cada vez menores. En Europa, el aumento de la desigualdad de riqueza ha sido menos marcado, pero también se ha producido un debilitamiento gradual de la posición relativa del 40 por ciento intermedio y, sobre todo, del 50 por ciento más pobre (que partía desde muy atrás). Ningún país, ningún continente está en condiciones de presumir o dar lecciones. En casi todas partes, la desregulación económica y financiera en curso desde la década de 1980 ha favorecido a las mayores carteras financieras y apenas ha beneficiado a los más pobres, que a menudo se han visto abocados al sobreendeudamiento.

Se observa una tendencia similar en la desigualdad de ingresos, que también ha aumentado desde 1980, con bastante más intensidad en Estados Unidos (véase el gráfico 7.3). Una vez más, todos los datos disponibles sugieren que esta evolución se explica por una serie de retrocesos políticos en las esferas social, fiscal, educativa y financiera. Al otro lado del Atlántico, la virulencia de las políticas antisindicales y el desplome del salario mínimo federal estadounidense (que, a base de mordiscos inflacionarios, ha pasado de casi 11 dólares por hora a 7,2 dólares por hora entre 1970 y 2020, y el cual muchos políticos demócratas querrían subir hoy) han sido decisivos en la caída de las rentas más bajas. La toma en consideración de las transferencias en especie, vinculadas en particular a los seguros públicos de enfermedad (Medicare y Medicaid), sólo atenúa ligeramente este diagnóstico.[174] El fortísimo aumento de las fortunas más altas y la explosión de las remuneraciones de los altos ejecutivos, especialmente acusadas en Estados Unidos, se explican, en concreto, por el debilitamiento de la fiscalidad progresiva, que alcanzó su punto álgido al otro lado del Atlántico entre 1932 y 1980, antes de cambiar de sentido con el mismo vigor tras la movilización orquestada por la «revo-

174. Véase *Capital e ideología*, *op. cit.*, gráficos 11.5-11.10.

Gráfico 7.3. La desigualdad de renta: Europa y Estados Unidos (1900-2020)

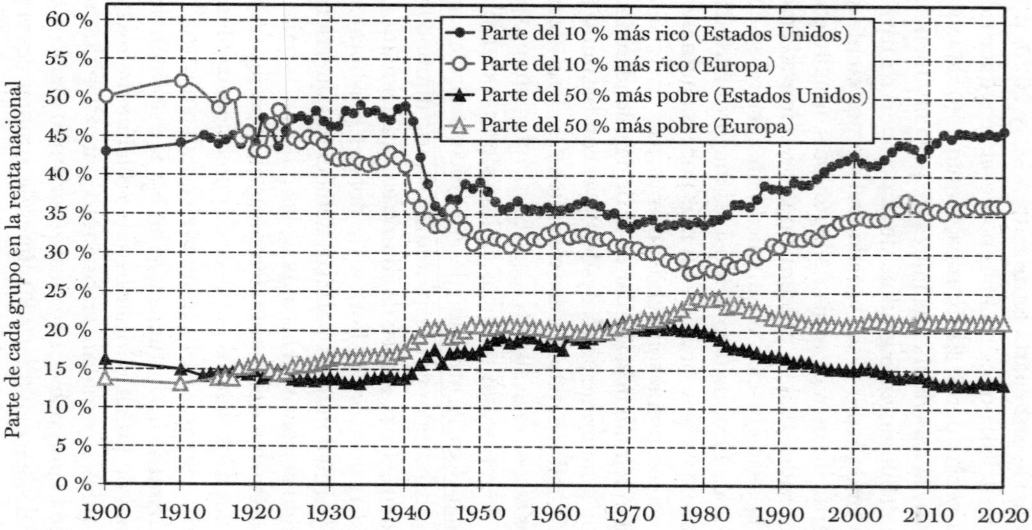

Interpretación: En Europa, la desigualdad de ingresos ha vuelto a aumentar desde 1980, aunque se mantiene en niveles mucho más bajos que en 1900-1910. El aumento de la desigualdad ha sido mucho más fuerte en Estados Unidos. En ambos casos, la desigualdad se ha mantenido en todo caso muy alta: siendo cinco veces menos numerosos, el 10 por ciento más rico sigue recibiendo una parte mucho mayor de la renta total que la que recibe el 50 por ciento más pobre.

Nota: Los datos de Europa son la media del Reino Unido, Francia, Alemania y Suecia.

Fuentes y series: Véase <piketty.pse.ens.fr/egalite>.

lución conservadora» de la década de 1980. En Europa, el Estado social y fiscal ha tenido más éxito a la hora de contener el aumento de la desigualdad. La parte del 10 por ciento más rico pasó del 52 por ciento de la renta total en 1910 al 28 por ciento en 1980, para situarse en el 36 por ciento en 2020. La del 50 por ciento más pobre pasó del 13 por ciento en 1910 al 24 por ciento en 1980, antes de volver a caer al 21 por ciento en 2020. En todo caso, la desigualdad de ingresos es significativamente menor en 2020 que en 1910, y todo ello con un aumento considerable de la renta media en el último siglo. Una vez más, esto no debe ocultar el hecho de que la desigualdad sigue siendo muy alta en términos absolutos.

Las sociedades europeas nunca han dejado de ser sociedades muy jerarquizadas, y el abanico de disparidades materiales ha empezado a ampliarse de nuevo de forma significativa en las últimas décadas. Los avances logrados deben servir para alimentar nuevos progresos, no para alimentar la autocomplacencia que con demasiada frecuencia sirve de excusa para tantas hipocresías y renuncias.

Estado social y progresividad fiscal: una transformación sistémica del capitalismo

Para proseguir la marcha hacia la igualdad, el camino más natural parece claro: es necesario profundizar y generalizar las instituciones que han promovido la igualdad, el progreso humano y la prosperidad durante el siglo xx, empezando por el Estado social y la fiscalidad progresiva. No obstante, para avanzar en esa dirección, es esencial comprender bien las limitaciones de dichas instituciones, así como los factores que las han debilitado desde 1980. Entre 1914 y 1980, fueron las luchas sociales y políticas las que permitieron el cambio institucional. Sin una potente movilización social y colectiva en favor de una nueva etapa, ésta no se producirá. La influencia de la revolución thatcheriana desde la década de 1980 no se ha debido únicamente a su amplio apoyo entre las clases dirigentes y a una poderosa red de influencia a través de los medios de comunicación, los *think tanks* y la financiación política (aunque estos factores han desempeñado obviamente un papel). También se ha debido a las debilidades de la coalición igualitaria, que no ha logrado construir una narrativa alternativa ni apoyarse en una movilización popular suficientemente fuerte en defensa del Estado social y la fiscalidad progresiva.

Por eso, lo más importante en este estadio es tratar de reconstruir esa narrativa y mostrar que el Estado social y la fiscalidad progresiva constituyen una transformación sistémica del capitalismo. Llevadas al fondo de su lógica, estas instituciones suponen un paso esencial hacia una nueva forma de socialismo democrático, descentralizado y autogestionado, ecológico y mestizo, que permite estructurar el mundo de otra manera más emancipadora e igualitaria que la actual. Históricamente, el movimiento socialista y comunista se construyó a partir de un programa político sustancialmente diferente al actual, a saber, la propiedad estatal de los medios de producción y la planificación central, programa que fracasó y no fue realmente sustituido por uno alternativo. A su lado, el Estado social y, sobre todo, la fiscalidad progresiva se consideran a menudo formas «blandas» de socialismo, incapaces de desafiar la lógica profunda del capitalismo. Antes de la Primera Guerra Mundial, la fiscalidad progresiva era apoyada en Francia por el Partido Radical, que defendía una «reforma social respetando la propiedad privada». Los socialistas se mostraron escépticos ante una reforma que se limitaba a reducir *a posteriori* las desigualdades producidas por el sistema capitalista, sin llegar realmente al corazón del proceso de producción y sin poner en cuestión las relaciones sociales que allí se dan, y que, por tanto, corría el riesgo de adormecer la marcha de los trabajadores hacia la revolución proletaria. Este origen histórico y aquellos debates siguen presentes en gran medida en el imaginario colectivo. En mi opinión es urgente cuestionarlos, por varias razones.

En primer lugar, todo depende obviamente del grado de progresividad fiscal. No es lo mismo un impuesto progresivo con un tipo máximo del 2 por ciento que un impuesto progresivo con tipos de hasta el 90 por ciento. La experiencia del siglo XX ha demostrado que es posible aplicar con éxito tipos cuasiconfiscatorios en la parte superior de la distribución de la riqueza, si bien esa lección histórica fundamental sigue siendo poco conocida. En segundo lugar, la cuestión de la fiscalidad progresiva debe considerarse de forma consustancial al Estado social. La construcción del Estado social, que, como hemos visto, ha dado lugar a un fuerte movimiento de socialización de la riqueza durante el siglo XX (los ingresos públicos han pasado de menos del 10 por ciento de la renta nacional antes de 1914 a alrededor del 40-50 por ciento desde las décadas de 1980 y 1990 en los principales países europeos), ha demostrado que es perfectamente posible organizar amplios sectores de actividad al margen de la lógica de mercado, especialmente en la sanidad y la educación, pero también en la cultura, los transportes, la energía, etc. Nadie puede decidir de antemano hasta dónde llegará este proceso, ya se trate de la lista de sectores afectados, de las futuras formas de organización descentralizada y participativa en diferentes sectores (hospitales y centros de salud, escuelas y universidades, asociaciones y fundaciones, administraciones públicas y autoridades territoriales, cooperativas y administración local, etc.), o de la extensión y la naturaleza del proceso en sí (quizá algún día alcance el 60 o 70 por ciento de la renta nacional, o incluso más).[175] Sin embargo, lo que parece seguro es que es imposible plantearse una nueva etapa de socialización de la riqueza, si no se consigue restable-

175. El debate sobre las formas organizativas que mejor concilian descentralización y regulación en los distintos sectores del Estado social es interminable y sólo puede ser esbozado aquí. En el ámbito de la sanidad, el sistema público-liberal al estilo francés suele considerarse un mejor compromiso que el modelo estatal al estilo británico. Esto puede ser en parte así, siempre que haya una regulación real del número de procedimientos y de los ingresos de los médicos. En la enseñanza superior, la autonomía institucional y la descentralización son probablemente buenas, siempre que exista un sistema adecuado de financiación pública. En el ámbito de la cultura, el estatuto de los trabajadores intermitentes del espectáculo incluye elementos interesantes, siempre que la financiación sea adecuada y se asuma como política cultural. En materia de agua, energía o transporte, las nuevas formas de gestión municipal desarrolladas en varias ciudades europeas y del mundo son ricas en enseñanzas, etc.

cer la certeza de que el sistema de financiación colectiva parte de una concepción exigente de la justicia fiscal y social. Sin una contribución probada y verificable de las rentas y de las riquezas más altas, y por tanto sin una auténtica renovación de la fiscalidad progresiva, no es concebible una nueva etapa en la construcción del Estado social y en el proceso histórico de desmercantilización.

La fiscalidad progresiva tal y como ha funcionado en la práctica durante el siglo xx no sólo ha permitido distribuir de forma más equitativa los gravámenes exigidos a los distintos tipos de renta y de riqueza, sino también limitar de forma significativa las desigualdades antes de impuestos. El papel en términos de predistribución y no sólo de redistribución ha sido absolutamente central y muestra hasta qué punto la fiscalidad progresiva es también una forma de intervención en el corazón mismo del proceso de producción, en conjunción, por supuesto, con otras instituciones, como los derechos sindicales o la presencia de trabajadores en los consejos de administración. Conviene señalar que la drástica reducción de la escala salarial que la fiscalidad progresiva ha hecho posible (en particular, los tipos del 80 o 90 por ciento aplicados a las rentas más altas) es también un requisito previo para competir en igualdad de condiciones con el sector de la economía de mercado. Que las empresas del capitalismo digital paguen sueldos extravagantes para captar a los mejores informáticos del mercado supone una gran dificultad para los organismos públicos encargados de regular el sector (a no ser que estos últimos opten, a su vez, por alimentar una carrera que conduciría a diferencias salariales todavía mayores). Lo mismo ocurre en el sector financiero o jurídico. Reducir los salarios a una escala de uno a cinco, en lugar de uno a veinte o uno a cien, no es sólo una cuestión de justicia distributiva, también es una cuestión de eficiencia para la regulación pública y el desarrollo de modos alternativos de organización económica.

Por último, es necesario tener en cuenta las limitaciones de lo que el Estado social y la fiscalidad progresiva han conseguido en cuanto a reducción de las desigualdades de renta y, sobre todo, de riqueza, y se precisa encontrar la manera de superarlas. En lo que respecta a la disparidad de ingresos, ya hemos señalado que su aumento desde 1980 se explica en parte por el debilitamiento de la progresividad, y difícilmente podría justificarse por razones de incentivos o de eficiencia (ya que la desigualdad de rentas ha venido acompañada, al contrario, de una reducción a la mitad del crecimiento económico). La vuelta a una mayor progresividad fiscal permitiría reducir de nuevo la brecha salarial. Dicha acción tendría que estar acompañada de muchas otras herramientas, en particular en lo que respecta a la igualdad de acceso a la formación y al poder de negociación de los trabajadores y sus representantes. Los sistemas de renta mínima que existen actualmente en la mayoría de los países europeos también adolecen de múltiples deficiencias, sobre todo en cuanto al acceso de los más jóvenes y de los estudiantes, así como de las personas sin hogar o sin cuenta bancaria. Por otra parte, es imprescindible generalizar la renta mínima a las personas con salarios y rentas de trabajo más bajas, a través de un sistema de ingreso automático en las nóminas y cuentas bancarias, sin que nadie tenga que solicitarlo, en conexión con el sistema fiscal progresivo (también deducido en origen). Hay que destacar igualmente que la modesta cuantía prevista para la renta mínima, en general entre la mitad y las tres cuartas partes del SMI, en función de la propuesta considerada, hace que esta herramienta sea limitada, por construcción, para luchar contra la desigualdad. Permite fijar un suelo, algo que es esencial, pero sólo si se va más allá.[176]

Una herramienta más ambiciosa que podría aplicarse como complemento a la renta mínima es el sistema de garantía de empleo propuesto recientemente en el contexto de los debates sobre el Green New Deal. La idea es ofrecer a todas las personas

176. Dada su cuantía limitada y minimalista, en mi opinión es más apropiado hablar de «renta mínima» que de «renta universal». Sobre el pago automático de la renta mínima en las nóminas, véase P.-A. Muet, *Un impôt juste, c'est possible*, Seuil, París, 2018. Este sistema permite, asimismo, defender el estatus salarial y combatir su fragmentación.

que lo deseen un trabajo a tiempo completo con un salario mínimo fijado en un nivel digno (15 dólares por hora en Estados Unidos). La financiación correría a cargo del Estado federal y los puestos de trabajo serían ofertados por las agencias de empleo público en los sectores público y asociativo (municipios, comunidades, organizaciones sin ánimo de lucro). Situado bajo el doble patrocinio de la Second Bill of Rights (Segunda Carta de Derechos), proclamada por Roosevelt en 1944, y de la Marcha sobre Washington por el Trabajo y la Libertad, organizada por Martin Luther King en 1963, un sistema de este tipo podría contribuir poderosamente al proceso de desmercantilización y redefinición colectiva de las necesidades, sobre todo en los ámbitos de los cuidados personales, la transición energética y la renovación de edificios.[177]

Propiedad y socialismo: la cuestión de la descentralización

Pasemos ahora a la cuestión de la desigualdad de riqueza y el régimen de propiedad. Desde el punto de vista del largo plazo, lo que más llama la atención es la persistencia de la hiperconcentración de la propiedad. En concreto, el 50 por ciento más pobre de la población apenas ha poseído nada sustancial. La idea de que basta con esperar a que el crecimiento distribuya la riqueza no tiene mucho sentido: si fuera así, ya habríamos visto los efectos hace tiempo. La solución más natural al estado actual de las cosas sería concebir un sistema de redistribución de las sucesiones que permitiera a toda la población recibir una herencia mínima (véase el gráfico 7.4). Como referencia, para fijar conceptos, esta herencia mínima podría ser igual al 60 por ciento del patrimonio medio por adulto (aproximadamente

177. Véase P. Tcherneva, *La garantie d'emploi: l'arme sociale du Green New Deal*, La Découverte, París, 2021. Véase también el sistema de garantía de empleo propuesto por T. Atkinson, *Desigualdad: ¿qué podemos hacer?*, Fondo de Cultura Económica, Ciudad de México, 2016.

Gráfico 7.4. La redistribución de las herencias

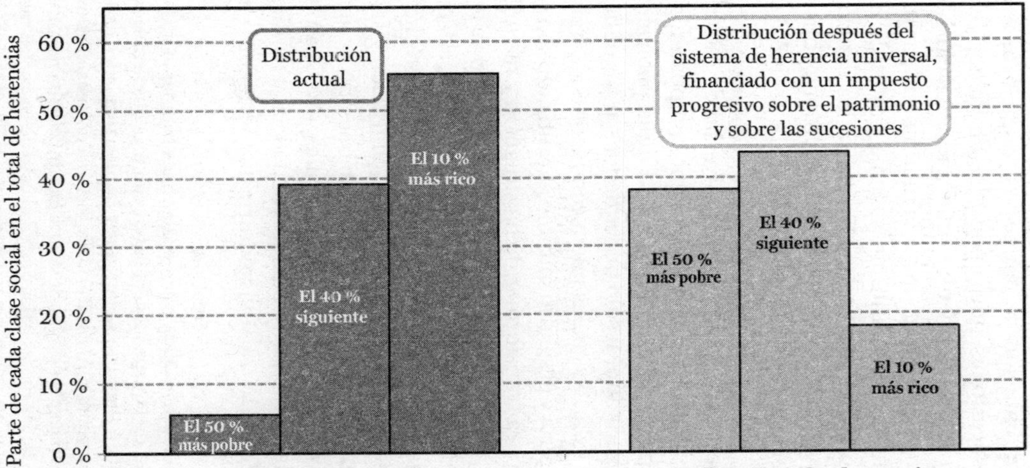

Interpretación: La parte del 50 por ciento más pobre en el total de herencias es del 6 por ciento en Europa en 2020, frente al 39 por ciento del 40 por ciento intermedio y el 55 por ciento del 10 por ciento más rico. Tras la aplicación del sistema de herencia universal (herencia mínima igual al 60 por ciento del patrimonio medio, recibida a los 25 años), financiada con un impuesto progresivo sobre el patrimonio y las sucesiones, sería del 36 por ciento (frente al 45 por ciento y el 19 por ciento).
Nota: Los datos de Europa son la media del Reino Unido, Francia y Suecia.
Fuentes y series: Véase <piketty.pse.ens.fr/egalite>.

120.000 euros si la media se sitúa en torno a los 200.000 euros, en el caso actual de Francia), pagadera a todos los adultos a la edad de 25 años. Esta dotación de capital podría financiarse mediante una combinación de impuestos progresivos sobre el patrimonio y las sucesiones, que supondrían alrededor del 5 por ciento de la renta nacional, mientras que la financiación del Estado social y ecológico (incluida la renta mínima y la garantía de empleo) se financiaría mediante un sistema unificado de impuesto progresivo sobre la renta que incluiría las cotizaciones sociales y una «tarjeta-carbono» individual, lo que supondría, en total, alrededor del 45 por ciento de la renta nacional (véase la tabla 7.1).

El primer objetivo de una herencia universal de este tipo es aumentar el poder de negociación de quienes no poseen prácticamente nada (aproximadamente la mitad de la población). Si no tienes nada, o peor aún, si sólo tienes deudas, estás obligado a aceptar cualquier salario y cualesquiera condiciones de trabajo, o casi. La renta mínima y el salario mínimo garantizado son herramientas valiosas para transformar dicha situación y reequilibrar las relaciones de poder, aunque desgraciadamente no sean suficientes. El hecho de poseer 100.000 o 200.000 euros, además de la renta mínima, la garantía de empleo y los demás derechos asociados al Estado social más amplio posible (educación y sanidad gratuitas, pensiones de jubilación y prestaciones de desempleo altamente redistributivas, derechos sindicales, etc.), cambiaría sustancialmente la situación.[178] Cualquiera podría permitirse rechazar ciertas ofertas de trabajo, adquirir una vivienda, embar-

178. En cuanto a las pensiones, cabe señalar que el aumento de la esperanza de vida y el reto de la dependencia hacen aún más obsoleta la idea de que las pensiones deben limitarse a reproducir las desigualdades de la vida laboral hasta el último aliento. Al contrario, un sistema de pensiones unificado y renovado debería hacer todo lo posible para garantizar una mejor tasa de sustitución en el caso de las rentas bajas que en el caso de las rentas medias y altas, financiándose con un impuesto progresivo sobre el total de ingresos. Esta cuestión, entre otras, ilustra la necesidad de que la coalición igualitaria se dote de nuevos y ambiciosos programas y no se conforme con posturas defensivas.

Tabla 7.1. Circulación de la propiedad y progresividad fiscal

Impuesto progresivo sobre la propiedad (financiación de la dotación de capital —herencia universal— a los jóvenes de 25 años)		
Múltiplo del patrimonio medio	Impuesto anual sobre el patrimonio (tipo efectivo)	Impuesto sobre las sucesiones (tipo efectivo)
0,5	0,1 %	5 %
2	1 %	20 %
5	2 %	50 %
10	5 %	60 %
100	10 %	70 %
1.000	60 %	80 %
10.000	90 %	90 %

Impuesto progresivo sobre la renta (financiación de la renta mínima, de la garantía de empleo y del Estado social y ecológico)	
Múltiplo de la renta media	Tipo efectivo (incluyendo cotizaciones sociales y tarjeta-carbono)
0,5	10 %
2	40 %
5	50 %
10	60 %
100	70 %
1.000	80 %
10.000	90 %

Interpretación: El sistema fiscal propuesto incluye un impuesto progresivo sobre la propiedad (impuesto anual e impuesto de sucesiones) que financia una dotación de capital (herencia universal) a cada joven y un impuesto progresivo sobre la renta (incluyendo las cotizaciones sociales y la tarjeta-carbono individual) que financia la renta mínima y el Estado social y ecológico (sanidad, educación, pensiones, desempleo, energía, etc.). Este sistema de circulación de la propiedad es uno de los elementos constitutivos del socialismo participativo, junto con el reparto de los derechos de voto entre los trabajadores y los accionistas de las empresas.

Nota: En el ejemplo que aquí se presenta, el impuesto progresivo sobre la propiedad equivale a alrededor del 5 por ciento de la renta nacional (4 por ciento para el impuesto anual y 1 por ciento para el impuesto de sucesiones, los cuales permiten financiar una dotación de capital a los jóvenes de 25 años equivalente al 60 por ciento de la riqueza media) y el impuesto progresivo sobre la renta alrededor del 45 por ciento de la renta nacional (que permite financiar una renta mínima y un sistema de garantía de empleo, por importe equivalente al 5 por ciento de la renta nacional, y el Estado social y ecológico hasta el 40 por ciento de la renta nacional).

Fuente: Véase <piketty.pse.ens.fr/egalite>.

carse en un proyecto personal o crear una pequeña empresa. Esa libertad tiene todo para asustar a empresarios y propietarios, cuyos trabajadores perderían su docilidad, y para satisfacer a los demás.

Ahora bien, es necesario aclarar varios puntos. En primer lugar, las cifras aquí indicadas son puramente ilustrativas y podrían fijarse en niveles más ambiciosos. Con los valores considerados, quienes actualmente no heredan nada (aproximadamente el 50 por ciento más pobre) recibirían 120.000 euros, mientras que los que heredan 1 millón de euros (que corresponde a la herencia media recibida por el 10 por ciento más rico, con enormes disparidades) recibirían 600.000 euros tras la aplicación del sistema fiscal y de dotación de capital universal. Vemos que aún estamos muy lejos de la igualdad de oportunidades, un principio que a menudo se defiende a nivel abstracto y teórico, pero del que las clases privilegiadas desconfían como de la peste en cuanto se pretende llevar a la práctica de manera concreta. Sobre el papel, sería perfectamente posible (en mi opinión, deseable) ir mucho más allá en la redistribución de las herencias.

Téngase en cuenta también que el sistema de financiación propuesto aquí está basado en escalas impositivas similares a las que ya se aplicaron durante el siglo XX, con tipos que van desde un pequeño porcentaje cuando el patrimonio y la renta son inferiores a la media, hasta el 80-90 por ciento para las grandes fortunas y las rentas más altas. La principal novedad consiste en utilizar una escala similar en el caso del impuesto anual sobre el patrimonio, en lugar de únicamente en el impuesto sobre la renta y el impuesto sobre sucesiones.[179] Es algo absolutamente necesa-

179. Ya se han aplicado baremos muy progresivos a la propiedad en episodios históricos importantes (en la posguerra en Alemania y Japón, y también durante las reformas agrarias en muchos países), pero no como sistema permanente. La mayoría de los impuestos anuales permanentes sobre la riqueza han sido estrictamente proporcionales (como el impuesto sobre la *property tax* en Estados Unidos o la *taxe foncière* en Francia, prácticamente sin cambios desde finales del siglo XVIII, y que afectan tanto a los bienes inmuebles como a los activos empresariales, aunque sin ninguna progresividad ni consideración de los activos y pasivos financieros, y que movilizan una recaudación

rio si se quiere dar un impulso a la redistribución de la propiedad mayor del que se dio en el siglo xx. Aplicado y supervisado de manera adecuada, el impuesto anual sobre el patrimonio puede recaudar mucho más que el impuesto sobre sucesiones y puede distribuir mejor el esfuerzo en función de la capacidad de pago de cada contribuyente.[180] Lo ideal sería aplicar una escala específica a las dotaciones financieras de las fundaciones y otras organizaciones sin ánimo de lucro, para evitar una excesiva concentración de poder en un número reducido de entidades y permitir que estructuras menos ricas puedan desarrollarse.[181]

También es necesario dejar claro que la redistribución de la propiedad no basta por sí misma para superar el capitalismo. Si el objetivo fuera simplemente sustituir a los grandes propieta-

---

notable —alrededor del 2 por ciento de la renta nacional— con una distribución muy injusta), o bien impuestos poco progresivos (como los impuestos anuales sobre el patrimonio aplicados en la Europa germánica y nórdica durante la mayor parte del siglo xx o en Francia de forma intermitente desde 1981, con tipos que no superan el 2-3 por ciento, múltiples exenciones y un control fiscal casi nulo, lo que se traduce en una baja recaudación). Véase *Capital e ideología, op. cit.*

180. En concreto, si una persona se ha hecho multimillonaria a los 30 o 40 años es difícil entender por qué hay que esperar a que tenga 80 o 90 años y transmita su patrimonio para que empiece a tributar según su capacidad. Utilizar de manera prioritaria el impuesto anual sobre el patrimonio (que es más popular que el impuesto sobre sucesiones, ya que puede orientarse mejor a las grandes fortunas) también garantiza que las clases medias se beneficien de la reforma de manera más eficaz.

181. Si la fundación es un mero instrumento al servicio de un particular, su dotación debe tributar naturalmente como tal. Si se trata de una estructura sin ánimo de lucro que persigue un interés general, debería aplicarse un baremo específico. Los datos disponibles muestran que las mayores dotaciones financieras (por ejemplo, las de las universidades más ricas de Estados Unidos) crecieron a tasas de alrededor del 7 u 8 por ciento anual (además de la inflación) entre 1980 y 2018, cercanas a las observadas en el caso de las mayores fortunas privadas, pero de manera desproporcionada con respecto al crecimiento de la economía mundial o de las dotaciones más pequeñas (como las del resto de universidades o de pequeñas asociaciones). Véase *El capital en el siglo xxi, op. cit.*, y *Capital e ideología, op. cit.*

rios por pequeños y medianos propietarios igualmente codiciosos y despreocupados por las consecuencias sociales y medioambientales de sus acciones, el valor sería limitado. El proyecto que aquí se describe es de otra naturaleza. La redistribución de la propiedad va acompañada de escalas impositivas muy progresivas que impiden a las personas acumular o contaminar sin límite y que pueden endurecerse, si es necesario.[182] Cabe imaginar que se regule el uso dado a la herencia universal, por ejemplo, limitando su utilización a proyectos destinados a la adquisición de vivienda o a la creación de una empresa con vocación social o medioambiental. La discusión es legítima, siempre que se apliquen las mismas reglas a todas las herencias y a todos los herederos, y no sólo a las clases populares que se beneficiarían del sistema de herencia mínima.

Quiero insistir en el hecho de que una herencia universal como la presentada aquí sólo tiene sentido si se añade a los sistemas de renta mínima y de garantía de empleo (que, en mi opinión, deberían aplicarse prioritariamente, antes que la herencia universal), y en general si se inserta como elemento adicional dentro de un sistema de Estado social que tenga como objetivo la progresiva desmercantilización de la economía. En concreto, los bienes y servicios fundamentales en ámbitos como la educación, la sanidad, la cultura, el transporte o la energía tienen vocación a ser producidos fuera de la esfera de mercado, en el marco de estructuras públicas, municipales, asociativas o sin ánimo de lucro. Este vasto sector sin ánimo de lucro está destinado a expandirse, mientras que el sector lucrativo en el que podría invertirse la herencia universal se reduciría progresivamente a un número limitado de actividades, como la vivienda y las pequeñas empresas

182. En particular, la tarjeta-carbono individual debería permitir el cumplimiento de los volúmenes de emisiones globales acordados colectivamente, concentrando al mismo tiempo los esfuerzos en las emisiones más altas y en los contribuyentes más ricos. Es fundamental que la tarjeta-carbono esté vinculada estructuralmente a la escala progresiva del impuesto sobre la renta, de modo que el impacto negativo en el poder adquisitivo de las clases populares y medias provocado por un eventual endurecimiento de los objetivos de emisión pueda neutralizarse automáticamente. Véase ibídem.

(sobre todo en la artesanía, el comercio, la hostelería, las reparaciones, el asesoramiento, etc.).

Por último, es necesario subrayar que la pequeña y mediana propiedad a la que se refiere el sistema de herencia universal debería concebirse más como una propiedad social y temporal que como una propiedad estrictamente privada, en el sentido de que se desarrollaría en un marco jurídico basado en el reparto de poder entre los diferentes usuarios del capital y en un marco fiscal que limitaría drásticamente las posibilidades de acumulación y perpetuación. En cuanto al reparto del poder en las empresas con ánimo de lucro, como ya he mencionado, mi propuesta consiste en aplicar el sistema de «socialismo participativo» descrito anteriormente, con un reparto de los derechos de voto al 50 por ciento entre empleados y accionistas, así como una limitación estricta de los derechos de voto de los accionistas individuales en función del tamaño de cada empresa, de modo que un único accionista que esté empleado en su propia empresa conserve la mayoría de los votos en el caso de una empresa muy pequeña, pero la pierda en cuanto la empresa tenga más de diez empleados.[183] También cabría imaginar que el derecho de voto dependiera de la antigüedad de los empleados o, de la misma manera, que los inquilinos de una casa acumulasen progresivamente derechos que se acercasen a un derecho de uso permanente.[184] En los debates más recientes ha resurgido la discusión sobre las propuestas de «fondo salarial» ideadas por Rudolf Meidner y sus colegas de la federación sindical sueca LO en las décadas de 1970 y 1980. Con este sistema, que afectaría sobre todo a las empresas más grandes, los empresarios estarían obligados a abonar cada año una parte de los beneficios a un fondo salarial

183. Véase el capítulo 5, gráfico 5.4. Obviamente, los parámetros pueden ajustarse.

184. Así ocurre, en parte, en los numerosos ordenamientos jurídicos que otorgan una protección especial a los inquilinos de más edad o les conceden un derecho prioritario de recompra, a veces con un descuento o una ayuda. Sea cual sea el estatus de la vivienda, también es esencial aplicar normas estrictas, verificables y sancionables de diversidad social, para evitar la creación de guetos.

que permitiría a los trabajadores hacerse gradualmente con el control del 52 por ciento del capital al cabo de veinte años.[185] Destinada a complementar el sistema de cogestión (que garantiza una parte de los derechos de voto a los trabajadores, independientemente de su participación en el capital), dicha propuesta contó con la férrea oposición de los capitalistas suecos y no pudo ser aprobada. Recientemente ha vuelto a ser incluida en la agenda política por parte de algunos demócratas estadounidenses (especialmente Bernie Sanders y Alexandria Ocasio-Cortez) y en el programa oficial del Partido Laborista británico.[186] Asimismo, se han hecho otras propuestas innovadoras para permitir el desarrollo de fondos de inversión pública a nivel local y municipal.[187] El objetivo aquí no consiste en cerrar el debate, sino en mostrar todo su alcance: las formas concretas del poder y de la democracia económica aún están por reinventarse.[188]

Por un socialismo democrático, autogestionado y descentralizado

En resumen, el Estado social y la fiscalidad progresiva, llevados al extremo de su lógica, permiten sentar las bases de una nueva forma de socialismo democrático, autogestionado y descentrali-

185. También podría considerarse que el impuesto progresivo sobre la propiedad descrito en la tabla 7.1 se pagase en parte en forma de acciones transferidas a los fondos salariales.

186. Véase R. Meidner, *Employee investment funds: an approach to collective capital formation*, Allen and Unwin, Londres, 1978; G. Olsen, *The struggle for economic democracy in Sweden*, Avebury/Ashgate, Aldershot (Inglaterra), 1992; J. Guinan, «Socialising capital: looking back on the Meidner Plan», *International Journal of Public Policy*, 2019.

187. Véase J. Guinan y M. O'Neill, *The case for community wealth building*, Polity Press, Cambridge (Inglaterra) y Medford (Massachusetts), 2020.

188. Para una evocación imaginaria y tierna de una sociedad basada en la propiedad líquida y en la equiparación de todos los poderes, bastante cercana en ciertos aspectos al «socialismo participativo» aquí mencionado, véase E. Dockès, *Voyage en misarchie: essai pour tout reconstruire*, Éditions du Détour, París, 2017.

zado, a partir de la circulación permanente del poder y de la propiedad. Este sistema se opone al socialismo de Estado centralizado y autoritario experimentado en el bloque soviético en el siglo XX. En gran medida, está en consonancia con las transformaciones sociales, fiscales y jurídicas que han tenido lugar en muchos países durante el último siglo, sin olvidar que dichas transformaciones se han logrado a partir de luchas de poder, movilizaciones populares y múltiples crisis y momentos de tensión.

Digámoslo una vez más: el socialismo democrático descrito aquí es sólo un esbozo y tiene muchas debilidades y limitaciones. Por ejemplo, algunos pueden pensar que, al permitir una forma limitada de propiedad privada de los medios de producción (en pequeñas empresas) y de la vivienda, se corre el riesgo de que los cambios sean efímeros en la práctica, y que la limitación estricta de las diferencias de riqueza no se mantenga, dados los considerables esfuerzos que harán algunos para modificar cualquier baremo y forzar los límites. Este temor es legítimo, pero no debería ser instrumentalizado: fue ese temor lo que llevó a las autoridades soviéticas, que hablaban entonces de «gangrena capitalista», a criminalizar en la década de 1920 toda forma de propiedad, incluso en el caso de empresas muy pequeñas que empleaban a un número ínfimo de trabajadores, y a hundirse en la deriva autoritaria y burocrática que conocemos. La respuesta correcta, por el contrario, debe basarse en la profundización de la democracia: al mismo tiempo que se redistribuye la propiedad, es necesario adoptar un sistema de financiación igualitaria de las campañas políticas, de los medios de comunicación y de los *think tanks*, para evitar que la democracia electoral sea confiscada por los más acomodados. En términos más generales, ya hemos señalado que el régimen de redistribución de la propiedad y de reparto del poder que aquí se discute requeriría revisiones constitucionales sustanciales.[189] Una salvaguarda adicional sería asignar la re-

189. Una formulación constitucional que permita la redistribución de la propiedad y proteja la progresividad podría ser la siguiente: «La ley determinará las condiciones de ejercicio del derecho de propiedad y velará por su difusión

caudación de los impuestos progresivos sobre la propiedad y sobre las herencias a un fondo de herencias colectivo, de la misma manera que se asignan las contribuciones a los fondos de la seguridad social. La experiencia histórica ha demostrado que eso complicaría la tarea de quienes quisieran dar marcha atrás (por ejemplo, prometiendo recortes de impuestos o de cotizaciones), ya que les obligaría a explicar las privaciones de derechos que prevén.

Por otra parte, nada impide pensar en sistemas que ignoren toda forma de propiedad privada, incluso la forma de propiedad social y temporal como la que aquí se contempla. Pienso, por ejemplo, en el sistema de «socialismo salarial» planteado por Bernard Friot.[190] Simplificando, lo que propone es extender al conjunto de la organización socioeconómica el modelo de cajas de seguridad social creadas para la jubilación y el seguro de enfermedad desde 1945. En concreto, se trataría de crear una «caja salarial» y una «caja de inversión», la primera estaría encargada de clasificar a las personas en función de sus cualificaciones en diferentes niveles de «salarios vitalicios» (con una escala que va de uno a cuatro), y la segunda, de asignar créditos de inversión y derechos de uso del capital inmobiliario y profesional a las distintas unidades de producción y a los diferentes proyectos individuales y colectivos implicados. En la medida en que esas cajas se gestionasen de forma participativa y democrática, bajo formas precisas que, sin embargo, habría que especificar (cosa que Friot no hace), la pers-

---

y por su utilidad para el interés general, en su caso mediante un sistema de impuestos progresivos sobre la propiedad, dotaciones de capital y derechos de voto para los trabajadores. Si se expresa la totalidad de los impuestos directos e indirectos recaudados como una proporción de los activos de todo tipo que poseen los contribuyentes, dicha proporción no puede ser menor para los contribuyentes más ricos que para los más pobres. Puede ser mayor, según los términos establecidos por la ley».

190. Véase en particular B. Friot, *Puissances du salariat*, La Dispute, París, 2012. La expresión «socialismo salarial» no es utilizada por Friot, pero me parece que expresa su insistencia (justificada) en el potencial emancipador del estatuto salarial y de la seguridad social ya existentes.

pectiva es rica en potencialidades. En general, el desarrollo de nuevas formas organizativas basadas en la propiedad común y en la propiedad de uso deben fomentarse de manera complementaria al sistema de propiedad social y temporal aquí defendido.[191]

Me gustaría llamar la atención sobre un punto: las cajas salariales o de inversión imaginadas por Friot (o su equivalente en otras propuestas que eliminan el papel de la pequeña propiedad privada, social y temporal) concentrarían un poder considerable sobre millones de personas y decisiones cotidianas (especialmente sobre los niveles salariales y el uso del capital, de manera particular las viviendas y las pequeñas empresas), por lo que la organización interna y el funcionamiento verdaderamente democrático y emancipador de tales organismos, cuasiestatales e hipercentralizados, no resulta en absoluto evidente. Sería cuando menos prematuro dar por zanjada esa cuestión y descartar cualquier riesgo de deriva burocrática y autoritaria, todo ello sin explicar siquiera los sistemas de votación y distribución del poder aplicables en dichas instituciones, en relación con las experiencias sociohistóricas comparadas disponibles (parlamentos, partidos, sindicatos, cajas sociales, bancos públicos, etc.) y el potencial de aprendizaje y mejora que encierran.[192] En el estado actual del conocimiento y con la experiencia disponible, me pa-

191. Sobre la diversidad de las formas de organización desarrolladas a lo largo de la historia para hacer un uso común de los recursos naturales, materiales o cognitivos, véase D. Cole y E. Olstrom (eds.), *Property in land and other resources*, Lincoln Institute of Land Policy, Cambridge (Massachusetts), 2012; M. Bauwens, F. Bellivier, F. Benhamou, *et al.*, y B. Coriat (dir.), *Le retour des communs*, Éditions les Liens qui libèrent, París, 2015; T. Boccon-Gibod y P. Crétois (dirs.), *État social, propriété publique et biens communs*, Le Bord de l'eau, Lormont, 2015.

192. Friot indica que las cajas salariales y de inversión serán gestionadas por organismos elegidos o seleccionados al azar, sin pronunciarse y sin especificar cómo estarán vinculados a los organismos estatales (que, a su vez, quedan en la oscuridad). Véase B. Friot y J. Bernard, *Un désir de communisme*, Textuel, París, 2020, p. 32. Véase también F. Lordon, *Figures du communisme*, La Fabrique, París, 2021, que defiende el sistema propuesto por Friot, al mismo tiempo que propone rebautizar el salario vitalicio como «garantía económica

rece más adecuado reconocer un papel duradero para la propiedad privada, social y temporal, en particular en los sectores de la vivienda y de la pequeña empresa, al mismo tiempo que se fomenta el desarrollo de estructuras colectivas y cooperativas cuando ello corresponde a las necesidades de los agentes interesados. En general, la fe, a veces excesiva, en la capacidad de las grandes organizaciones centralizadas para organizar la deliberación y la toma de decisiones democráticas en su seno puede llevar a subestimar el potencial emancipador de mecanismos institucionales como la propiedad privada a pequeña escala, debidamente enmarcada y limitada en su alcance y en los derechos que confiere. Lo mismo ocurre con la fiscalidad progresiva. Si todas las grandes decisiones estructurales relativas a la distribución de los salarios y las inversiones se adoptasen en el marco de una caja salarial y una caja de inversión a ámbito nacional, no importaría la forma que adopte la fiscalidad: su base imponible y su escala de progresividad tendrían poca importancia, ya que la distribución de rentas se definiría de todos modos colectivamente de manera centralizada.[193] Al contrario, si se acepta el principio de una organización socioeconómica descentralizada y sostenible, con una gran variedad de actores, comunidades y estructuras mixtas, entonces el tipo concreto de fiscalidad importa: contribuye a determinar la distribución de rentas junto con, por supuesto, otros mecanismos institucionales, como, por ejemplo, los sistemas de votación dentro de las distintas estructuras.

---

general», aunque sin añadir nada sobre la gobernanza del sistema (elecciones, partidos, sindicatos, medios de comunicación, etc.).

193. Esto explica que Friot no se interese por la cuestión de la fiscalidad y la progresividad fiscal, lo que no le impide adoptar en ocasiones propuestas más gradualistas, como la idea de una «seguridad social alimentaria» financiada por una nueva cotización social y que permita a cada persona disponer de una cantidad mensual para gastar con productores autorizados, que puede encajar perfectamente en el marco descentralizado que aquí se defiende.

La libre circulación de capitales: el nuevo poder censitario

Pasemos ahora a un punto crucial. El cuestionamiento del Estado social y de la fiscalidad progresiva producido desde la década de 1980 no sólo se ha basado en la retórica. También se ha materializado en un conjunto de normas y tratados internacionales diseñados para que el cambio sea lo más irreversible posible. El núcleo de esas nuevas normas es la libre circulación de capitales, sin ninguna contrapartida en términos de regulación o fiscalidad común. En síntesis, los Estados han establecido un sistema jurídico en el que los agentes económicos han adquirido un derecho casi sagrado a enriquecerse utilizando las infraestructuras públicas y las instituciones sociales de un país (sistema educativo, asistencia sanitaria, etc.) y a trasladar luego sus activos a otra jurisdicción, de un plumazo o con un clic de ratón, sin que se haya previsto el seguimiento de dicha riqueza en cuestión y su imposición justa y en coherencia con el resto del sistema fiscal. Se trata de hecho de una nueva forma de poder censitario, en el sentido de que los Estados que firman tales tratados, desde el momento en que se niegan a faltar a la palabra de los Gobiernos anteriores, pueden verse explicando de buena fe a su población que es estrictamente imposible gravar a los grandes beneficiarios de la integración internacional (multimillonarios, multinacionales, rentas altas) y que, por tanto, deben gravar a las clases populares y medias que han tenido el buen criterio de permanecer inmóviles en su territorio educadamente. La dinámica es imparable, al igual que la reacción de las clases con menor movilidad: todo eso conduce a un sentimiento de abandono y a detestar la globalización.

Es natural preguntarse cómo se ha llegado a este punto. Distintos estudios han mostrado el largo trabajo preparatorio del *lobby* bancario, que se activó en las décadas de la posguerra para lograr este resultado, y en particular el papel de las asociaciones patronales, los bancos y los gestores de grandes patrimonios en la coproducción de la ley y posteriormente en su uso más ventajoso mediante todas las elusiones y optimizaciones posibles.[194] El movimiento de financiarización de la economía y de desregulación de los flujos financieros debe analizarse también en el marco de una estrategia accionarial destinada a recuperar el control sobre los gestores (o más bien a alinear sus intereses con los de los accionistas) y a permitir reconfiguraciones más rápidas y rentables de las grandes unidades de producción (fusiones-adquisiciones, cesiones de activos).[195] La idea de utilizar los tratados internacionales para despolitizar la economía, proteger la propiedad y evitar la redistribución también formaba parte de las tesis hayekianas y ordoliberales formuladas desde 1940 con vistas a estructurar el mundo de la posguerra, tesis que terminaron por imponerse en los años 1980-1990 gracias a los grupos de presión privados.[196] Es necesario destacar también el papel central, a veces paradójico, desempeñado

194. Véase, por ejemplo, S. Weeks, «Collective effort, private accumulation: constructing the Luxembourg Investment Fund, 1956-2019», en M. Benquet y T. Bourgeron, *Accumulating capital today: contemporary strategies of profit and dispossessive policies*, Routledge, Nueva York, 2021. Véase también C. Herlin-Giret, *Rester riche: enquête sur les gestionnaires de fortune et leurs clients*, Le Bord de l'eau, Lormont, 2019. Véase asimismo S. Guex, «L'émergence du paradis fiscal suisse», en D. Fraboulet y P. Verheyde, *Pour une histoire sociale et politique de l'économie*, Éditions de la Sorbonne, París, 2020.

195. Véase P. François y C. Lemercier, *Sociologie historique du capitalisme*, La Découverte, París, 2021. Sobre cómo se utilizó el tema de la agilidad y las estructuras flexibles y receptivas para socavar las antiguas burocracias públicas y privadas y reconfigurar la ideología capitalista en las décadas de 1970 y 1980, véase L. Boltanski y E. Chiapello, *Le nouvel esprit du capitalisme*, Gallimard, París, 2011 (1999). La financiarización generalizada también tuvo el efecto de multiplicar las participaciones cruzadas entre empresas y entre países: el total de activos y pasivos financieros privados en manos de bancos, empresas y hogares pasó del 200 por ciento del PIB a más del 1.000 por ciento entre 1970 y 2020 (sin incluir siquiera los valores derivados), mientras que la riqueza real (el valor neto de los bienes inmuebles y las empresas) pasó del 300 al 500 por ciento del PIB.

196. Véase O. Rosenboim, *The emergence of globalism*, *op. cit.*, que muestra que ya en la década de 1940 se formularon otras tesis, como las de Barbara Wootton y William Beveridge sobre una futura federación europea basada en la protección social, la fiscalidad federal progresiva y el socialismo democrático.

por los Gobiernos europeos en el movimiento de liberalización de los flujos de capital que tuvo lugar primero en Europa y después en todo el mundo a finales de la década de 1980. Escaldados por sus dificultades económicas, los socialistas franceses decidieron centrarse en la integración europea a partir de 1984-1985. Para acelerar la implantación de la moneda única, accedieron a las exigencias de los democristianos alemanes de una completa liberalización de los flujos de capital, que se materializó en una directiva europea de 1988, transcrita en el Tratado de Maastricht de 1992, cuyos términos fueron retomados posteriormente por la OCDE y el FMI, y sirvieron de nuevo estándar mundial. Una de las motivaciones de los actores de la época consistía en reducir el coste del endeudamiento público recurriendo a los capitales internacionales, sin que esos diferentes objetivos hubieran tenido tiempo realmente de ser explicados y debatidos.[197]

Lo cierto es que parece imposible retomar el movimiento hacia la igualdad sin antes salir de ese marco. En concreto, cada Estado que lo desee debe liberarse de esas obligaciones y establecer condiciones explícitas en términos de justicia fiscal y social a la circulación de capitales y al libre comercio. El proceso ha comenzado en parte. En 2010, la administración Obama consiguió que Suiza reescribiera su ley bancaria y proporcionara información sobre los contribuyentes estadounidenses con cuentas en bancos suizos, a falta de lo cual los bancos en cuestión habrían perdido inmediatamente su licencia para operar en Estados Unidos. En 2021, la administración Biden anunció su intención de recaudar directamente el impuesto de sociedades en los países de baja tributación, cobrando a las empresas y filiales la diferencia entre un tipo mínimo fijado por Estados Unidos y el tipo del país en cuestión (por ejemplo, Irlanda o Luxembur-

197. Véase R. Abdelal, *Capital rules: the construction of global finance*, Harvard University Press, Cambridge (Massachusetts), 2007, que se basa sobre todo en el testimonio de responsables de la época (en particular J. Delors y P. Lamy). Véase también B. Lemoine, *L'ordre de la dette : enquête sur les infortunes de l'État et la prospérité du marché*, La Découverte, París, 2016.

go). En ambos casos, son decisiones unilaterales de Estados Unidos que violan flagrantemente normas anteriores, especialmente las intraeuropeas: si Francia o Alemania hubieran tomado decisiones similares, habrían sido fácilmente condenadas por los tribunales europeos, precisamente en nombre de los tratados establecidos en el pasado por los Estados francés y alemán.[198] Pero el hecho es que éste es claramente el único camino que permite avanzar. El problema es doble. Por un lado, las medidas adoptadas hasta ahora por las administraciones estadounidenses son realmente minúsculas en comparación con lo que se necesitaría, y sería completamente irreal esperar que la solución viniera sólo de Estados Unidos (especialmente teniendo en cuenta cómo se financia la vida política en ese país).[199] Por otro lado, los Estados europeos siguen sin hacer nada, confiando en una hipotética e irreal unanimidad futura para cambiar las normas en el seno de la UE o de la OCDE. Bien por razones legales, o bien por miedo a ser señalados por los demás países, por grupos de presión financieros o por los medios de comunicación y *think tanks* sobre los que influyen, se niegan a salir unilateralmente del marco existente y a imponer sanciones *antidumping* a los actores públicos y privados que hacen posible la perpetuación de este nuevo poder censitario.

198. El Tribunal de Justicia de la Unión Europea (TJUE) ha ido particularmente lejos en la defensa de la libre circulación absoluta de capitales (incluso mediante la creación de estructuras *offshore* para eludir *de facto* cualquier regulación), lo que no habría sido posible si el Tratado de Maastricht hubiera tenido debidamente en cuenta el derecho de los Estados a establecer normas y a cobrar impuestos. Véase K. Pistor, *The code of capital: how the law creates wealth and inequality*, Princeton University Press, Princeton (Nueva Jersey), 2019.

199. Por ejemplo, el tipo mínimo del 21 por ciento previsto por la administración Biden (frente al 12 por ciento actual en Irlanda) podría desempeñar un papel útil, si fuera un primer paso en un proyecto global para establecer un registro financiero global y restaurar la progresividad fiscal (con tipos que podrían alcanzar el 80-90 por ciento sobre las rentas más altas del capital y del trabajo). La situación es muy diferente si se trata de un objetivo final en sí mismo (que, además, podría reducirse hasta alrededor del 15 por ciento, a juzgar por los debates en curso en la OCDE).

Sin embargo, no existe otra forma de salir del atolladero. Porque más allá de lo que está en juego para los países del Norte, la redefinición de las reglas internacionales es una cuestión crucial para el Sur y para todo el planeta. El sistema económico actual, basado en la circulación incontrolada de capitales, bienes y servicios, sin ningún objetivo social ni medioambiental, se asemeja en gran medida a una forma de neocolonialismo en beneficio de los más ricos. Veremos que sólo un proyecto de transformación global, al que cada país puede contribuir practicando una nueva forma de soberanía con vocación universalista (basada en indicadores explícitos de justicia social), puede permitir superar estas contradicciones.

Capítulo 8

La igualdad real contra la discriminación

Volvamos ahora a la cuestión de la discriminación social y racial, y en particular a la igualdad de acceso a la formación y al empleo. Una de las principales limitaciones del movimiento hacia la igualdad del último siglo es que con demasiada frecuencia se ha limitado a la igualdad formal. En resumidas cuentas, se proclamó el principio teórico de igualdad de derechos y oportunidades, independientemente de los orígenes de cada uno, pero sin darse los medios para verificar si este principio se correspondía o no con la realidad. Para lograr una verdadera igualdad es urgente desarrollar indicadores y procedimientos que permitan combatir las discriminaciones de género, sociales y étnico-raciales que en la práctica son endémicas en casi todas partes, tanto en el Norte como en el Sur. Sobre el terreno, una de las grandes dificultades consiste en combatir prejuicios arraigados sin por ello hacer que las diferentes identidades se vuelvan rígidas. No existe una respuesta única a este dilema, la solución puede depender del contexto nacional y poscolonial en cuestión. Sólo un examen sosegado de la experiencia acumulada en Europa, Estados Unidos, la India y otras partes del mundo puede ayudar a esbozar el camino a seguir, situando la lucha contra la discriminación en el marco general de una política social con vocación universalista.

Igualdad educativa: siempre proclamada, nunca llevada a la práctica

Empecemos por la justicia educativa: la difusión del conocimiento siempre ha sido la herramienta central para lograr la igualdad real, más allá del origen de cada uno. El problema es que existe un abismo monumental entre el discurso oficial sobre la igualdad de oportunidades y la realidad de las desigualdades educativas a las que se enfrentan las clases desfavorecidas. Es cierto que el acceso a la educación primaria y luego a la secundaria se generalizó a toda la población durante el siglo xx, al menos en los países del Norte, lo que constituye un progreso considerable. Sin embargo, las desigualdades en el acceso a los itinerarios de estudios y a las instituciones más prometedoras siguen siendo abismales, particularmente en la enseñanza superior. En Estados Unidos, distintos investigadores han podido relacionar la información fiscal de los padres con las carreras escolares y universitarias de sus hijos. Los resultados son deprimentes: la renta familiar predice casi perfectamente las posibilidades de ir a la universidad. En concreto, la probabilidad de acceder a la educación superior es de poco más del 20 por ciento entre el 10 por ciento de los jóvenes con ingresos familiares más bajos, y aumenta de forma casi lineal hasta superar el 90 por ciento en el caso de los jóvenes con ingresos parentales más altos (véase el gráfico 8.1). Asimismo, conviene tener en cuenta que ambos grupos no acceden a la misma educación superior: los primeros suelen tener que conformarse con carreras cortas en universidades públicas y *community colleges* mal financiados, mientras que los segundos tienen acceso a itinerarios de estudios hiperpunteros en universidades privadas extraordinariamente ricas. Estas últimas se caracterizan por un alto grado de opacidad en sus procedimientos de admisión y una ausencia virtual de regulación pública. A pesar de que se benefician de múltiples infraestructuras y de financiación gubernamental, han conseguido convencer a los responsables políticos de que les permitan hacer lo que deseen con sus algoritmos de admisión, incluso dando prioridad a los *legacy students* (los hijos de anti-

Gráfico 8.1. Renta parental y acceso a la universidad en Estados Unidos (2018)

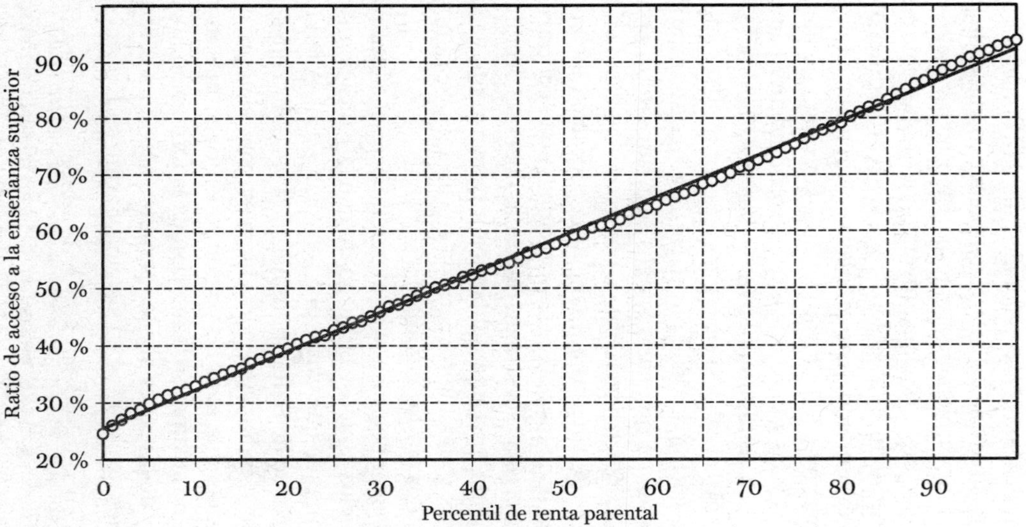

Interpretación: En 2018, la ratio de acceso a la educación superior (porcentaje de jóvenes de 19 a 21 años matriculados en un *college*, universidad u otra institución de educación superior) era de apenas el 30 por ciento para los hijos del 10 por ciento más pobre de Estados Unidos, y de más del 90 por ciento para los hijos del 10 por ciento más rico.
Fuentes y series: Véase <piketty.pse.ens.fr/egalite>.

guos alumnos o de donantes ricos). En otras palabras, no sólo las elevadísimas tasas de matrícula hacen que las mejores universidades sean inasequibles para los menos pudientes (salvo en el caso de calificaciones excepcionales que dan derecho a becas), sino que es posible que los más ricos paguen lo que en la práctica equivale a un suplemento para compensar las malas calificaciones de sus hijos. Dichas universidades argumentan que el número de estudiantes afectados por dichos procedimientos inconfesables es limitado, pero al mismo tiempo niegan el acceso a esa información y a las fórmulas utilizadas para ponderar las calificaciones y las donaciones.[200] Es sorprendente cómo muchos académicos estadounidenses se han acostumbrado a esta realidad: al fin y al cabo, si sirve para obtener recursos adicionales para nuestra universidad por parte de generosos multimillonarios ansiosos de que sus vástagos sean admitidos, ¿por qué no? Sería más lógico hacerles pagar la misma cantidad en forma de impuestos, destinados a financiar la educación de todos, en primer lugar la de los más desfavorecidos (no lo contrario). En cualquier caso, estas cuestiones delicadas deberían decidirse democráticamente, tras una deliberación transparente y sujeta a contradicción, y no a puerta cerrada en consejos de administración dominados por los donantes.

Sería un error pensar que esta gran hipocresía educativa sólo afecta a Estados Unidos. El hecho de que la educación sea casi gratuita no impide que exista una selección social. A falta de un sistema adecuado de rentas mínimas para los estudiantes, el hecho de cursar estudios superiores largos supone siempre una inversión considerable para las personas de origen más modesto, que además no siempre se benefician de la formación inicial, de los códigos y de las redes que les permiten acceder a determinados itinerarios de estudios. El sistema vigente en Francia es sin-

200. Sin embargo, se sabe que las donaciones a las universidades por parte de antiguos alumnos ricos se concentran de forma inusual y abrumadora en los años en que sus hijos están en edad de postular, lo que sugiere que la compra de plazas está más extendida de lo que afirman las universidades. Véase J. Meer y H. Rosen, «Altruism and the child cycle of alumni donations», *American Economic Journal*, 2009.

gularmente hipócrita, ya que consigue, bajo la apariencia de una igualdad «republicana» (tasas de matrícula nulas o bajas, sin privilegios oficiales para ningún tipo de nobleza), invertir tres veces más recursos públicos por alumno en el caso de los estudiantes que acceden a los itinerarios selectivos (clases preparatorias y *grandes écoles*)[201] que en el caso de los que cursan estudios universitarios ordinarios. Sin embargo, resulta que los primeros provienen, por término medio, de un entorno social mucho más favorecido que los segundos, sobre todo en las *grandes écoles* más solicitadas.[202] De esta manera, con la mejor intención, uno se encuentra destinando recursos públicos que refuerzan las desigualdades sociales de partida. El resultado final es que, teniendo en cuenta el gasto total en educación, desde la guardería hasta la enseñanza superior, las desigualdades dentro de un mismo grupo de edad son considerables: al 10 por ciento de los alumnos que menos recursos públicos reciben les corresponden alrededor de 65.000 a 70.000 euros per cápita, mientras que el 10 por ciento

201. Las *grandes écoles* son centros de excelencia del sistema de educación superior francés, en origen mayoritariamente vinculados a ingenierías y disciplinas científicas, a los que se accede a través de un proceso de selección específico, distinto al universitario, que requiere una preparación específica (*classes préparatoires*), que suele durar unos dos años, posterior a la obtención del bachillerato. *(N. del t.)*

202. Según los últimos datos disponibles, los alumnos de categorías sociales desfavorecidas (36 por ciento de un mismo grupo de edad) representan el 20 por ciento del total de estudiantes que cursan entre 3 y 5 años de estudios superiores, pero sólo el 8 por ciento de los estudiantes de Sciences Po París, el 7 por ciento de la ENS Ulm, el 3 por ciento de la HEC y el 0 por ciento de la École Polytechnique. (El autor cita aquí distintas *grandes écoles [N. del t.].*) Por el contrario, los alumnos de categorías sociales muy favorecidas (23 por ciento de un mismo grupo de edad) representan el 47 por ciento del total de estudiantes que cursan entre 3 y 5 años de estudios superiores, pero el 73 por ciento en Sciences Po París, el 75 por ciento en ENS Ulm, el 89 por ciento en HEC y el 92 por ciento en la École Polytechnique. Véase C. Bonneau, P. Charousset, J. Grenet y G. Thebault, «Quelle démocratisation des grandes écoles depuis le milieu des années 2000», Institut des Politiques Publiques (IPP), 2021. El estudio también señala que desde la década de 2000 no se han producido avances apreciables en materia de integración social, a pesar de los reiterados anuncios hechos por Gobiernos e instituciones.

más favorecido recibe entre 200.000 y 300.000 euros per cápita (véase el gráfico 8.2). Aunque la concentración de recursos educativos en beneficio de una minoría es menos extrema que en el pasado, sigue siendo considerable, y ello resulta difícilmente coherente con el discurso contemporáneo sobre la igualdad de oportunidades.[203]

En defensa de una discriminación positiva basada en criterios sociales

Para salir de esta hipocresía, sólo existe una solución: dotarse colectiva y democráticamente de los medios necesarios para medir dicha realidad, fijar objetivos cuantificados y verificables y adaptar constantemente las políticas en curso para poder alcanzarlos. En materia de justicia fiscal, han sido necesarios siglos para intentar definir una base objetiva, a partir de las nociones de renta y de propiedad, con baremos y tipos impositivos con los que construir una norma y un lenguaje a partir de los cuales podamos ponernos de acuerdo para comparar las respectivas situaciones de cada persona; el proceso todavía dista mucho de haber concluido. En el ámbito de la justicia educativa, a veces parece que basta con remitirse a unos principios generales y a declaraciones de buenas intenciones. Los elementos señalados en los gráficos 8.1 y 8.2 demuestran que no es así. Para empezar, es fundamental que elementos cuantitativos de este tipo no sean únicamente divulgados de manera esporádica por parte de algunos investigadores aquí y allá, sino que sean objeto de un ejercicio de transparencia anual y formal por parte de las autoridades públicas. En concreto, es importante que se publique anualmente la distribución de recursos educativos y las ratios de acceso a los distintos itinerarios de estudios, según origen social, percentil de renta parental, etc., desglo-

203. Véase el capítulo 4, gráfico 4.5. Véase también *Capital e ideología*, *op. cit.* Dada la caída del gasto por alumno en las últimas décadas, no se trata de reducir los recursos de las carreras selectivas, sino de equipararlos a los de otras carreras.

Gráfico 8.2. La desigualdad de la inversión educativa en Francia

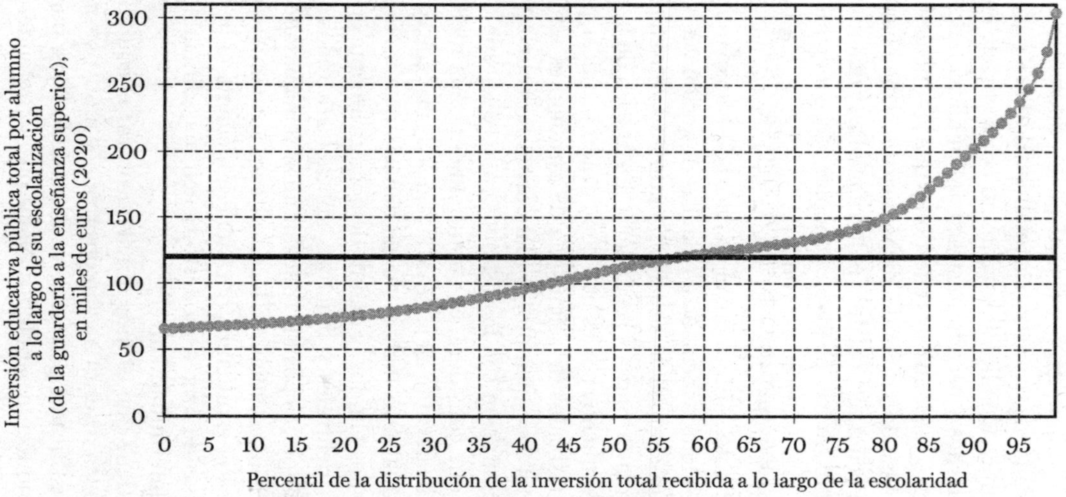

Interpretación: La inversión pública total en educación que la generación de estudiantes que cumple los 20 años en 2020 habrá recibido durante toda su escolarización (desde la guardería hasta la enseñanza superior) asciende por término medio a unos 120.000 euros (es decir, unos 15 años de escolarización con un coste medio de 8.000 euros al año). Dentro de esta generación, el 10 por ciento de los estudiantes que menos se beneficia de la inversión pública recibe alrededor de 65.000 a 70.000 euros, mientras que el 10 por ciento con mayor inversión pública recibe entre 200.000 y 300.000 euros.
Nota: El coste medio por itinerario de estudios y por año de escolarización en el sistema francés en el período 2015-2020 oscila entre 5.000 y 6.000 euros en preescolar-primaria, 8.000 y 10.000 euros en secundaria, 9.000 y 10.000 euros en la universidad y 15.000 y 16.000 euros en las clases preparatorias a las *grandes écoles*.
Fuentes y series: Véase <piketty.pse.ens.fr/egalite>.

sado por niveles del sistema educativo. Para que esta información pueda alimentar un debate democrático ponderado y no sea sospechosa de estar manipulada, es esencial que los diferentes centros de investigación tengan acceso a la totalidad de datos y archivos correspondientes. Queda mucho camino por recorrer: en la práctica, los Gobiernos y las administraciones públicas tan sólo son un poco menos opacos en estas cuestiones que las universidades privadas. Demasiado a menudo, dichos actores siguen basándose en una concepción vertical de la política pública y del interés general y se arrogan sin complejos el monopolio del conocimiento experto y de la información que conlleva.

La elaboración de indicadores aceptados por todos es necesaria, pero no suficiente. Ante todo, el ejercicio de transparencia debe estar directamente vinculado a palancas de acción y a políticas que permitan cambiar la situación, tanto en la enseñanza superior como en la primaria y secundaria. En el caso de la enseñanza superior, muchos países han comenzado a aplicar procedimientos centralizados de asignación de estudiantes a nivel regional o nacional (por ejemplo, la plataforma Parcoursup en Francia). En comparación con los sistemas en los que cada universidad hace lo que considera, es potencialmente una mejora, en el sentido de que permite alejarse de la lógica de las redes y las relaciones individuales (o incluso de las donaciones dinerarias en el caso de Estados Unidos) y definir democráticamente criterios de admisión neutrales y objetivos aplicables a todos por igual. Así, por ejemplo, es posible concebir un sistema basado en las preferencias de los estudiantes, los resultados académicos y el origen social de cada estudiante, para tener en cuenta el hecho de que los alumnos de origen modesto tienen más dificultades para llegar a un determinado nivel.

Ni que decir tiene que es muy difícil encontrar el equilibrio adecuado: una cierta discriminación positiva por motivos sociales puede estar justificada, pero si se va demasiado lejos, puede resultar contraproducente para todos. Nadie puede pretender tener la verdad definitiva sobre arbitrajes así de complejos. Precisamente por eso, resulta fundamental que se den las condiciones para una amplia deliberación democrática, basada en la transparencia y en la experimentación. Desgraciadamente, a padres y alumnos se les lanzan regularmente algoritmos de selección sin consulta previa ni evaluación contrastada, con el consiguiente riesgo de alimentar una desconfianza generalizada hacia este tipo de sistemas, e incluso hacia la propia idea de justicia educativa. En Francia, se supone que la plataforma Parcoursup aplica desde 2017 una forma de discriminación positiva a los estudiantes de bachillerato con beca (entre el 15 y el 20 por ciento de los estudiantes, dependiendo principalmente de la renta parental) que soliciten su admisión en las clases preparatorias que dan acceso a las *grandes écoles*. Sin embargo, los parámetros siguen siendo oscuros: no se ha fijado ningún objetivo cuantificado ni se ha realizado ninguna evaluación. En 2021 se habló de la posibilidad de reservar un determinado número de plazas para los alumnos con beca (entre el 50 y el 60 por ciento de cada grupo de edad) en las escuelas administrativas, a nivel de máster, pero tampoco aquí se han dado detalles que permitan evaluar el alcance real de la medida.[204] Aunque es cierto que los Gobiernos y las administraciones tienen naturalmente una enorme responsabilidad a la hora de ser transparentes y alejarse de su cultura vertical y en ocasiones manipuladora, hay que subrayar que el éxito de un proceso de este tipo requiere una fuerte participación de todos los actores implicados, ciudadanos, asociaciones, sindicatos, parlamentarios y partidos políticos, que deben exigir la transmisión de la información necesaria y utilizarla de forma constructiva y propositiva.

204. Si se reserva el 10 o el 20 por ciento de las plazas para un colectivo que representa el 50 o 60 por ciento de un grupo de edad, el efecto real puede ser limitado o incluso negativo si lo que se está creando es sólo un estigma sin aumentar el número de plazas. El debate se ve a veces enturbiado por el hecho de que la noción de becario en la enseñanza secundaria (aproximadamente el 15-20 por ciento de los estudiantes con los ingresos parentales más bajos) es mucho más restrictiva que la de becario de la enseñanza superior, que tiene ocho niveles y concierne aproximadamente al 40 por ciento de los estudiantes (de un colectivo que representa entre el 50 y el 60 por ciento de un grupo de edad, dado que los ingresos parentales de estos estudiantes son más altos que los del promedio de su generación). Estas discriminaciones ilustran la necesidad de contar con información precisa, neutral e independiente que sirva de base para la deliberación democrática sobre este tipo de cuestiones.

Las cosas sólo cambiarán realmente cuando ese espacio se ocupe democráticamente como tal.

Además de la cuestión de la enseñanza superior, es necesario que el ejercicio de transparencia permita una revisión radical del sistema de asignación de recursos en la enseñanza primaria y secundaria. Cuando los estudiantes acceden a la universidad, suele ser ya demasiado tarde para reducir radicalmente la desigualdad de oportunidades: hay que actuar mucho antes. La hipocresía educativa en este punto es atroz. En muchos países, los Gobiernos afirman haber puesto en marcha planes para «dar más a los que menos tienen», es decir, para asignar recursos adicionales a las escuelas y a los centros más desfavorecidos socialmente. El problema es que cuando se intenta reunir los datos para comprobarlo, a menudo se descubre lo contrario. Por ejemplo, en el caso de los centros públicos de enseñanza secundaria de la región de París, vemos que el porcentaje de profesores contratados laborales (menos formados y peor pagados que los titulares) o principiantes apenas llega al 10 por ciento en los departamentos más renombrados (París, Hauts-de-Seine) y llega al 50 por ciento en los departamentos más desfavorecidos (Seine-Saint-Denis, Val-de-Marne). Las investigaciones realizadas por Asma Benhenda a partir de los ficheros de nóminas del Ministerio de Educación Nacional han confirmado hasta qué punto el sistema funciona a la inversa. Si se calcula el salario medio de los profesores de los distintos colegios, centros de educación secundaria e institutos, incluyendo las poco generosas primas aplicadas en las zonas prioritarias y los demás complementos de la remuneración (vinculados a la antigüedad, al nivel de estudios, a la condición de titular o de contratado, etc.), vemos que cuanto mayor es el porcentaje de alumnos de clases sociales acomodadas matriculados en un centro, mayor es el salario medio de los docentes.[205] Lo

205. En la enseñanza secundaria, la remuneración media de los profesores (incluyendo todas las primas) es inferior a 2.400 euros al mes en el 10 por ciento de los centros con menor porcentaje de alumnos socialmente favorecidos, para aumentar de forma constante hasta los 2.800 euros en el caso del 10 por ciento superior. En los institutos, la remuneración media pasa de menos de 2.700 euros mensuales en el 10 por ciento de los centros más desfavorecidos

mismo ocurre en la mayoría de los países de la OCDE: los alumnos de entornos privilegiados tienen más probabilidades de contar con profesores titulares y experimentados que los de entornos desfavorecidos, que tienen más probabilidades de contar con profesores sustitutos o contratados laborales, y las reducidas primas introducidas a este efecto no suelen ser suficientes para compensar una desigualdad que es sistémica.[206]

Vemos así que la cuestión principal en la práctica no es lograr una discriminación positiva por motivos sociales, sino simplemente evitar la discriminación negativa: en la educación primaria y secundaria, al igual que en la educación superior, nos encontramos a menudo con que se asigna un mayor gasto público a los alumnos más acomodados que a los demás. Sin embargo, al menos sobre el papel, no sería tan difícil ajustar la cuantía de las remuneraciones del profesorado, a través de primas, para que el salario medio no fuera nunca una función creciente del porcentaje de alumnos socialmente favorecidos, al menos en el sistema educativo en su conjunto. Sólo es posible superar esta situación mediante una combinación de información objetiva y verificable sobre la distribución de los recursos educativos según origen social y de movilización colectiva en torno a la cuestión altamente política de la igualdad educativa.

Sobre la persistencia del patriarcado y del productivismo

Por muy central que sea, la cuestión de la justicia educativa no lo resuelve todo. Cuando los prejuicios contra determinados grupos sociales están demasiado arraigados, puede ser indispensable tener que recurrir a otros medios de actuación, como las cuotas de acceso a determinadas funciones y profesiones (no sólo a deter-

---

a cerca de 3.200 euros en el 10 por ciento más favorecido. Véase A. Benhenda, «Teaching staff characteristics and spending per student in French disadvantaged schools», PSE, 2019; A. Benhenda, *Tous des bons profs: un choix de société*, Fayard, París, 2020.

206. Véase *Effective teacher policies: insights from PISA*, OCDE, París, 2018.

minados itinerarios educativos). Históricamente, las mujeres han sido sin duda el grupo más masivo y sistemáticamente discriminado, tanto en el Norte como en el Sur, tanto en el Este como en el Oeste, en todas las dimensiones y en todas las latitudes. Casi todas las sociedades humanas han sido sociedades patriarcales, en el sentido de que se han construido sobre un sofisticado conjunto de prejuicios de género y asignación de roles. El desarrollo del Estado centralizado en los siglos XVIII y XIX vino acompañado en algunos casos de una forma de endurecimiento y sistematización del patriarcado. Las normas de género se codificaron y generalizaron en todo el territorio nacional y en todas las clases sociales, al igual que la asimetría de derechos entre los cónyuges según el Código Civil napoleónico o las desigualdades en los derechos electorales. El sufragio femenino se consiguió tras largas e inciertas luchas en Nueva Zelanda en 1893, en Turquía en 1930, en Brasil en 1932, en Suiza en 1971 y en Arabia Saudí en 2015. En Francia, tras décadas de movilización feminista y de esperanzas traicionadas en 1789, 1848 y 1871, la Cámara de Diputados aprobó el derecho al voto de las mujeres en 1919, si bien el Senado vetó la ley, por lo que hasta 1944 no entró en vigor.[207]

En la segunda mitad del siglo XX, durante el período de los Treinta Gloriosos, al mismo tiempo que se establecía la igualdad jurídica formal, la ideología del ama de casa como objetivo social alcanzó su punto álgido. En 1970, en Francia, el peso de las mujeres en la masa salarial total era poco más del 20 por ciento, lo que ilustra hasta qué punto las cuestiones de dinero eran un asunto de hombres.[208] Sin embargo, todos los estudios muestran que si se incluyen las tareas domésticas, las mujeres nunca han aportado menos del 50 por ciento del tiempo total de trabajo (de mercado y doméstico). Si los ingresos se hubieran dividido entre sexos en función del tiempo de trabajo, eso habría dado lugar a una transformación radical de la distribución de la renta y de las relaciones

207. Véase B. Pavard, F. Rochefort y M. Zancarini-Fournel, *Ne nous libérez pas, on s'en charge!: une histoire des féminismes de 1789 à nos jours*, La Découverte, París, 2020.

208. Véase *Capital e ideología*, *op. cit.*

de poder en la sociedad y en el seno de las parejas. Apenas estamos empezando a salir de la época dorada del patriarcado. En 2020, en Francia, la participación de las mujeres en la masa salarial total se sitúa tan sólo en el 38 por ciento, frente al 62 por ciento de los hombres; cerca del doble de poder monetario para estos últimos. Nótese, una vez más, la importancia de la elección de los indicadores. Si nos limitamos a señalar que la brecha salarial es del 14 por ciento para un trabajo determinado, estamos subestimando en gran medida el problema, ya que uno de los principales aspectos de la desigualdad de género es precisamente que las mujeres y los hombres no ocupan los mismos puestos de trabajo.

Esto es especialmente llamativo en el caso de los cargos políticos o directivos. En Francia, la proporción de mujeres entre el 1 por ciento de las personas que más ganan ha aumentado ciertamente del 10 al 19 por ciento entre 1995 y 2020. El problema es que esa progresión es extremadamente lenta: a este ritmo, la paridad no se alcanzaría antes de 2107 (véase el gráfico 8.3). Los datos disponibles en otros lugares de Europa, Estados Unidos y otras partes del mundo llevan a conclusiones similares. Una parte central de la explicación reside en la fuerza de ciertos prejuicios contra las mujeres. En la India, distintas investigaciones han cuantificado ese tipo de sesgos midiendo a gran escala las reacciones ante la lectura de los mismos discursos políticos, según sean leídos por voces masculinas o femeninas. El mismo argumento —por ejemplo, sobre presupuestos municipales o sobre la construcción de una escuela— se juzga sistemáticamente menos creíble cuando lo pronuncia una voz femenina. Estos trabajos también han demostrado que el hecho de contar con la experiencia de mujeres al frente de Gobiernos municipales reduce en gran medida los estereotipos negativos sobre las mujeres, quizá una de las pruebas más convincentes de la necesidad y la eficacia potencial de las políticas de discriminación positiva para superar prejuicios arraigados.[209]

209. Véase L. Beaman, R. Chattopadhyay, E. Duflo, R. Pande y P. Topalova, «Powerful women: does exposure reduce bias?», *Quarterly Journal of Economics*, 2009.

Gráfico 8.3. Sobre la persistencia del patriarcado en el siglo XXI

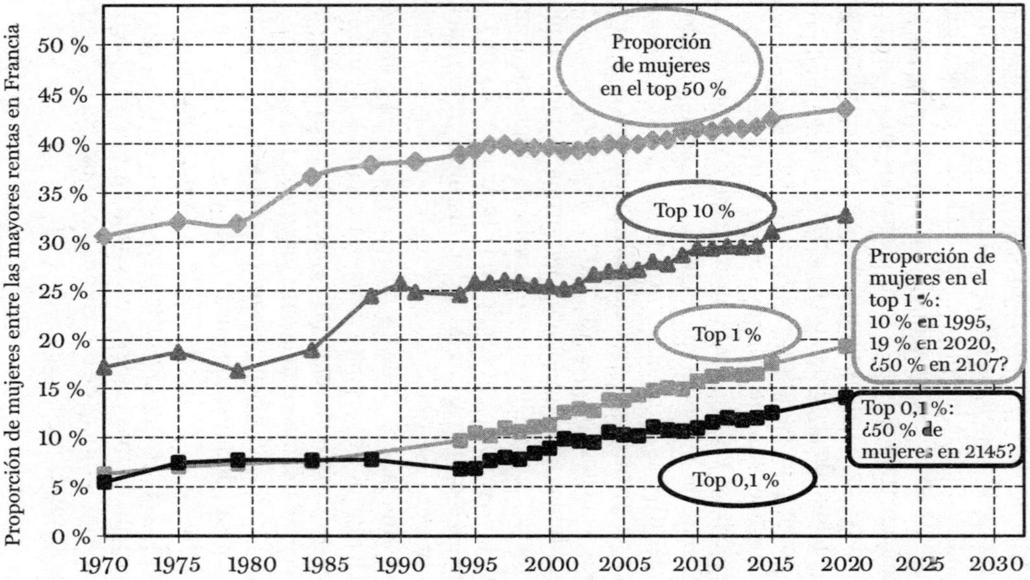

Interpretación: La proporción de mujeres en el percentil superior (el 1 por ciento más alto) de la distribución de los ingresos laborales (salarios e ingresos por cuenta propia) aumentó del 10 al 19 por ciento entre 1995 y 2020, y debería alcanzar el 50 por ciento en 2107 si la tendencia continúa al mismo ritmo que entre 1995 y 2020. En el caso del 0,1 por ciento superior, la paridad podría alcanzarse en 2145.
Fuentes y series: Véase <piketty.pse.ens.fr/egalite>.

Las políticas de cuotas a favor de las mujeres se han multiplicado en las últimas décadas, aunque no sin una fuerte oposición. En Francia, la mayoría parlamentaria socialista adoptó una primera ley en 1982. La medida era modesta, ya que simplemente establecía que ningún sexo podía ocupar más del 75 por ciento de los escaños tras el escrutinio de las listas, especialmente en las elecciones municipales y regionales. Esto habría supuesto un importante avance para las mujeres, que en aquel momento representaban menos del 10 por ciento de los representantes electos, pero la ley fue censurada por el Consejo Constitucional por vulnerar el principio de igualdad. No se rompió el bloqueo hasta la revisión constitucional de 1999. La ley de 2000 logró introducir la paridad integral en las listas, así como sanciones financieras para los partidos que presenten un número insuficiente de mujeres por circunscripción (sanciones que resultaron insuficientes para ser efectivas). Asimismo, aquel Gobierno intentó imponer la paridad en los tribunales de admisión, pero fue nuevamente censurado por los jueces. Una segunda revisión constitucional adoptada en 2008 permitió la aplicación de cuotas en el acceso a las responsabilidades sociales profesionales y no solamente a los cargos políticos. Una serie de leyes aprobadas entre 2011 y 2015 introdujeron cuotas para las mujeres en los consejos de administración de las empresas (20 por ciento de los puestos) y posteriormente en los tribunales y órganos de Gobierno de las instituciones públicas. En 2021 se está discutiendo en el Parlamento sobre la posible ampliación de cuotas o incentivos a todos los puestos de dirección de las empresas privadas (lo que podría tener un impacto medible en la proporción de mujeres en el percentil o decil superior de la distribución salarial). Aunque es demasiado pronto para evaluar el efecto total de estas medidas, la secuencia demuestra al menos que es posible avanzar hacia la igualdad real, y si es necesario, reescribir los textos constitucionales cuando existe voluntad política.[210]

210. Cabe señalar que el primer gran experimento francés de discriminación positiva fue la Ley de 26 de abril de 1924 que obligaba a todas las empresas de más de diez empleados a tener al menos un 10 por ciento de trabajadores

Medidas de este tipo pueden ser esenciales para avanzar hacia la paridad en los niveles más altos del escalafón profesional, pero hay que ser conscientes de los límites de un enfoque centrado en la cúspide de la jerarquía, que tiende a descuidar los puestos de trabajo menos remunerados, los cuales, sin embargo, son el destino frecuente de la gran mayoría de las mujeres. En otras palabras, desbloquear plazas para mujeres en los círculos dirigentes no debe servir de pretexto para tener la conciencia tranquila frente a un sistema social altamente jerarquizado y sexista para el resto de la población. Lo fundamental es la mejora de los salarios, los horarios y las condiciones de trabajo de millones de cajeras, camareras, limpiadoras y otras docenas de profesiones altamente feminizadas que históricamente no han recibido la misma atención en el debate público y en la movilización sindical que las profesiones de la clase trabajadora masculina.[211] Numerosas medidas fiscales y sociales (como el *quotient conjugal*[212] o los sistemas de permisos parentales) surgidas durante los Treinta Gloriosos siguen reforzando hoy en día un reparto de roles y de empleos fuertemente marcado por el género.[213] En realidad, la superación del patriarcado social

---

mutilados de guerra, so pena de tener que pagar el equivalente a un día de salario diario por cada mutilado de menos. Esa ley evolucionó posteriormente hacia el actual régimen de trabajadores discapacitados (con sanciones menos disuasorias y objetivos menos ambiciosos).

211. Véase C. Arruza, T. Bhattacharya y N. Fraser, *Feminism for the 99 %*, *op. cit.* Véase también M. Benquet, *Encaisser!: enquête en immersion dans la grande distribution*, La Découverte, París, 2015; F.-X. Devetter y J. Valentin, *Deux millions de travailleurs et des poussières: l'avenir des emplois du nettoyage dans une société juste*, Les petits matins, París, 2021.

212. El *quotient conjugal* [literalmente, 'cociente conyugal' en español] es una minoración fiscal que beneficia a las parejas casadas con hijos a cargo en la declaración del impuesto sobre la renta, trato que en la práctica discrimina a las madres solas o no casadas, con efectos desincentivadores sobre la incorporación de la mujer al mercado laboral. *(N. del t.)*

213. Véase H. Périvier, *L'économie féministe*, Sciences Po, París, 2020. Por otra parte, han aparecido nuevas desigualdades: el aumento de las separaciones y el mantenimiento (o a veces la profundización) de sistemas muy desigualitarios de división de la propiedad han llevado a un paradójico aumento de la brecha de

sólo puede conseguirse mediante una transformación total del equilibrio entre producción y reproducción social, y entre vida profesional y vida familiar y personal. Una gran parte de los hombres mejor pagados organizan su vida sin apenas ver a sus hijos, a su familia, a sus amigos y al mundo exterior, mientras contribuyen activamente a la carrera sin fin del consumismo y a la degradación del medio ambiente. Resolver el problema de la desigualdad de género incentivando a las mujeres a hacer lo mismo no es la solución: se necesita más bien un equilibrio diferente del uso del tiempo. El reto es mucho más importante (también más apasionante) que unas cuantas cuotas, aunque estas últimas sean parte de la solución para superar el androcentrismo.

Combatir la discriminación sin endurecer las identidades

La paridad de género y las cuotas femeninas, que durante mucho tiempo han sido discutidas, se han extendido en muchos países y actualmente son ampliamente aceptadas. No se puede decir lo mismo de las cuotas en beneficio de categorías discriminadas por razones sociales, étnico-raciales o religiosas, cuya aceptación sigue suscitando fuertes reticencias. Esas reticencias no son del todo infundadas ni surgen únicamente del egoísmo de quienes no quieren ceder su lugar (aunque es un factor que no debe pasarse por alto). La prioridad debe ser luchar contra la discriminación como tal, antes de plantearse la aplicación de cuotas sociales o raciales. Es decir, es necesario poner todos los medios para identificar y erradicar las prácticas discriminatorias y racistas, en particular persiguiendo a los actores sociales que incurran en di-

---

género en la riqueza. Véase C. Bessière y S. Gollac, *Le genre du capital: comment la famille reproduit les inégalités*, La Découverte, París, 2020; C. Bessière, «Reversed accounting: legal professionals, families and the gender wealth gap in France», *Socio-Economic Review*, 2019; N. Frémeaux y M. Leturq, «Inequality and the individualization of wealth», *Journal of Public Economics*, 2020.

chas prácticas (ya sean empleadores, policías, hinchas, manifestantes, internautas, etc.). Asimismo, las cuotas sociales o raciales conllevan dos graves riesgos. Por un lado, pueden hacer que se cuestione la legitimidad de quienes resulten beneficiados y ocupen un determinado puesto (incluso por parte de quienes hubieran obtenido dichos puestos en ausencia de cuotas). Por otro lado, pueden contribuir a endurecer identidades sociales o étnico-raciales que son por naturaleza plurales, mestizas y evolutivas, e incluso a reforzar antagonismos identitarios.[214] No obstante, puede haber casos en los que los prejuicios están tan arraigados (como ocurre con las mujeres) que sólo las cuotas pueden permitir desbloquear la situación. La cuestión es extremadamente delicada y no admite una respuesta única: solamente un examen detallado, caso por caso, puede permitirnos formarnos una opinión.

Empecemos por examinar el caso de la India, que es el país que ha ido más lejos en la aplicación de cuotas sociales. Las «reservas» (como se denominan en el contexto indio) se aplicaron por primera vez en beneficio de las *scheduled castes* (SC) y las *scheduled tribes* (ST), los antiguos intocables y aborígenes discriminados en la sociedad hindú tradicional. Estas castas inferiores, que representan alrededor del 20-25 por ciento de la población, comenzaron a beneficiarse de cuotas para acceder a las universidades y al empleo público a partir de 1950. Entre 1980 y 1990, el sistema se amplió a las clases medias (*other backward clases*, OBC), que representan entre el 40 y el 45 por ciento de la población total, de modo que actualmente el 60-70 por ciento de la población india está cubierta por cuotas a escala federal (véase el gráfico 8.4).[215] La ampliación a las OBC estaba prevista en la Constitución de 1950, pero la creación de las comisiones para definir las categorías sociales correspondientes planteó grandes dificultades, por lo que el proceso se pro-

214. El primer riesgo afecta también a las cuotas femeninas; el segundo, mucho menos.

215. En términos numéricos, las SC-ST equivalen aproximadamente a los becarios de la enseñanza secundaria en el contexto francés, mientras que las SC-ST-OBC corresponden a los becarios de la enseñanza superior.

Gráfico 8.4. Discriminación positiva en la India (1950-2020)

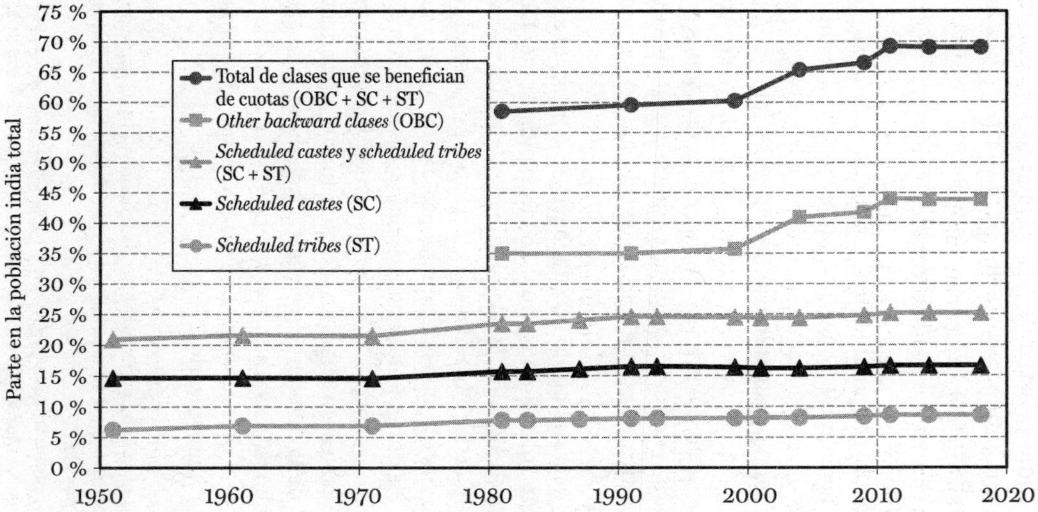

Interpretación: Las cuotas de acceso a la universidad y a los empleos públicos se introdujeron en beneficio de las *scheduled castes* (SC) y las *scheduled tribes* (ST) (antiguos intocables y aborígenes discriminados) ya en 1950, antes de ampliarse entre 1980 y 1990 a las *other backward clases* (OBC) (antiguos *shudras*), tras la comisión Mandal de 1979-1980. En total, las cuotas conciernen a alrededor del 70 por ciento de la población india en 2010-2020. Los SC-ST también se benefician de cuotas para los cargos electos.

Fuentes y series: Véase <piketty.pse.ens.fr/egalite>.

longó durante varias décadas. En 1993, una enmienda constitucional obligó a los Estados indios que aún no lo habían hecho a reservar un tercio de los *panchayats* (ayuntamientos) a las mujeres. Se sigue debatiendo si la Constitución debe modificarse para reservar una parte de las circunscripciones a las mujeres en las elecciones federales, como se hace con las castas inferiores desde 1950 (en proporción a su porcentaje sobre la población total).

Los elementos disponibles arrojan un balance mixto de esta experiencia. Teniendo en cuenta el prejuicio y la discriminación extremos que sufrían las castas inferiores de la India como resultado de un sistema desigualitario que viene de lejos, y que también se debe a su endurecimiento por parte del poder colonial británico (que se sirvió en gran medida de las divisiones de casta como base para la dominación, a la vez que le otorgó una existencia administrativa duradera que no existía antes), es probable que sin la introducción de cuotas los miembros de las castas inferiores no hubieran podido acceder a cargos electos, ni a la educación superior, ni al empleo público tan rápidamente. Desde el punto de vista económico, las desigualdades entre las castas inferiores y el resto de la población siguen siendo muy elevadas, aunque se han reducido considerablemente desde 1950; más, por ejemplo, que las desigualdades entre blancos y negros en Estados Unidos (véase el gráfico 8.5).[216] Varios estudios han demostrado también que las cuotas han tenido una fuerte influencia en la construcción de la democracia electoral india: todos los partidos se han visto abocados a promover a representantes salidos de las castas inferiores, y las reservas han desempeñado *de facto* un papel integrador y movilizador.[217]

216. La comparación con Estados Unidos (donde el 10-15 por ciento de la población es negra) es más significativa que con Sudáfrica (donde los negros son más del 80 por ciento).

217. Véase F. Jensenius, *Social justice through inclusion: the consequences of electoral quotas in India*, Oxford University Press, Nueva York, 2017. Véase también C. Jaffrelot, *Inde, la démocratie par la caste: histoire d'une mutation sociopolitique, 1885-2005*, Fayard, París, 2005. Cabe señalar que los musulmanes (15 por ciento de la población) fueron excluidos de las cuotas SC-ST, si bien

Gráfico 8.5. Discriminación y desigualdades en perspectiva comparada

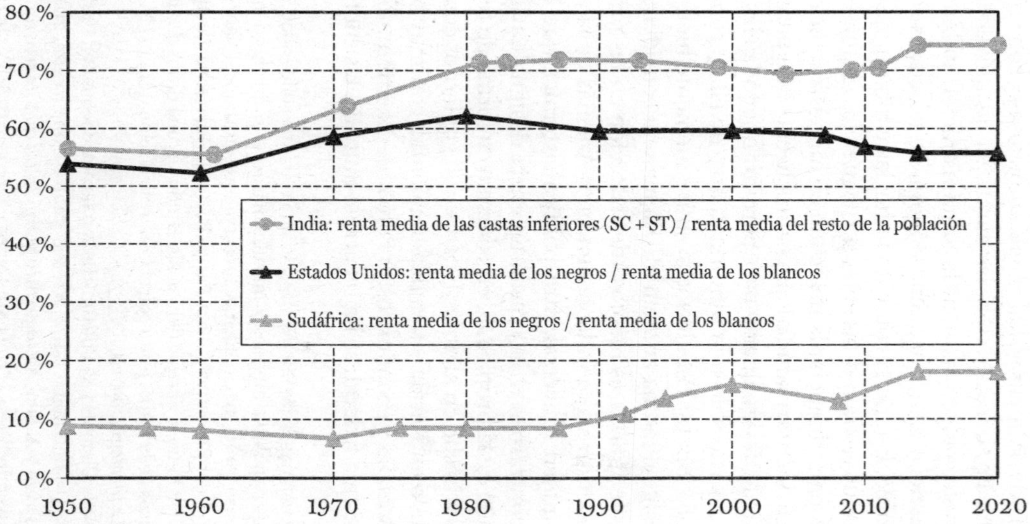

Interpretación: La ratio entre la renta media de las castas inferiores de la India (*scheduled castes* y *scheduled tribes*, SC + ST, antiguos intocables y aborígenes discriminados) y la del resto de la población ha pasado del 57 por ciento en 1950 al 74 por ciento en 2018. La relación entre los ingresos medios de los negros y los blancos ha pasado del 54 al 56 por ciento en Estados Unidos, y del 9 al 18 por ciento en Sudáfrica.
Fuentes y series: Véase <piketty.pse.ens.fr/egalite>.

Aunque el balance del sistema de cuotas en la India es globalmente positivo, la experiencia también pone de manifiesto los límites de una política de este tipo, que es insuficiente y debe ir acompañada de políticas sociales más ambiciosas y con vocación universalista. Por construcción, las cuotas en las universidades, en las asambleas electivas y en la administración pública sólo pueden beneficiar a una pequeña minoría de las clases sociales más desfavorecidas. En el contexto indio, las cuotas han servido a veces de excusa para que las élites no paguen los impuestos que se necesitan para financiar la inversión en infraestructuras básicas, en educación y en sanidad que habría hecho falta para reducir realmente la desigualdad y para permitir que todas las clases desfavorecidas (no sólo una minoría dentro de ellas) converjan con las demás. Sin un Estado social suficientemente bien financiado, la desigualdad ha aumentado de manera considerable en la India desde 1980, tras una fase de reducción en las primeras décadas posteriores a la independencia.[218] Además de la educación y la sanidad universal, otra política sistémica que habría permitido contrarrestar la pesada herencia desigualitaria es la redistribución de la propiedad, en concreto en forma de reforma agraria. Se ha hecho en algunos Estados con gobiernos comunistas, sobre todo en Kerala y Bengala occidental, con muy buenos resultados sociales y económicos.[219] Pero no se ha intentado nada parecido a escala federal: se ha recurrido mucho a las cuotas, sin

---

pudieron beneficiarse de las cuotas OBC, lo que creó una solidaridad *de facto* entre las clases populares hindúes y musulmanas, que al mismo tiempo alimentó el ascenso de los nacionalistas-conservadores antimusulmanes y anti castas inferiores del Bharatiya Janata Party (BJP). (El Bharatiya Janata Party [Partido Popular Indio, o Partido del Pueblo Hindú] es uno de los dos mayores partidos políticos de la India, junto con el Congreso Nacional Indio *[N. del t.]*.) Véase *Capital e ideología, op. cit.*

218. Véase L. Chancel y T. Piketty, «Indian income inequality, 1922-2015: from British Raj to Billionaire Raj?», *Review of income and wealth*, 2019. Véase también J. Drèze y A. Sen, *An uncertain glory: India and its contradictions*, Princeton University Press, Princeton (Nueva Jersey), 2013. Véase también C. Jaffrelot y A. Kalaiyarasan, «Post-Sachar Indian muslims: facets of socioeconomic decline», Sciences Po, 2021.

219. Véase *Capital e ideología, op. cit.*

pedir a las clases propietarias que contribuyan con los impuestos y la riqueza que habrían sido necesarios para una verdadera redistribución social.

Conciliar la paridad social y la redistribución de la riqueza

Veamos cuáles pueden ser las lecciones para otros países. Para empezar, el sistema de cuotas al estilo indio es evolutivo en sí mismo. En 1993, la Corte Suprema introdujo un criterio de renta para la aplicación de las cuotas: aunque una determinada casta esté incluida entre las OBC, los miembros del grupo cuyos ingresos anuales superan un determinado umbral no pueden beneficiarse de ellas.[220] En 2018, la norma se extendió también a las castas bajas (SC-ST), y en 2020 se introdujeron cuotas específicas en beneficio de los miembros de las castas altas cuyos ingresos están por debajo de dicho umbral.[221] Es posible que el sistema en su conjunto evolucione muy gradualmente hacia un mecanismo de discriminación positiva basado en criterios sociales objetivos, como los ingresos parentales, el nivel de estudios o la riqueza, y ya no en la pertenencia a una casta históricamente discriminada. Es quizá lo mejor que podemos desear. Idealmente, para evitar volver rígidas las categorías sociales y sus antagonismos, los sistemas de cuotas deberían prever las condiciones para su propia evolución, ya que eso contribuye a reducir los prejuicios contra los grupos discriminados. Por ejemplo, dada la ausencia casi total de las clases populares en los Parlamentos de las democracias occidentales, cabría imaginar la introducción de mecanismos de paridad social además de los de paridad de géne-

220. El umbral en 2021 es de 800.000 rupias, lo que en la práctica excluye a cerca del 10 por ciento de la población.

221. Algunas universidades, como la Universidad Jawaharlal Nehru (JNU, por sus siglas en inglés), de Delhi, han utilizado durante décadas sistemas que combinan las calificaciones, el género, la identidad de casta, los ingresos de los padres y el origen regional, con el fin de cumplir con las obligaciones federales y llevar la lógica de las cuotas más allá.

ro (finalmente aplicados). Es decir, podría exigirse a los partidos que la mitad de sus candidatos a las elecciones proviniesen de las clases más desfavorecidas.[222] En la medida en que la aplicación de diferentes políticas permitiese una reducción sistémica de la brecha de riqueza, cabe esperar que la norma fuese cada vez menos necesaria y que los umbrales pudieran rebajarse sin reducir la representatividad de los Parlamentos.[223]

Nótese que ningún país occidental ha aplicado nunca cuotas sociales o raciales de la forma en que lo ha hecho la India, y que queda mucho por hacer en estas cuestiones. En Estados Unidos, las promesas sobre compensaciones a los antiguos esclavos hechas al final de la guerra de Secesión nunca se cumplieron. En 1965, cuando la discriminación racial legal llegó a su fin, el Gobierno de Johnson adoptó una serie de medidas en ese sentido, entre las cuales exigir un compromiso con la diversidad racial a las empresas que quisieran presentarse a licitaciones públicas. Sin embargo, en contra de lo que a veces se piensa, ninguna legislación federal puso nunca en marcha ningún sistema formal de cuotas para el acceso a la universidad, a la función pública o a cargos electos, ni a nada por el estilo. Habría sido necesaria una movilización política enorme para que la mayoría federal impusiera medidas semejantes en todo el país, y no es seguro que la Corte Suprema (que validó la discriminación racial en los estados del Sur en una sombría sentencia de 1896) hubiera acompa-

222. Véase J. Cagé, *Libres et égaux en voix*, Fayard, París, 2020. La autora propone que los partidos estén obligados a que el 50 por ciento de sus candidatos sean empleados y trabajadores (categorías sociales que representan alrededor del 50 por ciento de la población activa) y que se apliquen sanciones disuasorias en caso de elusión (por ejemplo, si estas categorías representan menos del 40 por ciento de sus representantes electos). También podrían definirse las clases populares en función de la renta media anual de los últimos diez años o del patrimonio.

223. Cabe señalar que en el sistema de cogestión alemán existe una forma de paridad social a la inversa: los cuadros tienen derecho a una cuota entre los representantes de los trabajadores. Esta norma siempre ha sido denunciada por los sindicatos, que la ven (no sin razón) como una estrategia de la patronal para dividirlos y reforzar el poder de los accionistas. Véase S. Silvia, *Holding the shop together*, *op. cit.*

ñado al Gobierno en ese intento. En cualquier caso, la falta de una verdadera política de reparaciones y de discriminación positiva es una de las razones por las que las desigualdades raciales siguen siendo tan elevadas en Estados Unidos.[224] Algunos estados intentaron introducir cuotas en las décadas de 1970 y 1980, pero fueron censuradas por los jueces o por referendos, como el celebrado en California en 1996, que prohibió cualquier esquema basado en la raza (o el género, por cierto, a diferencia de lo que ocurre en Francia y en muchos otros países). Varios estados desarrollaron entonces sistemas de admisión a la enseñanza secundaria o a la universidad que tenían en cuenta tímidamente el barrio de procedencia o los ingresos parentales.[225]

En general, la discriminación positiva basada en criterios sociales universales como la renta, el patrimonio o el territorio tiene muchas ventajas. Además de facilitar la obtención de mayorías políticas a favor, tiene el mérito de evitar el endurecimiento de las identidades étnico-raciales. De acuerdo con nuestras observaciones, este tipo de discriminación positiva es todavía incipiente tanto en Francia como en Estados Unidos y en la mayoría de los países. En la práctica, sería un paso importante para evitar la discriminación negativa; es decir, el hecho de que las clases sociales desfavorecidas disfruten casi en todas partes de unos recursos educativos inferiores a los de las clases más favorecidas. Lo mismo ocurre con la financiación de las infraestructuras y los servicios públicos en general. Partimos de un sistema en el que los distintos municipios disponen de recursos presupuestarios extremadamente desiguales, en función de las diferencias

224. Sobre la importancia y la persistencia de las desigualdades raciales en Estados Unidos, véase F. Pfeffer y A. Killewald, «Visualizing intergenerational wealth mobility and racial inequality», *Socius*, 2019.

225. Sin embargo, la utilización de los ingresos de los padres ha sido prohibida por los jueces en varios Estados, en cuyo caso los regímenes tienen que limitarse al barrio de origen, lo que resulta insuficiente para lograr la focalización social deseada, ya que a menudo son los más favorecidos dentro de un barrio desfavorecido los que se benefician de la medida. Véase G. Ellison y P. Pathak, «The efficiency of race-neutral alternatives to race-based affirmative action: evidence from Chicago's exam schools», NBER, 2016.

de renta o de patrimonio por habitante, y luego nos felicitamos estruendosamente por haber puesto en marcha un puñado de medidas compensatorias insuficientes, que en realidad sólo cubren una pequeña parte de la desigualdad sistémica que nos negamos a cuestionar frontalmente (tanto en el caso de los presupuestos municipales como en el de los profesores contractuales). Con demasiada frecuencia, el concepto de discriminación positiva se ha utilizado para no tener que financiar las políticas sociales indispensables. La idea de una discriminación positiva basada en criterios sociales puede defenderse, pero sólo a partir de un programa ambicioso de redistribución de la riqueza y si se entiende como un complemento a medidas universales como el Estado social, la garantía de empleo o la herencia universal.

Medir el racismo: la cuestión de las categorías étnico-raciales

Por muy útil que resulte, la discriminación positiva por motivos sociales no puede superar por sí sola las prácticas discriminatorias étnico-raciales. Dichas prácticas no pueden combatirse si no existen indicadores y procedimientos para medirlas y corregirlas de forma explícita y frontal. Para algunos observadores, la única manera de hacerlo es extrapolar a Europa y a todos los países el tipo de categorías étnico-raciales que siempre se han utilizado en los censos de Estados Unidos. No está nada claro. Para empezar, dichas categorías se introdujeron y se utilizaron para apoyar la discriminación racial (no para combatirla). Ciertamente, se han seguido utilizando en las últimas décadas para medir el racismo, y a veces para combatirlo, pero los resultados obtenidos en términos de igualdad racial en Estados Unidos no son como para provocar la envidia del resto del mundo. Por otra parte, el rechazo a esas categorías y la crítica ritual al modelo estadounidense no son suficientes para definir ninguna política. La verdad es que ningún país está en condiciones de dar lecciones de discriminación racial ni tampoco de justicia educativa. Durante siglos, personas de diferentes orígenes étnicos y raciales han vivido sin apenas contacto entre sí, salvo a través de la dominación militar y las relaciones esclavistas y coloniales. El hecho de que desde hace poco convivan en las mismas comunidades políticas es un gran avance civilizatorio, pero sigue dando lugar, un poco en todas partes, a prejuicios y explotaciones políticas que sólo pueden superarse con más democracia e igualdad. Todo el mundo tiene algo que aprender de la experiencia de otros países. Sería mejor dedicar más tiempo a encontrar soluciones, en lugar de utilizar esta cuestión como pretexto para la autocomplacencia nacionalista o para enfrentar entre sí a diferentes modelos nacionales, sin preocuparse realmente de lo que son y de los problemas que resuelven o no.

El Reino Unido es el único país europeo que ha introducido categorías étnico-raciales al estilo de Estados Unidos para combatir la discriminación.[226] Desde el censo de 1991, se pide a todo el mundo que marque una casilla para indicar si se percibe como «blanco», «negro/caribeño», «indio/paquistaní», etc. Lo mismo ocurre en numerosas encuestas o en los documentos relativos a los controles policiales. Aunque esto ha contribuido, sin duda, a que exista una mayor atención pública sobre ciertos abusos y atropellos, no existe ningún estudio hasta la fecha que sugiera que ha reducido realmente el alcance de la discriminación racial en comparación con otros países europeos.[227] También se puede argumentar que no existe un modelo único, y que depende de cada contexto migratorio y poscolonial considerado. En Alemania y Francia, la población de origen no europeo procede sobre

226. Véase Z. Rocha y P. Aspinall (eds.), *The Palgrave international handbook of mixed racial and ethnic classification*, Palgrave Macmillan, Basingstoke (Inglaterra), 2020.

227. Véase A. F. Heath y V. Di Stasio, «Racial discrimination in Britain, 1969-2017: a meta-analysis of field experiments on racial discrimination in the British labour market», *British Journal of Sociology*, 2019. Véase también L. Quillian *et al.*, «Do some countries discriminate more than others?: evidence from 97 field experiments of racial discrimination in hiring», *Sociological Science*, 2019, que encuentran una mayor discriminación en Francia y Suecia que en el Reino Unido y Alemania, con diferencias entre países que, sin embargo, están por debajo del nivel de significación estadística.

todo de Turquía y del Magreb. El hecho es que las diferencias de aspecto físico son relativamente pequeñas a lo largo de la cuenca mediterránea: las variaciones son graduales y continuas tanto más cuanto que los diferentes orígenes nacionales se cruzan y entrecruzan constantemente, con mucha más fuerza que en el contexto americano, por ejemplo.[228] Además de que es poco probable que las personas en cuestión se identifiquen con las categorías blanco/negro,[229] las encuestas han revelado que se sienten incómodas al tener que identificarse dentro de categorías étnico-raciales.[230]

En estas condiciones, se puede considerar legítimamente que su introducción en los censos tendría efectos principalmente negativos. Sin embargo, se puede llegar muy lejos en la medición del racismo y en la detección y corrección de prácticas discriminatorias (o al menos mucho más lejos de lo que se ha hecho hasta ahora) sin tener que pedirles a las personas que se sitúen en una categoría identitaria étnico-racial. Concretamente, Francia, Ale-

228. En Francia, la proporción de matrimonios mixtos alcanza el 30-35 por ciento para las personas de origen norteafricano en la generación anterior, el mismo nivel que para los de origen portugués. Llega al 60 por ciento para los de origen español o italiano. Véase C. Beauchemin, B. Lhommeau y P. Simon, «Histoires migratoires et profils socioéconomiques», en *Trajectoires et origines: enquête sur la diversité de la population française*, INED, París, 2015. En Estados Unidos, había un 15 por ciento de uniones mixtas entre las personas que se identificaban como negras en 2015 (frente al 2 por ciento en 1967). La proporción de uniones mixtas alcanza el 25-30 por ciento para los latinos y las minorías de origen asiático. En el caso de los blancos es de aproximadamente un 10 por ciento. Véase G. Linvingston y A. Brown, «Intermarriage in the U.S. 50 years after Loving v. Virginia», Pew Research Center, 2017.

229. En los censos del Reino Unido, entre una cuarta parte y la mitad de los nacidos en Turquía, Egipto o el Magreb se clasifican como «blancos» (categoría en la que se identifican mejor que «negros/caribeños» o «indios/paquistaníes»), otros lo hacen como «asiáticos» y otros como «árabes» (una casilla introducida en 2011 que no ha seducido a todos sus destinatarios).

230. Véase P. Simon y M. Clément, *Rapport de l'enquête «Mesure de la diversité»*, INED, París, 2006. El malestar expresado en los cuestionarios étnico-raciales es mucho mayor entre las personas de origen norteafricano que entre las de origen subsahariano o antillano. Véase también P. Ndiaye, *La condition noire: essai sur une minorité française*, Calmann-Lévy, París, 2008.

mania y todos los demás países afectados por la cuestión deberían crear un auténtico observatorio público de la discriminación, encargado de objetivar la realidad, informar anualmente sobre la situación y orientar las políticas. En Francia, diversos investigadores enviaron currículos falsos en respuesta a miles de ofertas de trabajo y analizaron los índices de respuesta en forma de entrevistas de trabajo. Si el apellido tenía consonancias árabe-musulmanas, el índice de respuesta se dividía por cuatro. Los nombres que sonaban judíos también eran discriminados, aunque de forma menos acusada.[231] El problema es que ese estudio no se ha vuelto a repetir, por lo que no se sabe si la situación ha mejorado o empeorado desde 2015. Se necesita urgentemente un observatorio oficial que lleve a cabo campañas con test a gran escala que permitan realizar comparaciones fiables a lo largo del tiempo entre regiones y sectores, y que haga lo mismo con las detenciones y registros policiales y otras formas de discriminación.[232] Ese organismo también debería supervisar anualmente la discriminación en las empresas (salarios, ascensos, formación, etc.). Para ello, resulta imprescindible introducir en el censo una pregunta sobre el país de nacimiento de los padres (algo que no ocurre actualmente en Francia y en varios países). Combinando esta información con los datos salariales transmitidos por las empresas, de forma anónima y bajo control de las autoridades públicas, sería posible establecer desgloses detallados por región, sector y tamaño de empresa.[233] Esos indicadores podrían movilizarse en cola-

231. Véase M.-A. Valfort, «Discriminations religieuses à l'embauche: une réalité», estudio, Institut Montaigne, 2015.

232. En el contexto francés, la HALDE (Alta Autoridad contra la Discriminación y por la Igualdad, por sus siglas en francés) fue sustituida en 2011 por el Défenseur des Droits, pero ninguno de los dos organismos ha tenido nunca los medios para organizar un seguimiento anual a gran escala. Lo mismo ocurre con la agencia correspondiente a nivel europeo: Agencia de los Derechos Fundamentales (FRA, por sus siglas en inglés).

233. Desde hace mucho tiempo, en diferentes encuestas públicas (encuestas sobre «Empleo», «Formación y cualificación profesional» o «Trayectorias y orígenes») se incluye una pregunta sobre el país de nacimiento de los padres. Sin embargo, la frecuencia y el tamaño de esas encuestas son insuficientes para realizar desgloses detallados. En 2010, un informe oficial propuso sin éxito uti-

boración con los sindicatos para identificar prácticas discriminatorias y alimentar operaciones locales de *testing*. El sistema podría eventualmente dar lugar a procedimientos legales o a sanciones en caso de infrarrepresentación evidente de trabajadores de determinado origen en empresas de un tamaño suficiente. Sobre el papel, si fuera imprescindible, podría preverse en el censo la introducción de una pregunta genérica sobre ascendencia étnico-racial.[234] Pero la experiencia internacional sugiere que la verdadera cuestión no es tanto multiplicar las estadísticas como movilizar los indicadores disponibles al servicio de una verdadera política antidiscriminatoria, firme y decidida, transparente y verificable, que implique a todos los actores (sindicatos y empresarios, movimientos políticos y asociaciones ciudadanas), algo que no se ha hecho realmente hasta ahora en ningún país.

La neutralidad religiosa y la hipocresía del laicismo a la francesa

Señalemos, para concluir, que la lucha contra la discriminación étnico-racial requiere también la invención de nuevas formas de neutralidad religiosa. También en este caso, ningún país puede presumir de haber alcanzado un equilibrio satisfactorio. Al modelo francés de laicidad le gusta presentarse como perfectamente neutral, pero la realidad es más compleja.[235] Los lugares de

---

lizar la información proporcionada por los empleados para establecer esos desgloses (véase *Inégalités et discrimination: pour un usage critique et responsable de l'outil statistique*, informe, Comité pour la mesure de la diversité et l'évaluation des discriminations [COMEDD], comité presidido por F. Héran). El hecho de pasar por el censo simplificaría el procedimiento.

234. Una formulación posible podría ser la siguiente: «Entre sus ascendientes, ¿tiene usted conocimiento de orígenes en estas diferentes partes del mundo?» (pregunta seguida de una serie de opciones de Sí/No: sur de Europa, norte de África, África subsahariana, sur de Asia, etc.).

235. Cabe señalar que las generaciones más jóvenes son mucho más sensibles a la discriminación antimusulmana que las mayores, lo que puede indicar una evolución positiva. Véase «Enquête auprès des lycéens sur la laïcité et la place des religions à l'école et dans la société», Licra y *Le Droit de Vivre*, 2021.

culto no están oficialmente subvencionados, excepto los que se construyeron antes de la ley de 1905, lo que en la práctica afecta casi exclusivamente a las iglesias y supone una desventaja para los creyentes musulmanes frente a los cristianos. Las escuelas y colegios confesionales católicos existentes en la época de la ley Debré (1959) siguen siendo financiados masivamente por el contribuyente, en proporciones casi inéditas en cualquier otro país. Dichas escuelas también han conservado el derecho a elegir libremente a sus alumnos, sin respetar ninguna norma común en cuanto a mestizaje social, por lo que contribuyen poderosamente a crear guetos escolares.[236] En cuanto a la financiación de los cultos religiosos (sacerdotes y edificios), hay que añadir el papel central que desempeñan las subvenciones fiscales. En Francia, como en muchos otros países, las donaciones a confesiones religiosas dan derecho a deducciones fiscales, lo que de hecho constituye una forma de financiación pública extremadamente desigualitaria, ya que cuanto mayores son los medios de que dispone un creyente, mayor será la subvención pública (lo que en la práctica favorece una vez más a determinadas religiones en detrimento de otras).[237]

Lo mismo ocurre con el sistema vigente en Italia, en donde cada contribuyente puede destinar una fracción de sus impuestos a la religión de su elección, o en Alemania, donde el mecanis-

236. Véase J. Grenet, «Renforcer la mixité sociale dans les collèges parisiens», PSE, 2016. Francia es también el único país que ha optado por cerrar sus escuelas primarias un día a la semana (los jueves, de 1882 a 1972, y posteriormente los miércoles) para dedicarlo al catecismo. Esa jornada estaba en proceso de ser reintegrada al horario escolar normal, pero en 2017 se decidió mantener esta excepción francesa, a base de semanas fragmentadas y jornadas excesivamente largas, a pesar de los efectos nocivos demostrados tanto sobre el aprendizaje escolar como sobre las desigualdades de género. Véase C. van Effenterre, «Essais sur les normes et les inégalités de genre», tesis, EHESS, 2017.

237. En Francia, una donación de 100 euros sólo le cuesta al contribuyente individualmente 34 euros: los 66 euros restantes los paga la colectividad nacional. Esta subvención se aplica a todas las donaciones a asociaciones de interés general, siempre que el contribuyente esté sujeto al impuesto sobre la renta (lo que excluye a la mitad menos rica de la población), con un límite máximo igual al 20 por ciento de los ingresos.

mo adopta la forma de un recargo fiscal en beneficio de las confesiones religiosas, en ambos casos con un sesgo a favor de las religiones con una organización nacional unificada (que en la práctica excluye a la religión musulmana). En comparación, el modelo francés de tratar a las asociaciones religiosas del mismo modo que a las demás asociaciones es potencialmente más satisfactorio, ya que considera la religión como una creencia o una causa más entre otras y fomenta la renovación y la diversidad de estructuras. Eso sí, a condición de que el sistema se haga más igualitario, por ejemplo, transformando las subvenciones públicas correspondientes en un «bono de vida asociativa» de la misma cuantía para todo el mundo, que cada uno podría dedicar a la asociación de su elección (religiosa, cultural, humanitaria, etc.), sean cuales sean sus valores y creencias. Un sistema así permitiría avanzar hacia la igualdad real y superar el actual clima de sospecha y estigmatización.

Capítulo 9

Salir del neocolonialismo

La lucha por la igualdad no ha terminado. Debe continuar, impulsando hasta el límite de su lógica el movimiento hacia el Estado social, la fiscalidad progresiva, la igualdad real y la lucha contra toda forma de discriminación. Esa lucha necesita sobre todo un cambio estructural del sistema económico mundial. El fin del colonialismo ha permitido el inicio de un proceso de igualación, pero la economía mundial sigue siendo profundamente jerárquica y desigualitaria en su funcionamiento. La organización económica actual, basada en la circulación incontrolada de capitales, sin objetivos sociales ni medioambientales, es a menudo una forma de neocolonialismo en beneficio de los más ricos. Este modelo de desarrollo es política y ecológicamente insostenible. Su superación pasa por transformar el Estado social nacional en un Estado social federal abierto al Sur, y por revisar radicalmente las normas y los tratados que rigen actualmente la globalización.

Los Treinta Gloriosos y el Sur: los límites del Estado social-nacional

Si observamos la evolución de las diferencias de riqueza entre países en los dos últimos siglos, vemos dos fases claramente diferenciadas: en primer lugar, un largo período de aumento de la desigualdad entre 1820 y 1950, que corresponde a la toma de control de la economía mundial por parte de las potencias occidentales entre 1820 y 1910, y al cenit de los imperios coloniales entre 1910 y 1950; a continuación, una fase de estabilización de las desigualdades entre países a un nivel extremadamente alto entre 1950 y 1980 (los Treinta Gloriosos en el Norte, los procesos de independencia en el Sur), seguida del inicio de una disminución entre 1980 y 2020. En 1820, el 10 por ciento de la población mundial que vivía en los países más ricos tenía una renta media que apenas triplicaba la del 50 por ciento que vivía en los países más pobres. No se trata de la igualdad total, pero refleja un mundo con diferencias relativamente pequeñas entre países (y una renta media muy baja para el conjunto de la población mundial). En 1960, la proporción de ingresos entre países era cinco veces mayor: uno a dieciséis. A pesar del fuerte descenso experimentado desde 1980, la escala sigue oscilando entre uno y más de ocho en 2020 (véase el gráfico 9.1).

Merece la pena destacar varios puntos. En primer lugar, es evidente que las desigualdades mundiales siguen siendo extremadamente elevadas y que arrastran la profunda huella del legado colonial y de la brecha abierta entre Occidente y el resto del mundo entre 1820 y 1960. Aunque en las últimas décadas se ha producido un verdadero proceso de convergencia (impulsado en parte por China, pero también por el sur de Asia y el África subsahariana), el proceso está lejos de haber llegado a su fin.[238] Tanto las antiguas como las nuevas potencias tienden a colocar a los países menos desarrollados en una situación de dependencia, sin darles los medios para desarrollarse de forma autónoma, por lo

238. China ya no se encuentra entre el 50 por ciento de los países más pobres desde 2010, y el descenso de la proporción que se muestra en el gráfico 9.1 refleja principalmente el crecimiento de la India, Indonesia, Vietnam y una parte de África. Obsérvese que la desigualdad de ingresos por hora trabajada es incluso mayor que la desigualdad del ingreso total: los países pobres trabajan de media más horas per cápita, pero eso sólo compensa parcialmente su menor capital económico y educativo. Véase L. Chancel y T. Piketty, «Global income inequality, 1820-2020», WID.world, 2021.

Gráfico 9.1. Diferencias de renta entre países (1820-2020): la larga salida del colonialismo

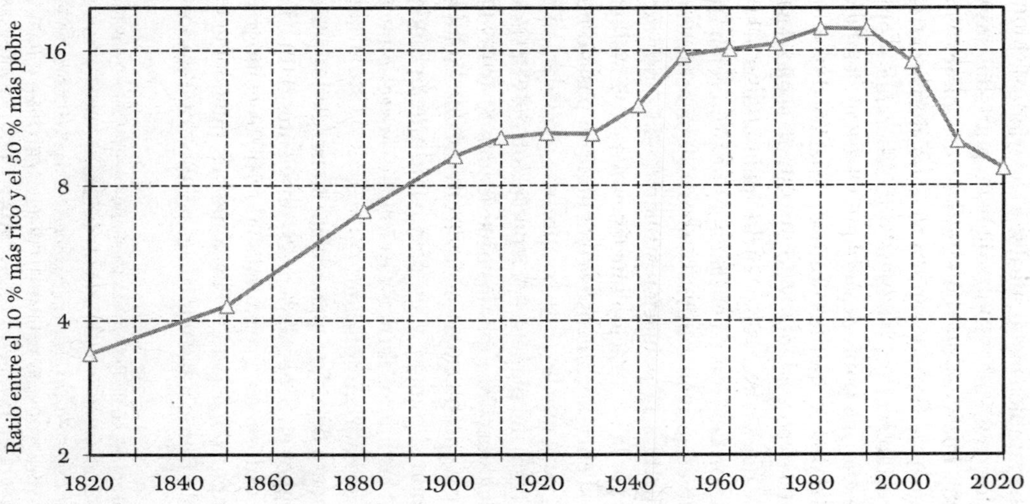

Interpretación: Las diferencias de renta entre países, medidas por la relación entre la renta media del 10 por ciento de la población mundial que vive en los países más ricos y la renta media del 50 por ciento de la población mundial que vive en los países más pobres, aumentaron considerablemente entre 1820 y 1960-1980, antes de entrar en una fase de disminución.
Nota: Para el cálculo de esta ratio, la población de los países que están a caballo entre distintos deciles se divide entre esos deciles como si se tratara de distintos países.
Fuentes y series: Véase <piketty.pse.ens.fr/egalite>.

que no se puede descartar que la dependencia jerárquica termine siendo permanente, a falta de una movilización adecuada y de un movimiento político suficientemente fuerte en sentido contrario. Conviene también evitar idealizar el período de los llamados Treinta Gloriosos (1950-1980), alabado por todas sus virtudes en el Norte, mientras que en el Sur estuvo marcado sobre todo por las guerras de independencia y las durísimas luchas para intentar establecer las bases de una soberanía propia, en situaciones de enorme pobreza y extrema presión demográfica. El Estado social de los Treinta Gloriosos, además de ser deliberadamente patriarcal, era ante todo un Estado social nacional, en el sentido de que se desarrollaba principalmente en el seno de los Estados nación del Norte, con sistemas de protección social y de inversión en educación e infraestructuras que estaban destinados a beneficiar a la población nacional, sin tener excesiva consideración por la integración internacional y colonial que había permitido el enriquecimiento occidental (un pasado no obstante reciente, pero que la gente se apresura a olvidar) ni por el desarrollo del resto del planeta.[239] La población del Sur fue eventualmente solicitada para suplir las necesidades de mano de obra del Norte, sin más perspectiva que la de enviarla de vuelta al Sur una vez realizado el trabajo, y sin plantearse ningún modelo de codesarrollo ni las nuevas formas de circulación económica y regulación que eso habría implicado.

En el momento de su independencia, líderes de los países del Sur, como Senghor en Senegal, ya eran conscientes de que los Estados recién creados iban a ser demasiado débiles como para negociar su lugar en la división internacional del trabajo. Para tener cierta influencia frente a las multinacionales y los Estados occi-

239. Sobre el concepto de Estado «keynesiano-westfaliano» (en el sentido de Fraser) o «nacional-social» (en el sentido de Balibar), véase N. Fraser, *Scales of justice: reimagining political space in a globalized world*, Columbia University Press, Nueva York, 2009; E. Balibar e I. Wallerstein, *Race, nation, classe: les identités ambiguës*, La Découverte, París, 2018 (1988); E. Balibar, *Histoire interminable: d'un siècle l'autre*, La Découverte, París, 2020; L. Boltanski, N. Fraser y P. Corcuff, *Domination et émancipation: pour un renouveau de la critique sociale*, Presses Universitaires de Lyon, Lyon, 2014.

dentales, y también para evitar la reproducción de las rivalidades nacionalistas al estilo europeo, Senghor propuso el desarrollo de una amplia federación de África occidental. El proyecto se materializó entre 1959 y 1961 con la efímera Federación de Malí, que reunió brevemente a Senegal y a los actuales Estados de Malí, Benín y Burkina Faso, tras la negativa definitiva de Costa de Marfil y Níger.[240] De manera esporádica, surgieron otros proyectos federales, como la República Árabe Unida (Egipto, Siria, Yemen) o la Federación de las Indias Occidentales (Jamaica, Trinidad, Barbados, etc.) entre 1958 y 1962.[241] Asimismo, durante el proceso de creación de la ONU, varias delegaciones intentaron dar más peso a los países del Sur y a la regulación pública de los flujos comerciales y de inversión. El proyecto de Organización Internacional de Comercio (OIC), defendido por la India y Brasil en 1947-1948, llegó a proponer un marco jurídico multilateral para la regulación colectiva de las nacionalizaciones y las transferencias de propiedad. Preocupados por ese intervencionismo, cuyo control corrían el riesgo de perder y que podía amenazar sus intereses, los países ricos rechazaron el proyecto,[242] que fue sustituido por estructuras

240. Francia tuvo un impacto desestabilizador en el proyecto, ya que entre 1945 y 1960 mantuvo la ilusión de una unión federal francoafricana dirigida por París, en detrimento de los proyectos federales de África occidental. Véase F. Cooper, *Citizenship between empire and nation, op. cit.* En su perímetro más extenso, la Federación de Malí habría tenido una población inferior a los 20 millones de habitantes en 1960, a la que cada uno de sus seis miembros aportaría entre 2 y 4 millones.

241. El proyecto antillano contó con el notable apoyo de C. L. R. James, natural de Trinidad, conocido por su influyente libro de 1938 sobre la revuelta de los esclavos en Santo Domingo (*The black jacobins*) y sus debates con Trotski sobre la autoorganización de las minorías en los movimientos de emancipación. Véase D. Obono y P. Silberstein, *Question juive, question noire: textes choisis et commentés de Léon Trotsky*, Syllepse, París, 2011.

242. Véase R. Toye, «Developing multilateralism: the Havana Charter and the fight for the International Trade Organization, 1947-1948», *International History Review*, 2003. Véase también Q. Slobodian, *Globalists: the end of empire and the birth of neoliberalism*, Harvard University Press, Cambridge (Massachusetts), 2018. Cabe señalar que los laboristas británicos se opusieron al proyecto de OIC (considerado contrario a los intereses imperiales y estigmatizado violentamente por los *tories*) y que los socialistas franceses dirigían el

(el GATT y luego la OMC) que les han permitido hasta el día de hoy mantener el control e imponer sus condiciones en temas sensibles.[243]

Neocolonialismo, liberalización del comercio y paraísos fiscales

La revolución conservadora de la década de 1980, con sus ataques en toda regla a la progresividad fiscal en los países anglosajones y su obsesión por la libre circulación de capitales (nueva consigna tanto de Europa occidental como de Estados Unidos), también contribuyó a redefinir la actitud de los países ricos y de las organizaciones internacionales hacia los países del Sur. A partir de 1980-1990, el llamado «consenso de Washington» va a calar en las políticas recomendadas a los países pobres: reducción del peso del Estado, austeridad presupuestaria, liberalización del comercio y desregulación total. Dadas las relaciones de poder asimétricas en juego, no es exagerado decir que dichas políticas fueron más impuestas que aconsejadas, y pueden verse así como una forma de neocolonialismo (aunque los mecanismos de persuasión no sean los mismos que en la época colonial).[244] A raíz de la crisis de 2008, lo políticamente correcto es decir que ese «consenso» ya no es válido, y que el FMI, el Banco Mundial y los Gobiernos occidentales han tomado conciencia de los excesos de

---

Gobierno durante la expedición de Suez en 1956 (por aquel entonces estaban aliados con el centroderecha contra los comunistas).

243. Esta capacidad de los Estados occidentales para vetar cualquier propuesta que los amenace se volvió a poner de manifiesto en 2020-2021, durante la crisis de la COVID-19, con la petición de suspensión de las patentes de vacunas presentada ante la OMC por la India, Sudáfrica y un centenar de países del Sur.

244. Sin idealizar el período de la Guerra Fría, estudios recientes han demostrado que la competencia entre Oriente y Occidente estuvo acompañada de una mayor disposición a escuchar a los países del Sur y de formas de multilateralismo en los organismos internacionales más logradas (o menos inexistentes) que lo que vino después. Véase S. Kott, *Organiser le monde: une autre histoire de la guerre froide*, Seuil, París, 2021.

la liberalización y de los problemas que plantea el aumento de la desigualdad y la crisis medioambiental. En realidad, al no haber sido sustituida por un auténtico consenso alternativo, la doctrina liberal sigue teniendo un peso considerable, especialmente en el Sur.

Desde la perspectiva que da el tiempo, es evidente que la política de desregulación y liberalización comercial a marchas forzadas ha contribuido a debilitar de forma duradera el frágil proceso de construcción del Estado en los países del Sur. En concreto, si observamos sus ingresos fiscales como proporción del producto interior bruto, podemos ver que los Estados más pobres del mundo se empobrecieron entre 1970-1980 y 1990-2000, antes de recuperarse ligeramente en 2010-2020, pero sin llegar a retomar su (muy bajo) punto de partida. La caída de la recaudación se debe casi en su totalidad a los derechos de aduana. La reducción de impuestos sobre el comercio internacional no es necesariamente algo malo en sí mismo, siempre que, por ejemplo, se sustituyan por impuestos directos sobre los beneficios de las multinacionales y las rentas y patrimonios más elevados. El problema es que no ha ocurrido así en absoluto: la eliminación de los aranceles se impuso a un ritmo acelerado, sin que los países afectados tuvieran tiempo de generar ingresos alternativos y sin ningún apoyo internacional para ello (más bien al contrario: el propio principio de la fiscalidad progresiva estaba siendo entonces vilipendiado por los afines al consenso de Washington).[245] Por último, la diferencia entre la capacidad fiscal de unos países y otros se ha ampliado notablemente desde la década de 1970: los ingresos de los países pobres se han estancado en menos del 15 por ciento del producto interior bruto, mientras que los de los países ricos han aumentado del 30 al 40 por ciento (véase el gráfico 9.2). Se trata de niveles extremadamente

245. En los países occidentales, la pérdida de ingresos aduaneros (históricamente muy elevados) fue mucho más gradual durante los siglos XIX y XX, sin presiones externas y con el cuidado de prever ingresos de sustitución. Véase J. Cagé y L. Gadenne, «Tax revenues and the fiscal cost of trade liberalization, 1792-2006», *Explorations in Economic History*, 2018.

Gráfico 9.2. Construcción del Estado y liberalización comercial (1970-2020)

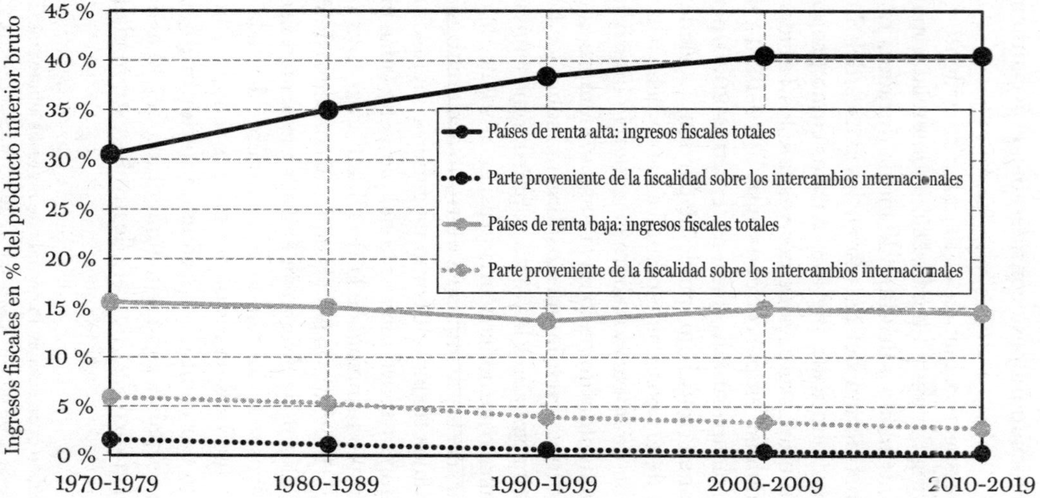

Interpretación: En los países de renta baja (el tercio más pobre: África, Asia meridional, etc.), los ingresos fiscales cayeron del 15,6 por ciento del PIB, en 1970-1979, al 13,7 por ciento, en 1990-1999, y al 14,5 por ciento, en 2010-2019, debido principalmente a la caída no compensada de los derechos de aduana y otros impuestos sobre el comercio internacional (que eran el 5,9 por ciento del PIB en 1970-1979, el 3,9 por ciento en 1990-1999 y el 2,8 por ciento en 2010-2019). En los países de renta alta (tercio más rico: Europa, América del Norte, etc.), los aranceles ya eran muy bajos al principio del período y los ingresos fiscales siguieron aumentando antes de estabilizarse.
Fuentes y series: Véase <piketty.pse.ens.fr/egalite>.

bajos, que además ocultan grandes disparidades. En muchos países africanos, como Nigeria, Chad y la República Centroafricana, los ingresos fiscales se sitúan entre el 6 y el 8 por ciento del producto interior bruto. Como hemos observado al analizar la formación del Estado en los países desarrollados actuales, esos ingresos apenas son suficientes para mantener el orden y construir algunas infraestructuras básicas. No permiten financiar inversiones importantes en educación y sanidad, y mucho menos un sistema de bienestar social. Si un Estado pretende cumplir todas estas funciones con unos ingresos tan bajos, corre el riesgo de no cumplir con ninguna de ellas adecuadamente (lo que desgraciadamente suele ocurrir, ya que es difícil elegir entre funciones esenciales).[246] Dado que el proceso de desarrollo de los países ricos se ha basado en un fuerte aumento del poder del Estado fiscal (con unos ingresos que han pasado de menos del 10 por ciento de la renta nacional en 1914 a más del 40 por ciento en 1980), es natural preguntarse por qué estos mismos países han impuesto tal política a los países pobres. Puede deberse a amnesia histórica o a dudas sobre la capacidad de sus antiguas colonias para gobernarse a sí mismas y administrar grandes ingresos. Desgraciadamente, la solución propuesta (el empobrecimiento de los Estados del Sur) no es realmente capaz de fomentar ninguna dinámica virtuosa.[247] De forma más trivial, también puede reflejar el hecho de que los países ricos se han preocupado principalmente de liberalizar el comercio para abrir mercados a sus empresas y han visto poco interés en ayudar a los

246. La falta de registro y de tributación mínima de los bienes inmuebles y profesionales en los países pobres también ha dado lugar a un amplio sector informal. Véase M. Chen y F. Carré, *The informal economy revisited: examining the past, envisioning the future*, Routledge, Nueva York, 2020.

247. Una dificultad adicional a la que se ha enfrentado la construcción del Estado en los países del Sur es que la población con mayor nivel de estudios puede comparar sus remuneraciones con la de personas con las mismas cualificaciones en los países del Norte (o con los antiguos funcionarios coloniales), especialmente porque la posibilidad de emigrar está algo menos cerrada para ellos que para los demás. Esto complica el proceso y hace aún más necesario el desarrollo de la cooperación y de normas de justicia transnacional.

países pobres a gravar los beneficios de las multinacionales o a regular la fuga de capitales del Sur, sobre todo porque estos últimos suelen ir a parar a bancos y capitales del Norte.

Es necesario subrayar la magnitud de los daños causados en los países del Sur por el aumento de la libre circulación de capitales, de los paraísos fiscales y de la opacidad financiera internacional en las últimas décadas. El daño es sin duda muy relevante en casi todas partes, incluso en el Norte, en donde el movimiento incontrolado de capitales ha contribuido poderosamente a socavar la progresividad fiscal y a establecer un nuevo poder censitario. Sin embargo, han sido los propios Estados del Norte los que han impuesto este nuevo régimen jurídico al resto del mundo, y el hecho es que los países del Sur se han visto especialmente afectados, dada su escasa capacidad estatal y administrativa. Según las estimaciones disponibles, los activos financieros depositados en paraísos fiscales representan entre el 10 y el 20 por ciento del total de carteras financieras de Europa y América Latina (lo que ya es considerable), y ese porcentaje se sitúa entre el 30 y el 50 por ciento en el caso de África, el sur de Asia y los países petroleros (Rusia, petromonarquías). Si hablamos de las grandes carteras, todo indica que el uso de los paraísos fiscales es incluso mayor.[248] Se trata, de hecho, de una elusión masiva y generalizada de los sistemas jurídicos nacionales en favor de las jurisdicciones *offshore*, todo ello con el beneplácito de las más altas autoridades del mundo, del derecho internacional y de las élites locales. En estas condiciones, es casi imposible que los países más pobres se embarquen en un proceso viable de construcción del Estado, que depende necesariamente de alguna forma de consentimiento mínimo a la tributación por parte de la población y, por tanto, de la construcción de una norma creíble de justicia fiscal y social. Si los más ricos se libran abiertamente de las cargas comunes, es muy difícil avanzar en esa dirección.

248. Véase *Capital e ideología, op. cit.*; A. Alstadsæter, N. Johannesen y G. Zucman, «Who owns the wealth in tax havens?», *Journal of Public Economics*, 2018.

La farsa de la ayuda internacional y las políticas climáticas

Es necesario destacar también la extrema hipocresía que rodea la propia noción de ayuda internacional. Para empezar, la ayuda oficial al desarrollo (AOD) es mucho más limitada de lo que a veces se piensa: en total representa menos del 0,2 por ciento del PIB mundial (apenas el 0,03 por ciento del PIB mundial en el caso de la ayuda humanitaria de emergencia).[249] Por comparar, solamente el daño climático causado a los países pobres por las emisiones de los países ricos representa varios puntos porcentuales del PIB mundial.[250] El segundo problema, no insignificante, es que en la mayoría de los países supuestamente «ayudados» de África, Asia meridional y otros lugares, los flujos de salida en forma de beneficios de empresas multinacionales y fuga de capitales son en realidad varias veces mayores que el flujo entrante de ayuda oficial (incluso si nos limitamos a las salidas registradas en las cuentas nacionales oficiales, las cuales, según todo parece indicar, subestiman los verdaderos flujos).[251] Es un punto clave en las relaciones globales entre el centro y la periferia, y que no deja de sorprender a los observadores: los países ricos fingen ayudar a quienes realmente los ayudan. Esto es cierto no sólo en las rela-

249. Véase P. Micheletti, *0,03 %: pour une transformation du mouvement humanitaire international*, Éditions Parole, Artignosc-sur-Verdon (Francia), 2020. El objetivo oficial de la OCDE para la ayuda oficial al desarrollo es del 0,7 por ciento de la RNB (renta nacional bruta) para los países ricos, pero muchos países, como Francia, se sitúan en torno al 0,3-0,4 por ciento, por lo que el total mundial es inferior a 200.000 millones de euros (para un PIB mundial de 100.000 billones en 2020, es decir, menos del 0,2 por ciento). Además, la AOD incluye gastos como los sueldos de consultores occidentales que algunos dudarían en incluir en la ayuda.

250. Véase el capítulo 1. Sobre el montante mínimo de los fondos de adaptación al cambio climático según la ONU (entre 0,5 y 1 por ciento del PIB mundial por año), véase L. Chancel y T. Piketty, «Carbon and inequality: from Kyoto to Paris», art. citado.

251. Durante el período 1970-2012, el flujo de salida oficial de rentas del capital en África es en promedio tres veces mayor que el flujo de entrada de ayuda internacional. Véase *El capital en el siglo XXI*, *op. cit.*

ciones Norte-Sur, sino también a escala regional, como, por ejemplo, en Europa. Si observamos la diferencia entre los fondos públicos recibidos (por ejemplo, de los fondos de inversión regionales) y las aportaciones netas al presupuesto de la UE, vemos que países como Polonia, Hungría, República Checa o Eslovaquia recibieron transferencias públicas netas de entre el 2 y el 4 por ciento de su PIB entre 2010 y 2018. El problema es que los flujos de salida privados, en forma de beneficios, dividendos y otras rentas de la propiedad, fueron casi el doble durante el mismo período: entre el 4 y el 8 por ciento de su PIB (véase el gráfico 9.3). En la Europa del Este se señala, con razón, que los inversores de Occidente (sobre todo alemanes y franceses) han utilizado los nuevos Estados miembros como una reserva de mano de obra barata de la que han obtenido enormes beneficios, al tiempo que han colocado a estos territorios en un estado de subordinación económica permanente. Alemania y Francia, en cambio, prefieren ignorar los flujos de salida privados: les gusta verlos como la contrapartida natural de las inversiones realizadas y consideran que el foco debe estar únicamente en los flujos de entrada públicos. La tendencia a «naturalizar» las fuerzas económicas y el «equilibrio del mercado», así como a centrarse en las transferencias realizadas *a posteriori* (después de que se haya establecido ese equilibrio virtuoso), que consideran un acto de generosidad por parte de los ganadores del mercado, resulta muy práctica a los actores dominantes. Sin embargo, esa tendencia olvida que no existe nada natural en los equilibrios de poder que se dan en las relaciones de propiedad. El nivel de los salarios y de los beneficios depende de muchos mecanismos e instituciones sociales, como la existencia o no de una armonización social y fiscal a escala europea, los derechos sindicales, la normativa sobre circulación de capitales, etc., que deberían formar parte del debate.[252]

252. Sobre la necesidad de renovar el análisis de las clases sociales, las condiciones de trabajo y el sistema que forman a escala europea, véase C. Hugrée, E. Penissat y A. Spire, *Social class in Europe: new inequalities in the Old World*, Verso, Londres, 2020.

Gráfico 9.3. Flujos de entrada y salida en Europa del Este (2010-2018)

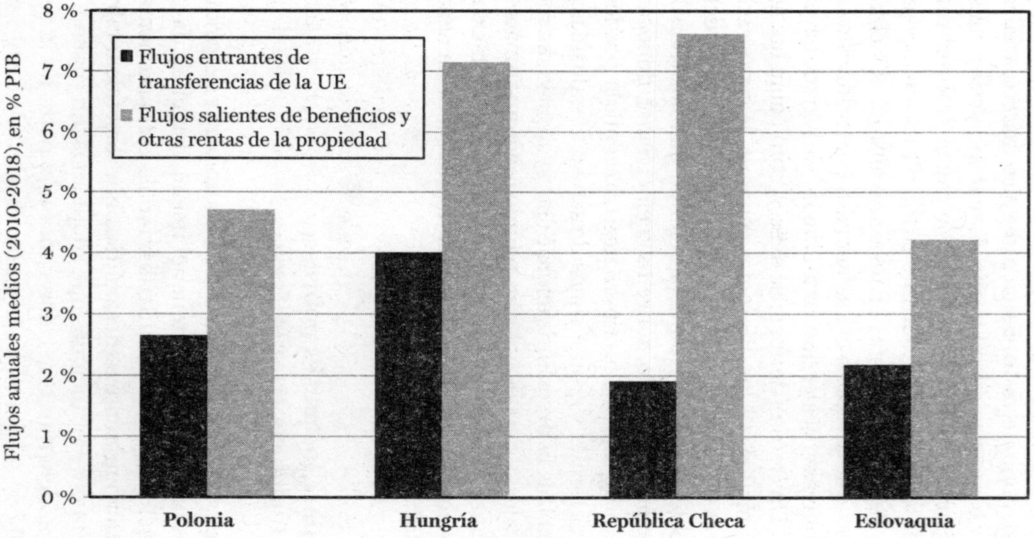

Interpretación: En Polonia, entre 2010 y 2018, el flujo anual de transferencias netas de la UE (la diferencia entre el gasto total recibido y las contribuciones pagadas al presupuesto de la UE) ascendió al 2,7 por ciento del PIB en promedio anual; durante el mismo período, la salida de beneficios y otras rentas de la propiedad (netas de sus salidas correspondientes) ascendió al 4,7 por ciento del PIB. En el caso de Hungría, las mismas cifras fueron del 4,0 y del 7,2 por ciento.
Fuentes y series: Véase <piketty.pse.ens.fr/egalite>.

La misma lógica se aplica a nivel mundial. Al centrarse en las ayudas públicas, que sin embargo son minúsculas, y olvidarse de cuestionar la magnitud de los flujos privados, se construye una visión completamente distorsionada del sistema económico internacional. A eso se añade el hecho de que las ayudas son arbitrarias por parte de los países ricos y se pagan bajo su control, por medio de agencias de desarrollo u organizaciones no gubernamentales. Aunque modestas en términos absolutos, hablamos de cantidades que a veces son sustanciales en comparación con los escasos ingresos fiscales que controlan los Estados de los países más pobres. Diversos estudios han demostrado cómo los recursos proporcionados por las diferentes agencias de cooperación y ONG, a través de canales de distribución que *de facto* eluden los canales oficiales, han contribuido a debilitar aún más el proceso de construcción del Estado, sobre todo en el Sahel, donde el establecimiento de una soberanía territorial aceptada por los diversos actores locales y grupos sociales no tuvo tiempo de ponerse en marcha tras la descolonización. Si las ayudas se sumasen a ingresos fiscales normales habrían podido tener un impacto positivo; sin embargo, en un contexto de pauperización extrema del Estado y contribuyendo a su deslegitimación, no tienen mucho de ayuda.[253]

Derechos para los países pobres: salir de la lógica centro-periferia

Para salir de esta situación, resulta necesario partir del principio de que todos los países deben tener el mismo derecho a desarrollarse y, en general, de que la distribución de la riqueza mundial es una cuestión eminentemente política, que depende totalmente de las normas e instituciones que adoptemos. En concreto, los países pobres deberían tener derecho a una parte de la recaudación fiscal con origen en las multinacionales y los multimillo-

253. Véase G. Mann, *From empires to NGOs in the West African Sahel: the road to nongovernmentality*, Cambridge University Press, Nueva York, 2015.

narios de todo el mundo, por un lado, porque todo ser humano tiene un derecho mínimo igual a la salud, a la educación y al desarrollo, y, por otro, porque la prosperidad de los actores más ricos depende por completo del sistema económico mundial y de la división internacional del trabajo. Para empezar, por ejemplo, puede imaginarse un impuesto global del 2 por ciento a las fortunas superiores a 10 millones de euros, lo que ya permitiría recaudar sumas considerables: alrededor de 1 billón de euros al año, o el 1 por ciento del PIB mundial, que podría asignarse a cada país en proporción a su población.[254] Situando el umbral en 2 millones de euros, podría recaudarse el equivalente al 2 por ciento del PIB mundial, o incluso el 5 por ciento si se aplica una escala muy progresiva sobre los multimillonarios.[255] Si nos quedamos con la opción menos ambiciosa, y dejamos que cada país la complemente con su propia escala de impuesto a las grandes fortunas, el total sería más que suficiente para reemplazar por completo todas las ayudas públicas actuales y proporcionar recursos adicionales para invertir masivamente en sanidad, educación e infraestructuras en los países más pobres. Lo anterior podría complementarse con el derecho de los países pobres a recibir una parte del impuesto sobre los beneficios de las multinacionales, en línea con los debates actuales sobre la cuestión.[256]

254. Este impuesto afectaría a menos del 0,1 por ciento de la población mundial (unos 3 millones de adultos sobre un total de 5.000 millones), un grupo que posee alrededor del 15 por ciento del patrimonio total, o sea, el 75 por ciento del PIB mundial (75 billones de euros). En comparación, los 3.000 multimillonarios que figuran en la lista de Forbes (menos del 0,001 por ciento de la población) poseen alrededor del 2 por ciento del patrimonio mundial, es decir, el 10 por ciento del PIB mundial (10 billones de euros). En resumen, la recaudación potencial es mucho mayor con un impuesto sobre la fortuna a partir de un umbral de 10 millones de euros que de 1.000 millones.

255. Véase el capítulo 7, tabla 7.1.

256. El proyecto para enfrentar los problemas derivados de la erosión de la base imponible y el traslado de beneficios (el llamado BEPS, o *base erosion and profit shifting*) que se debate actualmente en la OCDE prevé que las multinacionales declaren sus beneficios sobre una base global única, lo que supondría un gran avance. El problema es que, a la hora de repartir esa base imponible entre los países, está previsto utilizar una combinación de criterios (masa

Por supuesto, los países ricos podrían seguir financiando sus agencias de desarrollo y sus organizaciones humanitarias, en forma de ayuda pública y privada. Pero eso se sumaría al derecho irrevocable de los países pobres a desarrollarse y a construir sus propios Estados. Para evitar que el dinero se malversase, sería necesario generalizar la persecución de las fortunas excesivas acumuladas por dirigentes tanto del Sur como del Norte y tanto en el Gobierno y en el sector público como en el sector privado. Ese temor no debe instrumentalizarse para cuestionar permanentemente la legitimidad intrínseca de los países del Sur.[257] Para que el frágil proceso de construcción del Estado en los países pobres pueda reanudarse en las mejores condiciones, es crucial que los Estados en cuestión abandonen la tutela de los benefactores del Norte y dispongan automáticamente de ingresos fiscales con los que puedan contar en el largo plazo.

El mayor problema en torno al concepto actual de ayuda internacional es que presupone la existencia de un equilibrio de mercado fundamentalmente justo, en el que cada país es el legítimo propietario de la riqueza que ha producido y acumulado en el pasado, en un espléndido aislamiento. Resulta que las cosas no han sido así en absoluto. El enriquecimiento de Occidente desde la Revolución Industrial en adelante no habría podido tener lugar sin la división global del trabajo y la explotación desenfrenada de los recursos

---

salarial y ventas realizadas en cada lugar) que en la práctica hará que los países ricos reciban más del 95 por ciento de los beneficios que actualmente se encuentran en los paraísos fiscales, dejando sólo las migajas a los países pobres. Para salir de este punto muerto, es imprescindible que al menos una parte de los ingresos se distribuya en función de la población de cada país (una persona, un euro). Asimismo, la recaudación prevista con un tipo mínimo del 15 o 20 por ciento sobre los beneficios de las multinacionales, considerado por la OCDE, sería apenas de 100.000 millones (0,1 por ciento del PIB mundial). Tipos del 25 o 30 por ciento recaudarían más, si bien en todo caso lo que está en juego es menos importante que un impuesto progresivo sobre las grandes fortunas.

257. El hecho de que el debate sobre la fiscalidad de las multinacionales tenga lugar en la OCDE y no en la ONU es muestra del control que los países ricos quieren mantener sobre este proceso. Todos los Gobiernos legítimos reconocidos por la ONU deberían participar. Es posible imaginar otras condiciones adicionales si son objeto de un amplio consenso en la ONU.

naturales y humanos del planeta. En general, los países ricos no existirían sin los países pobres ni los recursos del resto del mundo: esto es de aplicación tanto para las antiguas potencias occidentales como para las nuevas potencias asiáticas (Japón y China). Tras los esclavos, el algodón, la madera y, posteriormente, el carbón en los siglos XVIII y XIX, el desarrollo económico del siglo XX y principios del XXI ha seguido basándose en el uso a gran escala de los recursos del planeta, especialmente la mano de obra barata de los países periféricos y las reservas de petróleo y de gas acumuladas en el subsuelo terrestre durante millones de años (la combustión acelerada de las cuales está a punto de convertir el planeta en invivible, en detrimento principalmente de los países más pobres).[258]

La idea de que cada país (o peor, cada individuo dentro de cada país) es responsable individualmente de su producción y riqueza tiene poco sentido históricamente. Toda riqueza es de origen colectivo. La propiedad privada sólo se instituye (o debería instituirse) en la medida en que sirve al interés general como parte de un conjunto equilibrado de instituciones y derechos para limitar la acumulación individual, hacer circular el poder y distribuir mejor la riqueza. El miedo a no saber dónde detenerse en un proceso político de este tipo es comprensible, especialmente a escala transnacional, en la que los prejuicios suelen ser considerables y los grupos sociales concernidos se conocen mal entre sí, de modo que pueden tener dificultades para percibir correctamente sus respectivas situaciones, lo que hace que la búsqueda de una norma de justicia común sea todavía más compleja e incierta.[259] Sin embargo, el miedo es mal consejero, por-

258. Distintas investigaciones han demostrado cómo los diferentes regímenes energéticos han tenido a su vez un impacto en la forma que han adoptado las luchas sociales y en la distribución de la riqueza: el carbón y su concentración de mano de obra facilitó las movilizaciones, mientras que la fluidez del petróleo ha contribuido, por el contrario, a quebrar los movimientos sociales. Véase T. Mitchell, *Carbon democracy: political power in the age of oil*, Verso, 2011. Véase también P. Charbonnier, *Abondance et liberté. Une histoire environnementale des idées politiques*, La Découverte, París, 2020.

259. En el período de entreguerras, Gramsci insistió en las dificultades para constituir un bloque popular en un contexto meridional y periférico, in-

que en realidad no existe más opción que un proceso político e institucional de este tipo, tan frágil como necesario. Los acuerdos y los mecanismos concretos, como por ejemplo, las reparaciones o los impuestos globales de los que se habla aquí, serán siempre imperfectos y provisionales. Pero las soluciones alternativas de sacralización del mercado y de respeto absoluto de los derechos de propiedad adquiridos en el pasado, cualquiera que sea su alcance u origen, no son más que construcciones incoherentes destinadas a perpetuar injusticias y posiciones de poder sin fundamento, y que en última instancia no hacen más que cultivar nuevas crisis.

Del Estado social-nacional al Estado social-federal

Más allá del derecho de los países pobres a desarrollarse y a recibir parte de la recaudación fiscal de las multinacionales y los multimillonarios, es toda la organización internacional la que debe ser repensada. Durante varias décadas, el sistema económico mundial ha estado basado en un doble supuesto. Por un lado, se supone que las relaciones entre países se basan en la más absoluta libertad de circulación de mercancías y capitales, casi sin condiciones. Por otra parte, las opciones políticas dentro de cada país, en particular en lo que respecta a los sistemas fiscales, sociales o jurídicos, sólo conciernen a cada uno y deben estar sujetas a soberanía estrictamente nacional: es el principio del Estado social-nacional. El problema es que estos dos postulados son contradictorios: la libre circulación incontrolada de capitales, sin fiscalidad ni regulación común, sesga radicalmente las opciones nacionales en favor de los actores con mayor mo-

---

cluso dentro de Italia. Explicó, por ejemplo, que la miseria del Mezzogiorno seguía siendo en gran medida incomprensible para las masas populares del Norte, de ahí la tentación de ciertos actores de constituir una conciencia histórica común apelando a un nacionalismo mítico de tipo fascista. Véase A. Tosel, *Étudier Gramsci*, Éditions Kimé, 2016.

vilidad y más poderosos, y constituye *de facto* una nueva forma de poder censitario en beneficio de los más ricos. De manera general, el libre comercio desenfrenado va acompañado de un aumento de las desigualdades dentro de cada país y de una precipitada carrera hacia el calentamiento global, que ahora se reconocen ampliamente como los dos principales retos de la globalización.[260]

Sobre el papel la solución es relativamente sencilla. Los tratados puramente comerciales y financieros que ha organizado la globalización hasta ahora deben ser sustituidos por auténticos tratados de codesarrollo sostenible y equitativo. Esos tratados, de un nuevo tipo, fijarían objetivos sociales y medioambientales explícitos y vinculantes, con metas cuantificadas y verificables sobre, por ejemplo, el tipo impositivo de las multinacionales, la distribución de la riqueza, las emisiones de carbono o la biodiversidad. Condicionarían los intercambios comerciales a la consecución de dichos objetivos, al contrario de lo que ocurre.[261] Es

260. El aumento de la desigualdad en el interior de los países desde 1980 no sólo afecta a Estados Unidos y Europa, sino también al resto del mundo, empezando por la India, China y Rusia. Las únicas regiones en las que la desigualdad no ha aumentado o lo ha hecho sólo ligeramente son aquellas que no experimentaron una fase real de igualitarismo en la posguerra (en particular, Oriente Próximo, América Latina y el África subsahariana). En total, entre 1980 y 2018, el 1 por ciento más rico de la población mundial se llevó más del doble del crecimiento mundial que el 50 por ciento más pobre. Véase «Rapport sur les inégalités mondiales 2018», WID.world.

261. Esto requiere también un cambio profundo en los indicadores utilizados: los tratados tradicionales utilizan el PIB o el déficit y la deuda expresados en porcentaje del PIB (como los tratados europeos); los tratados de codesarrollo deberían introducir indicadores sobre la desigualdad, el reparto de beneficios y salarios o las emisiones de carbono. Esto es en parte lo que ocurre con los acuerdos climáticos, salvo que no son vinculantes. Sobre la necesidad de incluir objetivos de justicia social en el derecho internacional, véase A. Supiot, *L'esprit de Philadelphie: la justice sociale face au marché total*, Seuil, París, 2010 (versión castellana de Jordi Terré, *El espíritu de Filadelfia: la justicia social frente al mercado total*, Península, Barcelona, 2011); M. Delmas-Marty, *Aux quatre vents du monde: petit guide de navigation dans l'océan de la mondialisation*, Seuil, París, 2016; S. Moyn, *Not enough: human rights in an unequal world*, Harvard University Press, 2018 (version castellana de Jorge

evidente que la transición de un tipo de tratado a otro no se va a producir de la noche a la mañana. Habrá que construir pacientemente coaliciones de países dispuestos a avanzar en esta dirección, sin garantía alguna de que la transición vaya a ser fluida en todo momento, incluso habiendo tomado conciencia del callejón sin salida que supone la actual globalización. Lo ideal sería que los tratados de codesarrollo tuvieran también una fuerte dimensión democrática transnacional. En el caso de los tratados tradicionales, la lógica general es muy vertical: los jefes de Estado y sus administraciones negocian entre sí las normas de libre comercio, que acaban siendo ratificadas por los Parlamentos, y a continuación todo funciona con piloto automático, sin verdadero control democrático, eventualmente delegando la resolución de conflictos en tribunales de arbitraje privados, para gran deleite de las multinacionales. En el caso de los tratados de codesarrollo, existen numerosos arbitrajes puramente políticos, relativos a las normas sociales, fiscales y medioambientales, que no pueden resolverse por completo de antemano y que pueden delegarse, dentro de ciertos límites, en Parlamentos transnacionales que representen a los distintos países firmantes (véase la tabla 9.1). En general, estos Parlamentos pueden ser de dos tipos: pueden estar formados por miembros de los distintos Parlamentos nacionales o por miembros transnacionales elegidos específicamente para el fin en cuestión. La segunda opción puede parecer más ambiciosa que la primera en términos democráticos, en el sentido de que pretende ir más allá de las instituciones políticas del Estado nación. En la práctica, sin embargo, puede ser una pista falsa. Desde 1979, el Parlamento Europeo es elegido directamente por sufragio universal, pero la realidad es que el poder sigue siendo ejercido por el Consejo de Jefes de Estado o los Consejos de Ministros, que se reúnen a puerta cerrada y con un solo representante por país, cada uno de ellos con derecho de veto en materia fiscal y presupuestaria, por lo que la supuesta democracia parlamentaria transnacional se convierte en algo va-

González Jácome, *No bastan: los derechos humanos en un mundo desigual*, Tirant lo Blanch, Valencia, 2019).

Tabla 9.1. Una nueva organización de la mundialización: la democracia transnacional

Asamblea transnacional A cargo de los **bienes públicos globales** (clima, investigación, formación, trabajo, etc.) y de la **justicia fiscal global** (impuestos comunes sobre los grandes patrimonios, las grandes rentas y las grandes empresas, fiscalidad del carbono)				
Parlamento nacional País A	**Parlamento nacional País B**	**Parlamento nacional País C**	**Parlamento nacional País D**	...

Interpretación: Según la organización propuesta, los tratados que regulan la globalización (circulación de mercancías, capitales y personas) prevén la creación de una Asamblea transnacional entre los países concernidos, a cargo de los bienes públicos globales (clima, investigación, formación, derecho laboral, etc.) y de la justicia fiscal global (impuestos comunes a las mayores riquezas y rentas y a las mayores empresas, impuestos sobre el carbono).
Nota: Los países A, B, etc., pueden ser Estados como Francia, Alemania, Italia, España, etc., en cuyo caso la Asamblea transnacional sería la Asamblea Europea; o bien los países A, B, etc., pueden ser uniones regionales como la Unión Europea, la Unión Africana, etc., en cuyo caso la Asamblea transnacional sería la Unión Euroafricana; la Asamblea transnacional puede estar formada por miembros de los parlamentos nacionales y/o por miembros transnacionales elegidos específicamente para este fin, según el caso.
Fuente: Véase <piketty.pse.ens.fr/egalite>.

cío.[262] Si por algún milagro la regla de la unanimidad permite tomar una decisión, como el plan de recuperación adoptado durante la crisis de la pandemia de 2020, con un préstamo compartido para ayudar a los países más afectados, la decisión debe ser aprobada posteriormente en cada uno de los Parlamentos nacionales, que son los únicos competentes, según el marco legal actual, para comprometer a los contribuyentes nacionales, de modo que el proceso se vuelve muy engorroso y poco ágil. Para superar estas dificultades, una solución podría ser que los países que lo deseen creen una Asamblea Europea formada por diputados nacionales (proporcional, por ejemplo, a la población y a los distintos grupos políticos con representación), que tendría el poder de adoptar por mayoría un determinado número de decisiones presupuestarias, fiscales y sociales dentro de los límites fijados por los países interesados.[263]

Por un federalismo social y democrático

La cuestión del Estado social-federal no es sólo una cuestión europea, ni mucho menos. La construcción de nuevas formas de federalismo social, es decir, de federalismo democrático guiado por objetivos sociales explícitos y verificables, constituye un reto para todo el planeta. Por ejemplo, los países de África occidental debaten actualmente la redefinición de su moneda común y cómo superar definitivamente la tutela colonial. Se trata de una

262. De 1952 a 1979, la Comunidad Europea tuvo una Asamblea Parlamentaria de diputados nacionales, que pasó a llamarse Parlamento Europeo en 1962, pero que tenía un papel principalmente consultivo (muy parecido al Parlamento Europeo actual).

263. Una Asamblea francoalemana de este tipo fue establecida en 2019 por medio de un tratado bilateral, pero es puramente consultiva. Para un proyecto de Tratado sobre la Democratización de Europa, destinado a abrir dicha Asamblea a todos los países que lo deseen y a dotarla de poderes reales (votación de un presupuesto para la recuperación social y ecológica, financiado por una fiscalidad progresiva), véase tdem.eu y M. Bouju, A.-L. Delatte, S. Hennette *et al.*, *Changer l'Europe, c'est possible*, Seuil, París, 2019.

oportunidad para poner la moneda de África occidental al servicio de un proyecto de desarrollo que gire en torno a la inversión en la juventud y en infraestructuras (no sólo al servicio de la movilidad de capitales de los más ricos). Esto requiere la invención de nuevas formas de federalismo fiscal y presupuestario, a escala de África occidental y, potencialmente, un día, de toda la Unión Africana, teniendo cuidado de prestar atención a las lecciones de los fracasos anteriores, y en concreto a la de los conflictos sobre las transferencias fiscales que a menudo han socavado los proyectos federales subsiguientes a los procesos de independencia.[264]

La cuestión de la justicia fiscal y la tributación de los más ricos es, naturalmente, fundamental para el apoyo a estas iniciativas. Lo ideal sería desarrollar un auténtico catastro financiero público que permita la trazabilidad de los titulares de valores financieros a escala nacional e internacional.[265] Desde la crisis de 2008 se viene debatiendo la posibilidad de combatir la opacidad financiera y permitir la transmisión automática de información bancaria internacional, pero los resultados hasta la fecha son insuficientes.[266] En este tema como en otros los avances futuros

264. Véase K. Nubukpo, *L'urgence africaine: changeons le modèle de croissance*, Odile Jacob, París, 2019. Cabe destacar que la Unión Económica y Monetaria del África Occidental (UEMOA) introdujo en 2008 una directiva que establece una base imponible común para el impuesto de sociedades y obliga a cada país a aplicar un tipo impositivo de entre el 25 y el 30 por ciento, algo que la UE ha sido incapaz de decidir hasta el momento. El actual proyecto de transformar el franco CFA (moneda originaria del Banco de Senegal creada en 1853 a partir de las indemnizaciones pagadas a los esclavistas en virtud de la ley de 1848) en una moneda soberana denominada Eco tiene una fuerte dimensión política e histórica.

265. Véase *Capital e ideología*, *op. cit.* El problema es que el registro de los valores financieros (crucial para la organización económica) ha sido abandonado por los Estados en favor de depositarios financieros privados que, a su vez, son poco transparentes, como la Depository Trust Company, en Estados Unidos, la Clearstream y la Eurostream, en Europa. La solución pasa por la creación de un registro financiero público, o Global Financial Register (GFR), que actuaría como depositario central.

266. El proyecto del Estándar Común de Reporte (CRS, por sus siglas en inglés) discutido en la OCDE tiene muchos defectos, en el sentido de que no abarca todos los activos. Lo mismo ocurre con los registros de beneficiarios

dependerán también de las acciones unilaterales que cada país puede tomar ya de manera individual, sin necesidad de esperar a la unanimidad global o regional. En concreto, cada Estado puede exigir a los titulares de bienes inmuebles o empresariales, así como a las unidades de producción establecidas en su territorio (o que impliquen a usuarios en su territorio), que comuniquen la identidad de los propietarios en cuestión, los beneficios obtenidos, etc., para aplicar los baremos impositivos fijados democráticamente en cada lugar.[267] Para tener opciones de avanzar, es necesario combinar las acciones unilaterales con propuestas social-federales basadas en coaliciones de países, en lugar de oponer ambos enfoques.

A escala transcontinental, por ejemplo, a nivel euroafricano, la idea de crear Parlamentos comunes puede sonar ingenua y fuera de alcance. En realidad, la creciente importancia de desafíos comunes en materia de desarrollo económico, flujos migratorios y degradación del medio ambiente hará que ese tipo de foros sea cada vez más necesario. Movilizaciones como Black Lives Matter, MeToo o Fridays for Future ponen de manifiesto que una parte importante de las generaciones más jóvenes tiene una perspectiva decididamente global y transnacional. Si se trata, por ejemplo, de evaluar la actividad de empresas multinacionales como el grupo petrolero Total en Uganda o en el Congo, o cuestiones como las condiciones de trabajo o el daño

---

efectivos de las empresas (es decir, los verdaderos propietarios, más allá, en principio, de las empresas pantalla) elaborados a nivel europeo, como demostró la investigación LuxLeaks en 2021. Es fundamental que las administraciones fiscales publiquen indicadores para verificar en qué medida esa transmisión de información conduce a una mejor tributación de las grandes fortunas que hasta ahora han escapado a la imposición. Véase L. Chancel, «Measuring progress towards tax justice», WID.world, 2019.

267. Si una empresa no proporciona la información solicitada, la sanción más sencilla consiste en aplicar el esquema del impuesto sobre el patrimonio correspondiente a un único propietario. Los Estados también pueden aplicar una *exit tax*, como el impuesto del 40 por ciento propuesto por Bernie Sanders y Elizabeth Warren en 2020 para los contribuyentes estadounidenses que pretendan eludir su propuesta de impuesto federal sobre el patrimonio renunciando a su nacionalidad y transfiriendo sus activos al extranjero.

a la biodiversidad, la existencia de foros parlamentarios transnacionales que permitan discutir con transparencia la regulación más adecuada no es necesariamente un capricho. Del mismo modo, tendría sentido que en estos foros se debatiera sobre la circulación de personas y la financiación de la enseñanza superior. Por ejemplo, a partir de una decisión adoptada en 2019 por el Gobierno francés, los estudiantes europeos en Francia seguirán pagando las mismas tasas que los franceses (entre 200 y 300 euros), mientras que los estudiantes de fuera de Europa tendrán que pagar entre 3.000 y 4.000 euros. En principio, que los estudiantes malienses o sudaneses paguen entre diez y veinte veces más que los luxemburgueses o noruegos no es muy lógico. Cabe pensar que una deliberación parlamentaria pública y transnacional pudiera conducir a una solución más equilibrada; por ejemplo, cobrando a los padres o a los contribuyentes malienses y luxemburgueses en función de sus respectivos ingresos. La clave es que los derechos fundamentales, como la libertad de circulación, no pueden pensarse al margen de los servicios públicos y de la financiación colectiva que los acompañan.

Para concluir, señalemos que la negativa a abordar el punto de vista del federalismo social y democrático puede contribuir a alimentar proyectos reaccionarios que pretenden compensar de forma autoritaria las limitaciones del Estado nación. En *Los orígenes del totalitarismo*, Hannah Arendt ya señaló en 1951 que la principal debilidad de los socialdemócratas europeos del período de entreguerras era precisamente que no habían integrado plenamente la necesidad de una política mundial para responder a los retos de la economía-mundo.[268] En cierto modo, fueron los únicos: los imperios coloniales, así como las construcciones políticas bolchevique y nazi, estaban basadas en formas de Estado supranacionales adaptadas a la dimensión de la economía global y a la internacionalización del capitalismo industrial y financiero. La naturaleza aborrece el vacío: si no se formula un proyecto democrático supranacional, construcciones autori-

268. Véase *Capital e ideología*, *op. cit.*

tarias ocuparán su lugar para ofrecer soluciones más o menos convincentes a los sentimientos de injusticia generados por las fuerzas económicas y estatales desatadas que operan a escala mundial.

El ejemplo más dramático en el pasado reciente es, sin duda, la aparición de Estado Islámico en 2014 (y sus múltiples rebrotes en el Sahel y en otros lugares). Oriente Próximo es, según los datos disponibles, la región más desigualitaria del mundo, en gran medida porque los recursos petrolíferos (que por otra parte deberían permanecer bajo tierra) están concentrados en territorios con poblaciones minúsculas, cuyas oligarquías acumulan reservas financieras ilimitadas en los mercados internacionales, con el apoyo activo de los Estados occidentales, felices de venderles armas o de recuperar parte de dichas reservas a través de sus sistemas bancarios o clubes deportivos. Mientras tanto, apenas a unos cientos de kilómetros de distancia, un país de 100 millones de habitantes como Egipto cuenta con recursos insignificantes para formar a su juventud e invertir en infraestructuras.[269] Sobre el papel, podría concebirse una organización federal y democrática en la región que permitiera una mejor distribución y diversificación de la riqueza y de las inversiones, como se planteó en el pasado, y como podría encarnar en el futuro una forma renovada de Liga Árabe o Unión Árabe. Si cerramos estos debates y nos ceñimos al actual *statu quo* económico y territorial, entonces estamos contribuyendo a dejar el campo abierto a proyectos reaccionarios de redefinición de las fronteras coloniales como el del Estado Islámico que, mediante la construcción de un poder supraestatal, una identidad violentamente egocéntrica y una ideología religiosa totalitaria, pretende responder a lo que sus partidarios perciben como un sentimiento de humillación, a la manera del Estado nazi en el período de entreguerras (aunque afortunadamente, hasta el momento, con menos fuerza y éxito político-militar).

269. Véase F. Alvaredo, L. Assouad y T. Piketty, «Measuring inequality in the Middle East: the world's most unequal region?», *Review of income and wealth*, 2019. Véase también *Capital e ideología, op. cit.*

Hoy, al igual que en el pasado, la manera en que se pueden superar los excesos identitarios y totalitarios es a través de proyectos de desarrollo equitativos y de objetivos creíbles de justicia social con vocación universal.

Capítulo 10

Hacia un socialismo democrático, ecológico y con mestizaje social

El combate por la igualdad continuará en el siglo XXI, a partir sobre todo de la experiencia de luchas pasadas. Si en los dos últimos siglos se ha producido en el mundo una tendencia histórica hacia una mayor igualdad social, económica y política, ha sido sobre todo gracias a una serie de revueltas, revoluciones y movilizaciones políticas a gran escala. Lo mismo ocurrirá en el futuro. En este último capítulo, me gustaría mencionar algunos de los factores que pueden contribuir a impulsar el cambio en las próximas décadas, empezando por los desastres medioambientales que se avecinan y por la competencia entre los poderes estatales e ideológicos a escala mundial. Me centraré específicamente en los retos que plantea el ascenso del «socialismo chino», un modelo estatalista y autoritario que contrasta con el socialismo democrático y descentralizado que se defiende en este libro, y que creo que es mucho menos emancipador, pero que las potencias occidentales harían bien en tomarse en serio. Si insisten en defender un modelo hipercapitalista obsoleto, no es nada seguro que tengan éxito. La verdadera alternativa es el socialismo democrático, participativo y federal, ecológico y con mestizaje social, que en realidad no es más que la prolongación lógica de una corriente de fondo igualitaria que está en marcha desde finales del siglo XVIII. Para que todos podamos contribuir de forma descentralizada, será necesario desarrollar nuevas formas de soberanía con vocación universalista.

Las fuerzas del cambio: el calentamiento global y la lucha de ideologías

Los cambios de los que se habla en este libro, ya se trate del Estado social, la fiscalidad progresiva, el socialismo participativo, la igualdad electoral y educativa o la superación del neocolonialismo, sólo pueden tener lugar si vienen acompañados de fuertes movilizaciones y equilibrios de poder. Esto no debería sorprendernos: en el pasado, siempre han sido las luchas y los movimientos colectivos los que han permitido sustituir viejas estructuras por instituciones nuevas. Nada impide pensar en una evolución pacífica a partir de movimientos sociales y políticos que consigan activar a una gran mayoría de los votantes y llegar al poder con ambiciosos programas de transformación. Sin embargo, la experiencia histórica sugiere que los cambios a gran escala suelen conllevar momentos de crisis, tensiones y confrontaciones. Entre los factores que pueden acelerar el ritmo de estos cambios están, por supuesto, las catástrofes medioambientales. En teoría, cabría esperar que la perspectiva de tales catástrofes, cada vez mejor documentada por la ciencia, fuera suficiente para provocar la movilización oportuna. Desgraciadamente, es posible que sólo daños tangibles y concretos más fuertes que los constatados hasta ahora consigan romper el conservadurismo y desafíen radicalmente el sistema económico actual.

En este momento, no se puede predecir de dónde vendrán concretamente esas señales. Sabemos que el planeta se encamina hacia un calentamiento que será, probablemente, de al menos tres grados en el siglo XXI en comparación con los niveles preindustriales, algo que sólo acciones mucho más contundentes que las previstas hasta ahora podrían evitar. Con tres grados más a escala planetaria, la única certeza es que no existe un modelo que pueda predecir el conjunto de reacciones en cadena que podrían producirse, ni la rapidez con la que algunas ciudades serán tragadas por el agua o países enteros se enfrentarán a un clima desértico. Teniendo en cuenta otras degradaciones en curso, también es posible que las primeras señales cataclísmicas provengan de otros frentes, como el hundimiento acelerado de la biodiversidad, la acidificación de los océanos o la pérdida de fertilidad del suelo.[270] En el peor de los casos, las señales llegarán demasiado tarde para evitar los enfrentamientos entre Estados a cuenta de los recursos naturales, y pasarán décadas antes de posibles e hipotéticas reconstrucciones.[271] También es posible imaginar que las próximas oleadas de señales fuertes, como el recrudecimiento de los incendios y las catástrofes naturales, bastarán para desencadenar una toma de conciencia saludable y para legitimar una profunda transformación del sistema económico y nuevas formas de intervención pública, a la manera de la crisis de la década de 1930. Cuando un número suficiente de personas haya visto las dramáticas consecuencias que los procesos en curso tienen en su vida cotidiana, las actitudes hacia el libre comercio, por ejemplo, podrían cambiar radicalmente. También cabe esperar reacciones hostiles por parte de los países y grupos sociales cuyos estilos de vida han contribuido más al desastre, empezando por las clases más ricas de Estados Unidos, pero también de Europa y del resto del mundo.[272]

270. Véase *Global warming of 1,5°C*, IPCC Special Report, 2018; *Global assessment report on biodiversity and ecosystem services*, IPBES, 2019; W. Steffen *et al.*, «Planetary boundaries: guiding human development on a changing planet», *Science*, 2015; J. Hickel, *Less is more*, *op. cit.*, 2020.

271. En la novela *Rouge impératrice* (2019), Léonora Miano imagina en 2124 una Federación Africana poderosa y finalmente unificada que, tras las catástrofes climáticas y nucleares del siglo XXI, habría logrado superar el callejón sin salida de la globalización mercantil de Occidente, y que termina por superar sus prejuicios y rencores para tender la mano a los refugiados europeos.

272. Véase el capítulo 1, gráfico 1.3. Después de tales catástrofes, es posible en particular que los caprichos de los tecnomillonarios, que siempre se apresuran a apoyar las hipótesis más delirantes de la geoingeniería si ello les permite evitar soluciones simples y desagradables (pagar impuestos, vivir con sobriedad) y continuar su vida en *jets* privados y hacer turismo espacial, dejen de hacernos gracia.

Desde este punto de vista, conviene recordar que los países del norte, a pesar de su escasa población (Estados Unidos, Canadá, Europa, Rusia y Japón juntos suman alrededor del 15 por ciento de la población mundial), son responsables de casi el 80 por ciento de las emisiones de carbono acumuladas desde el inicio de la era industrial. Esto se debe a que las emisiones anuales per cápita alcanzaron niveles extremadamente altos en los países occidentales entre 1950 y 2000: entre 25 y 30 toneladas per cápita en Estados Unidos y alrededor de 15 toneladas en Europa. Aunque esos niveles han comenzado a descender (a principios de la década de 2020 se acercan a las 20 toneladas en Estados Unidos y a las 10 toneladas en Europa), China estuvo por debajo de 5 toneladas hasta el año 2000 y ha emitido entre 5 y 10 toneladas anuales per cápita entre 2000 y 2020. A partir de la evolución observada hasta la fecha, China debería ser capaz de alcanzar los niveles de vida occidentales sin tener que pasar por niveles de emisiones per cápita tan elevados como los de Occidente,[273] gracias en parte a los progresos realizados en materia de concienciación sobre el calentamiento global y a las nuevas tecnologías disponibles. Sin embargo, hay que relativizar la idea de que una nueva «Ilustración verde» ha llegado al planeta con soluciones testadas. De hecho, se sabe desde hace mucho tiempo, casi desde el inicio de la revolución industrial, que la quema acelerada de combustibles fósiles podría tener efectos nocivos. El hecho de que las reacciones hayan sido lentas y sigan siendo tan limitadas hasta la fecha se debe, sobre todo, a que los intereses socioeconómicos en juego son considerables, tanto entre países como dentro de ellos.[274] Mitigar los efectos del calentamiento global y financiar medidas de adaptación a los países más afectados (especialmente en el Sur) requiere una transformación integral del sistema eco-

273. Véase L. Chancel, «Global carbon inequality in the long run», WID.world, 2021. Véase también L. Chancel y T. Piketty, «Carbon and inequality: from Kyoto to Paris», art. cit. Las cifras indicadas aquí incluyen las emisiones directas y las indirectas (tras la corrección de las importaciones).

274. Véase C. Bonneuil y J.-B. Fressoz, *L'événement anthropocène: la Terre, l'histoire et nous*, Éditions Points, París, 2016; J.-B. Fressoz, F. Locher, *Les révoltes du ciel: une histoire du changement climatique*, Seuil, París, 2020.

nómico y de la distribución de riqueza, que a su vez necesita el desarrollo de nuevas coaliciones políticas y sociales a escala mundial. La idea de que sólo puede haber ganadores es una ilusión peligrosa y anestésica que conviene superar cuanto antes.

El socialismo chino, la fragilidad de una dictadura digital perfecta

Además de la cuestión medioambiental, la rivalidad entre las potencias estatales e ideológicas es otro de los principales factores que puede acelerar el cambio político. Una de las cuestiones cruciales es el futuro del régimen chino, con sus puntos fuertes y débiles. Salvo que se produzca un colapso inesperado, la República Popular China está llamada a convertirse en la primera potencia económica del mundo en las próximas décadas, aunque nadie pueda predecir a qué velocidad y durante cuánto tiempo.[275] Si comparamos las estructuras económicas de China con las de Occidente, la diferencia más llamativa es sin duda el régimen de propiedad, y en particular el peso de la propiedad pública. En 1978, cuando el país inició su reforma económica, la proporción de capital público (incluyendo todos los niveles de Gobierno y administrativos) era de alrededor del 70 por ciento del capital nacional, antes de caer bruscamente en las décadas de 1980 y 1990 y hasta mediados de la década de 2000, para estabilizarse desde entonces en torno al 30 por ciento (véase el gráfico 10.1).

Llama la atención que el proceso de privatización de la propiedad en China finalizó en torno a 2005-2006: el equilibrio entre la propiedad pública y la privada no ha cambiado mucho desde en-

275. Expresado en términos de paridad de poder adquisitivo, el PIB de China superó el de Estados Unidos ya en 2013. Sin embargo, la renta nacional anual por adulto de China sigue siendo tres veces inferior a la de Occidente: unos 15.000 euros, frente a casi 40.000 euros en Europa occidental y 50.000 euros en Estados Unidos. Al ritmo actual de convergencia (5 por ciento anual), la brecha podría cerrarse en 2040-2050. China tendría entonces una población y un PIB un 50 por ciento superior al total combinado de Estados Unidos y Europa juntos.

Gráfico 10.1. El desplome de la propiedad pública (1978-2020)

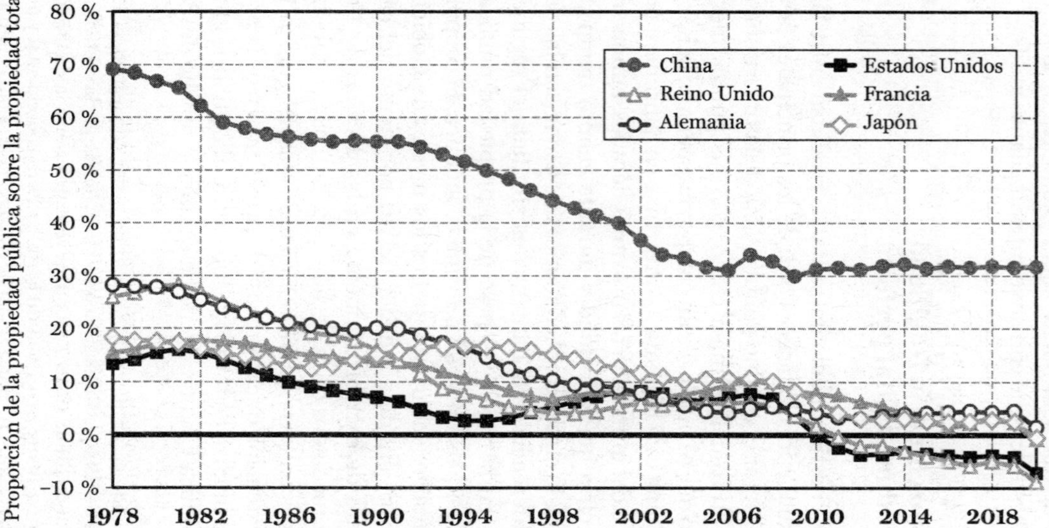

Interpretación: La proporción de la propiedad pública (activos públicos netos de deudas, todas las administraciones y todos los tipos de activos combinados: empresas, edificios, tierras, participaciones y activos financieros, etc.) sobre la propiedad total (es decir, la suma de la propiedad pública y privada) era de alrededor del 70 por ciento en China en 1978 y se ha estabilizado en torno al 30 por ciento desde mediados de la década de 2000. En los países capitalistas, a finales de la década de 1970 se situaba entre el 15 y el 30 por ciento; en 2020 es casi nula o negativa.
Fuentes y series: Véase <piketty.pse.ens.fr/egalite>.

tonces. Dado el fortísimo crecimiento de la economía china, es evidente que el capital sigue acumulándose en todas sus formas: se urbanizan nuevos terrenos, se construyen fábricas y rascacielos, todo ello a un ritmo frenético. Sencillamente, el capital desarrollado bajo propiedad pública crece aproximadamente al mismo ritmo que el capital privado. En este sentido, la estructura de la propiedad en China parece estabilizarse en lo que puede describirse como una economía mixta: el país ya no es verdaderamente comunista, pero tampoco es completamente capitalista, ya que la propiedad pública representa algo más del 30 por ciento del total, lo que es ciertamente minoritario pero sustancial. El hecho de poseer casi un tercio de todo lo que se puede poseer en el país da al Gobierno chino un margen de intervención considerable para decidir dónde invertir y crear empleo, así como para llevar a cabo políticas de desarrollo regional.

Nótese, por otra parte, que este porcentaje medio del 30 por ciento aproximadamente de capital público oculta diferencias muy significativas entre las diversas categorías de activos. Por un lado, la propiedad residencial se ha privatizado casi por completo. A comienzos de la década de 2020, las autoridades y empresas públicas poseen menos del 5 por ciento del parque de viviendas, que se ha convertido en la inversión privada por excelencia para los hogares chinos que pueden permitírselo. Eso ha contribuido a una fuerte subida de los precios inmobiliarios, sobre todo porque las posibilidades de ahorro financiero son limitadas y el sistema público de pensiones está infrafinanciado. Por otra parte, los poderes públicos poseen actualmente alrededor del 55-60 por ciento del capital empresarial (teniendo en cuenta todas las empresas, cotizadas y no cotizadas, de todos los tamaños y en todos los sectores). Este porcentaje, que es prácticamente el mismo desde 2005-2006, muestra que el Estado mantiene un estrecho control del sistema productivo, control que incluso aumenta en el caso de las empresas más grandes. Asimismo, se ha producido un importante descenso de la proporción de capital empresarial en manos de inversores extranjeros, compensado por un aumento del capital en manos de los hogares chinos (véase el gráfico 10.2).

Gráfico 10.2. La propiedad de las empresas en China (1978-2020)

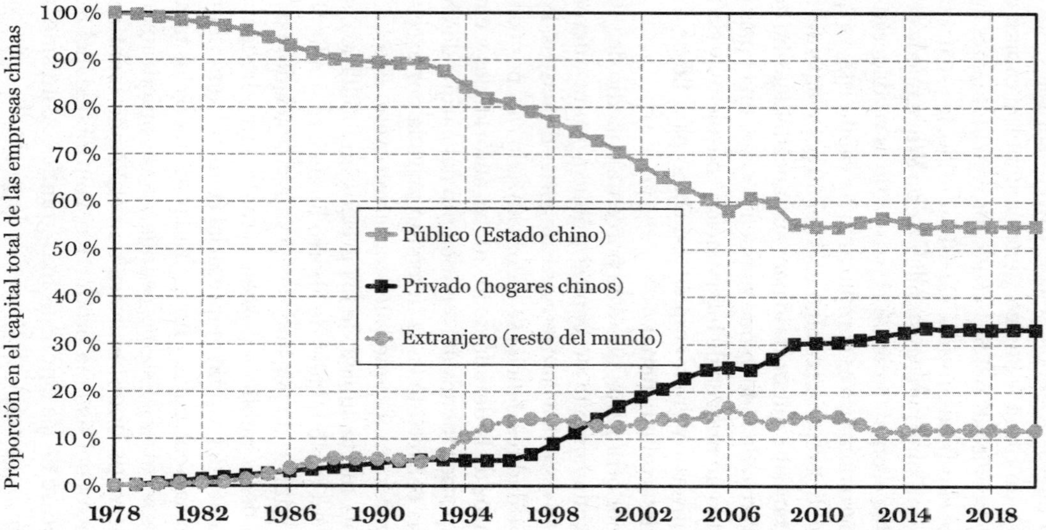

Interpretación: En 2020, el Estado chino (todos los niveles de Gobierno y administrativos incluidos) poseía alrededor del 55 por ciento del capital total de las empresas del país (empresas cotizadas y no cotizadas, de todos los tamaños y sectores), frente al 33 por ciento de los hogares chinos y el 12 por ciento de los inversores extranjeros. La cuota de estos últimos ha disminuido desde 2006, y la de los hogares chinos ha aumentado, mientras que la del Estado chino se ha estabilizado en torno al 55 por ciento.
Fuentes y series: Véase <piketty.pse.ens.fr/egalite>.

Además de la estructura mixta de su economía y del fuerte control estatal de las empresas, la otra gran singularidad del «socialismo con características chinas», como le gusta definirse al régimen de Pekín, es, por supuesto, el papel dominante del Partido Comunista Chino. En 2020, el PCCh cuenta con más de 90 millones de afiliados, alrededor del 10 por ciento de la población adulta del país. A ojos del régimen, cuyas opiniones oficiales se expresan a diario en el *Global Times*, la democracia al estilo chino es superior al supermercado electoral de estilo occidental, ya que confía el destino del país a una vanguardia motivada y determinada, seleccionada y representativa de la sociedad y, en última instancia, más implicada en el servicio al interés general que el votante occidental medio, voluble e influenciable.[276] En la práctica, sin embargo, el régimen se parece cada vez más a una dictadura digital perfecta, tan perfecta que nadie quiere asemejarse. El modelo de deliberación en el seno del Partido es tanto menos convincente cuanto que no deja huellas en el exterior, mientras que, por otra parte, la vigilancia generalizada de la población en las redes sociales, la represión de los disidentes y de las minorías, el embrutecimiento del proceso electoral en Hong Kong y las amenazas al sistema de democracia electoral en Taiwán son cada vez más evidentes. La capacidad de un régimen así para seducir a la opinión pública de otros países (no sólo a sus dirigentes) parece limitada. A eso hay que añadir el fuerte aumento de las desigualdades, la extrema opacidad que caracteriza la distribución de la riqueza y el consiguiente sentimiento de injusticia social, sentimiento que no es posible acallar eternamente a base de encarcelamientos y aislamientos.[277]

276. Como joven estudiante en la época de Tiananmen, al director del *Global Times*, Hu Xijin, le gusta recordar que fueron las guerras separatistas de Yugoslavia las que, a sus ojos, demostraron el papel pacificador del Partido y de sus deliberaciones, y la imposibilidad de dejar a las pasiones electorales decisiones tan delicadas como el sistema de fronteras o el régimen de propiedad. Véase la entrevista con Hu Xijin, *Le Monde*, 15 de octubre de 2017.

277. Sobre la evolución de las desigualdades y la falta de transparencia de los datos chinos, véase T. Piketty, G. Zucman y L. Yang, «Capital accumulation, private property and rising inequality in China, 1978-2015», WID.world 2017, *American Economic Review*, 2019.

El declive demográfico a la vista y el envejecimiento acelerado de la población china constituirán también grandes retos para el régimen y podrían llevar a la sustitución de China por la India como primera potencia económica mundial en la segunda mitad del siglo XXI.[278]

A pesar de sus debilidades, el socialismo chino tiene muchos puntos fuertes. Si las potencias occidentales persisten en una ideología hipercapitalista obsoleta, no es seguro en absoluto que consigan limitar la creciente influencia del régimen chino. Desde el punto de vista económico y financiero, el Estado chino dispone de activos considerables, muy superiores a sus deudas, lo que le proporciona los medios para llevar a cabo una política ambiciosa, tanto a escala nacional como internacional, especialmente en inversión en infraestructuras y en transición energética. Por el contrario, resulta sorprendente observar hasta qué punto los principales Estados occidentales se encuentran a principios de la década de 2020 con posiciones patrimoniales casi nulas o negativas (véase el gráfico 10.1). Al no haber conseguido equilibrar sus cuentas públicas (algo que habría exigido una mayor presión fiscal sobre los contribuyentes más ricos), estos países han acumulado deudas públicas considerables, al tiempo que han puesto a la venta una parte cada vez mayor de sus activos públicos, de modo que las primeras han acabado superando ligeramente a las segundas. Seamos claros: los países ricos son ricos, en el sentido de que la riqueza privada nunca ha sido tan alta, sólo sus Estados son pobres. Si persisten en ese camino, pueden encontrarse en una situación en la que la riqueza pública sea cada vez más negativa, en cuyo caso los tenedores de títulos de deuda no sólo poseerán el equivalente de todos los activos públicos (edificios, es-

278. Se espera que la población de la India supere a la de China a partir de 2028. Si la India consigue superar su pesadísimo legado de desigualdad e invertir más en educación, sanidad e infraestructuras, al tiempo que escapa de los excesos identitarios y autoritarios de los nacionalistas hindúes actualmente en el poder —algo que no es fácil—, el país dispone de instituciones parlamentarias, federales y electorales y de un sistema de libertad de prensa que proporcionan una base política más sólida que la de China (y que, por otra parte, es más exportable y atractiva para otros países).

cuelas, hospitales, infraestructuras, etc.), sino que podrían tener derecho a recibir parte de los impuestos de los futuros contribuyentes.[279] A la inversa, sería muy posible, como se hizo en estos mismos países durante la posguerra, reducir la deuda pública de forma acelerada, por ejemplo, gravando las grandes fortunas privadas y dando así a los poderes públicos un cierto margen de maniobra.[280] Lo anterior pasa por tomar conciencia de las diferentes opciones factibles, así como por la movilización política y social, algo que desgraciadamente puede conllevar algunas crisis más, dado el conservadurismo imperante.

El régimen chino dispone de otras fortalezas. No le costará nada señalar a Occidente como responsable de las distintas catástrofes climáticas, cuando se produzcan. De hecho, China no se priva de recordar que se ha industrializado sin necesidad de recurrir a la esclavitud y al colonialismo, de los que ella misma fue víctima. Eso le permite ganar puntos frente a la eterna arrogancia de los países occidentales, o al menos así se percibe en todo el mundo, siempre dispuestos a dar lecciones sobre justicia y democracia a los demás, mientras son incapaces de hacer frente a las

279. Un ejemplo reciente de esta evolución, aún en curso, es el plan del Gobierno francés de privatizar el grupo ADP (Aéroports de Paris), adoptado en 2019, con el que prevé obtener 8.000 millones de euros, tras haberse privado de 5.000 millones de euros de ingresos al año al suprimir el impuesto sobre la fortuna y el impuesto progresivo sobre las rentas del capital. Habría sido más sencillo transferir directamente los títulos de propiedad de ADP a las personas que se han beneficiado de dichos recortes fiscales.

280. Véase el capítulo 5. El valor de los activos públicos registrados en las cuentas nacionales suele situarse entre el cien por cien y el 150 por ciento de la renta nacional, por lo que la riqueza pública neta se vuelve negativa cuando la deuda supera este nivel. Nótese que los países occidentales eran en sí mismos economías mixtas en el período 1950-1980: las deudas públicas se habían reducido al mínimo y los activos públicos eran cuantiosos, de modo que la riqueza pública neta era una parte sustancial (normalmente el 20-30 por ciento) del capital nacional. No puedo pronunciarme aquí sobre la compleja cuestión del nivel ideal, que depende en particular del tipo de gobernanza democrática que se desarrolle en el sector público; digamos simplemente que una participación positiva pero minoritaria de la riqueza pública neta en el capital nacional parece ser mucho más preferible que una cuota cero o negativa.

desigualdades y discriminaciones que los minan, y mientras pactan con cualquier potentado y oligarca que los beneficia. Frente a estas cuestiones, la respuesta correcta al socialismo estatal y autoritario chino sería promover una forma de socialismo democrático y participativo, ecológico y poscolonial, finalmente atento a los países del Sur y a todas las desigualdades e hipocresías occidentales. Asimismo, esa evolución permitiría dar respuesta al declive neoliberal, un declive acelerado por la crisis financiera de 2008 y la crisis epidémica de 2020, y que se explica de manera general por el fracaso de la promesa de Reagan de impulsar el crecimiento a través de la desregulación, hasta el punto de que las clases medias y populares, a las que tantas cosas se les habían prometido, han empezado a dudar seriamente de la globalización.[281] En un primer momento, existe el temor de que el neoliberalismo sea sustituido por diversas formas de neonacionalismo, como las que encarnan el trumpismo, el Brexit o el auge de los nacionalismos turco, brasileño o indio, movimientos políticos diferentes pero que tienen en común señalar al extranjero y a diversas minorías del interior como responsables de las desgracias nacionales.[282] El

281. Recordemos que el término neoliberalismo se refiere a la nueva forma de liberalismo económico en boga en todo el mundo desde la década de 1980, en contraposición al liberalismo económico clásico que estuvo en vigor en el siglo XIX y hasta 1914. Esta noción puede ser útil, siempre que no perdamos de vista que el neoliberalismo se ha desarrollado en sociedades caracterizadas, en el Norte, por un Estado social fuerte, que tienen poca relación con las de antes de 1914, y en sociedades posindependentistas, en el Sur, marcadas por el neocolonialismo, que adopta formas muy diferentes de las que adoptó el colonialismo anterior a 1960 o a 1914. El término fue introducido en una conferencia celebrada en París en 1938 por un grupo de intelectuales liberales (entre los que se encontraban el periodista Lippmann y los economistas Hayek, Mises y Röpke), que se habían reunido para constatar el colapso del liberalismo anterior a 1914 y reflexionar sobre su futura reconstrucción. Véase S. Audier, *Le Colloque Lippmann: aux origines du «néo-libéralisme»*, Le Bord de L'eau, Lormont, 2012; *Néo-libéralisme(s): une archéologie intellectuelle*, Grasset, París, 2012.

282. Sobre la inestabilidad estructural de la tripartición liberalismo-nacionalismo-socialismo del espacio político-ideológico, véase B. Karsenti y C. Lemieux, *Socialisme et sociologie*, Éditions de l'EHESS, París, 2017. En síntesis, el liberalismo apuesta por el mercado y la desvinculación social de la economía, el nacionalismo responde cosificando a la nación y la solidaridad étnico-nacio-

fracaso del trumpismo, sin embargo, muestra los límites de esa corriente, que corre el riesgo, sobre todo, de transformarse en una huida al frente, hacia la exacerbación de los conflictos identitarios y hacia una nueva ola de *dumping* fiscal y social a favor de los más ricos y los más contaminantes.[283] Nada de eso resolverá los desafíos del momento. Al contrario, parece más probable que refuerce el socialismo de Estado y autoritario chino, que también se alimenta de nacionalismo, pero que se apoya en unos poderes públicos que pueden dotar al país de los medios para satisfacer sus ambiciones, al menos por un tiempo.

De la guerra de los capitalismos a la batalla de los socialismos

Por las razones mencionadas, es muy posible que los enfrentamientos ideológicos del futuro se parezcan más a una batalla entre socialismos que a la guerra de capitalismos a menudo evocada. Conviene insistir, de manera general, en la gran diversidad de modelos económicos observados a lo largo del tiempo y en el espacio, incluso entre los sistemas que se declaran como capitalistas o socialistas.

En este libro he defendido la posibilidad de un socialismo democrático y federal, descentralizado y participativo, ecológico y con mestizaje social, basado en el desarrollo del Estado social y la fiscalidad progresiva, el reparto del poder en las empresas, las reparaciones poscoloniales y la lucha contra la discriminación, la igualdad educativa y la tarjeta-carbono, la progresiva desmercantilización de la economía, la garantía de empleo y el sistema de herencia universal, la reducción drástica de las desigualdades

---

nal, mientras que el socialismo promueve la emancipación universalista a través de la educación, el conocimiento y el reparto del poder.

283. Sobre cómo fue financiada la campaña del Brexit en 2016 por los *hedge funds* y los *lobbies* financieros que pedían una nueva ola de desregulación y que ya no se conformaban con la proporcionada por la Unión Europea en la década de 1980-1990, véase M. Benquet y H. Bergeron, *La finance autoritaire: vers la fin du néolibéralisme*, Raisons d'agir, París, 2021.

monetarias y un sistema electoral y mediático que quede por fin al margen de la influencia del dinero. Son tan sólo algunas pistas: he querido, sobre todo, mostrar la diversidad de posibilidades y cómo la movilización en torno a sistemas alternativos ha contribuido poderosamente a configurar la evolución histórica en el pasado. Los debates sobre los regímenes alternativos y las múltiples formas de socialismo, extinguidos durante un tiempo en la década de 1990 tras el colapso del comunismo soviético, se han reavivado tras la crisis de 2008 y a medida que se ha hecho evidente el callejón sin salida desigualitario y climático del sistema actual. Son debates y luchas que están lejos de cerrarse.

Asimismo, me gustaría reiterar que el socialismo democrático, por muy alejado que parezca estar del mundo actual, es en realidad una continuación de los notables cambios experimentados en el pasado, a veces en el espacio de unas pocas décadas. Al margen de algunas similitudes formales, hay poco en común entre las instituciones sociales, jurídicas, fiscales, educativas, electorales e internacionales que caracterizaron el capitalismo autoritario y colonial de 1910 y la economía socialdemócrata mixta de 1980. El socialismo democrático y participativo que aquí se describe, si viera la luz en 2050, sería una extensión directa del segundo, y probablemente sería tan diferente de este último modelo como este último lo es del primero. Esta reflexión sobre los sistemas económicos desde una perspectiva de largo plazo es también esencial para alimentar el diálogo entre los diferentes modelos de organización económica. Si los países occidentales, o algunos de ellos, se alejaran de las habituales posturas capitalistas y nacionalistas y adoptaran un discurso basado en el socialismo democrático y el abandono del neocolonialismo, con medidas especialmente contundentes de justicia fiscal y de reparto de los ingresos de las multinacionales y de los multimillonarios a escala mundial, esto no sólo ayudaría a recuperar credibilidad ante el Sur, sino que también haría recular al socialismo autoritario chino en su atrincheramiento frente a la transparencia y la democracia. En cuestiones fundamentales como la ecología, el patriarcado y la xenofobia, la verdad es que ninguno de los regímenes citados tiene, en este momento, ninguna lección convincente que dar a los demás. Tan sólo el diálogo entre sistemas y una sana emulación pueden ofrecer alguna esperanza de progreso.

¿Nos salvará el dinero?

Independientemente del modelo económico considerado, es importante destacar el papel clave que desempeñará el sistema monetario y financiero en las próximas décadas. Los bancos centrales y la creación de dinero han adquirido una importancia decisiva tras la crisis financiera de 2008 y la crisis pandémica de 2020-2021. En la práctica, los balances de los principales bancos centrales del mundo (el importe total de los préstamos que han concedido y de los valores que poseen) han vuelto a alcanzar, en poco más de una década, los niveles observados en el máximo histórico de la posguerra (véase el gráfico 10.3). En teoría, nada impide ir más allá.[284] Las monedas no se definen actualmente con respecto al oro o a cualquier otra referencia material: el dinero es, principalmente, un apunte electrónico en ordenadores que los bancos centrales pueden crear sin límite. Existen incluso planes para introducir monedas digitales de los propios bancos centrales en un futuro próximo. Se trata de un sistema en el que cada ciudadano dispondría de una cuenta digital en el banco central de su país, lo que permitiría al banco central dar crédito directamente a cuentas de particulares, y no sólo a las de los bancos privados y las empresas, como es el caso actualmente.[285]

El espectacular aumento de la creación de dinero desde 2008 ilustra una vez más cómo las instituciones económicas no son

284. De hecho, los bancos centrales de Suiza y Japón superaron el cien por cien del PIB en el tamaño del balance incluso antes de la pandemia de 2020. Véase *Capital e ideología, op. cit.*

285. Además de facilitar la política monetaria, el interés de un sistema de este tipo sería la creación de un auténtico servicio bancario público, gratuito y accesible para todos, la antítesis de los sistemas de dinero electrónico ideados por operadores privados (ya sean descentralizados y contaminantes, como Bitcoin, o centralizados).

Gráfico 10.3. El tamaño del balance de los bancos centrales (1900-2020)

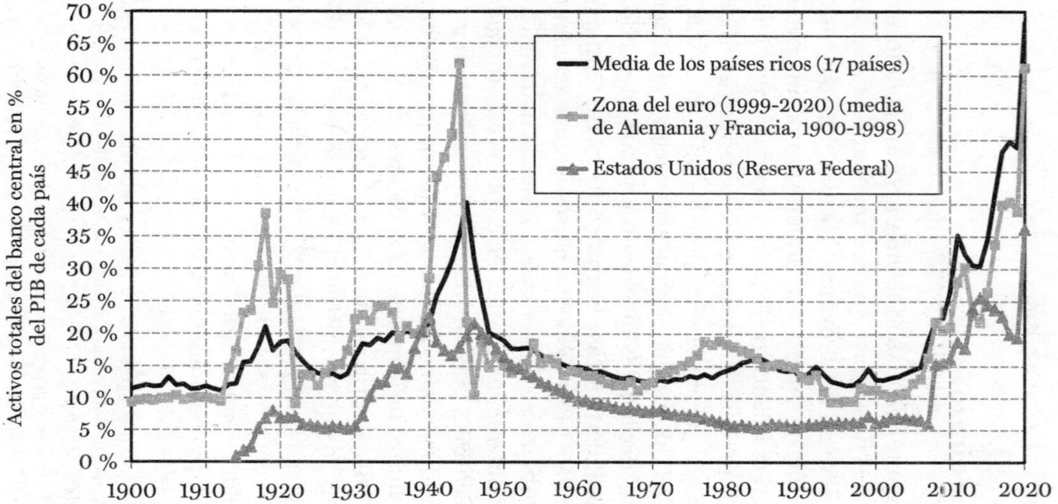

Interpretación: Los activos totales del Banco Central Europeo (BCE) han pasado del 11 al 61 por ciento del PIB de la zona del euro entre el 31/12/2004 y el 31/12/2020. La curva 1900-1998 muestra la media obtenida para los balances de los bancos centrales alemán y francés (con picos del 39 por ciento en 1918 y del 62 por ciento en 1944). Los activos totales de la Reserva Federal (creada en 1913) han pasado del 6 al 36 por ciento del PIB estadounidense entre finales de 2007 y finales de 2020.
Nota: La media de los países ricos es la media aritmética de los 17 países siguientes: Alemania, Australia, Bélgica, Canadá, Dinamarca, España, Estados Unidos, Francia, Finlandia, Italia, Japón, Noruega, Países Bajos, Portugal, Reino Unido, Suecia y Suiza.
Fuentes y series: Véase <piketty.pse.ens.fr/egalite>.

estáticas. Se redefinen constantemente en respuesta a las crisis y a las relaciones de poder, en equilibrios inestables y precarios. Sin embargo, las nuevas facilidades monetarias han creado una confusión que es importante aclarar aquí. En síntesis, el dinero es una herramienta indispensable de la política económica, social y climática, siempre que ocupe su lugar y no se sacralice, dentro de un marco institucional coherente basado en el Estado social, la fiscalidad progresiva, la deliberación parlamentaria y el control democrático.

En primer lugar, recordemos que el único límite real de la política monetaria es la inflación. Mientras no se produzca un aumento sustancial de los precios al consumo, no hay ninguna razón sólida para oponerse a una mayor creación de dinero si ésta contribuye a financiar políticas útiles, como la lucha contra el desempleo, la garantía de empleo, la renovación térmica de los edificios o la inversión pública en sanidad, educación o energías renovables. Al contrario, si la inflación vuelve a despegar de forma sostenida, significaría que se ha alcanzado el límite de la creación de dinero y que ha llegado el momento de recurrir a otras herramientas para movilizar recursos (empezando por la fiscalidad).[286] Conviene subrayar que, en caso de un repentino colapso económico vinculado a una crisis financiera o pandémica o a una catástrofe natural o climática, los bancos centrales son las únicas instituciones públicas capaces de reaccionar con la suficiente rapidez como para evitar quiebras en cascada o la explosión de la pobreza. Afortunadamente, el papel de prestamista de última instancia, que fue rechazado en nombre de la ortodoxia financiera durante la crisis de 1929 y que llevó al mundo al borde del colapso, es ampliamente aceptado en la actualidad, lo que demuestra que es posible aprender de la historia. El problema es que las políticas monetarias puestas en marcha en 2008 y 2020

286. Los partidarios de la creación monetaria al servicio de la garantía de empleo y del Green New Deal, como S. Kelton y P. Tcherneva, son muy claros en este punto. Véase S. Kelton, *The deficit myth: modern monetary theory and the birth of the people's economy*, Public Affairs, Nueva York, 2020. Véase también L. Randall Wray, F. Dantas, S. Fullwiler *et al.*, *Public service employment: a path to full employment*, Levy Economics Institute, 2018.

siguen formando parte de un pensamiento relativamente conservador. El arsenal monetario se ha utilizado principalmente para salvar los bancos y a los banqueros, pero vacila mucho más cuando se trata de salvar el planeta, reducir la desigualdad o librar a los poderes públicos de las enormes deudas acumuladas como consecuencia de las crisis y de los diversos rescates y paquetes de estímulo al sector privado.

En cuanto a la deuda pública, el equilibrio vigente a principios de la década de 2020 es relativamente precario. Los bancos centrales han comprado una parte creciente de los bonos del Estado, con un tipo de interés casi nulo. Si los tipos de interés suben (o, más bien, cuando suban), la carga de los intereses será insoportable para los contribuyentes, y será necesario encontrar otras soluciones, como los gravámenes excepcionales sobre el patrimonio privado aplicados en la posguerra. Además, la actual política monetaria plantea otros problemas. Para los pequeños ahorradores, los tipos de interés cero o negativos no son necesariamente una buena noticia. Sin embargo, aquellos que pueden permitirse afrontar un préstamo a tipos bajos y encontrar la inversión adecuada, pueden obtener excelentes rendimientos. Así, la creación de dinero y la compra de valores financieros han contribuido a impulsar el precio de las acciones y de los inmuebles y a enriquecer a los más ricos. Conviene añadir que los tipos de interés cero son, en gran medida, el nuevo privilegio de los países ricos. Inversores de todos los países están dispuestos a aceptar tipos de interés bajos a cambio de colocar su capital en divisas seguras y en títulos de deuda de los principales países occidentales (cuando no se ven obligados, en parte, por la nueva normativa bancaria), pero a la inversa exigen tipos de interés elevados cuando se trata de conceder préstamos a los países del Sur. En lugar de extasiarse ante el milagro de los tipos de interés cero, los países ricos harían bien en buscar una cooperación financiera internacional que permitiera a todos los países financiarse a tipos bajos en tiempos de crisis.

La aparición de una nueva herramienta monetaria reconocida como tal es una poderosa fuerza de cambio: hace que sea muy difícil explicar a la opinión pública que la vuelta a la ortodoxia económica y financiera es la única opción. A condición, por supuesto, de que esa herramienta esté bajo control democrático. Actualmente se está generando cierto consenso en torno a la idea de que los bancos centrales se preocupen por convertir en más ecológicos sus balances, e incluso en que sean punta de lanza en el desarrollo sostenible y equitativo. Es una excelente noticia en sí misma, con la salvedad de que esa nueva misión requiere una amplia deliberación democrática, en foros parlamentarios y en la arena pública, basada en evaluaciones exhaustivas y sujetas a contradicción por parte de expertos, sobre los efectos de las diferentes opciones de política monetaria en múltiples indicadores sociales y medioambientales. El modelo actual de bancos centrales no es en absoluto así: tras ser nombrados por los Gobiernos y confirmados sistemáticamente por los Parlamentos, sus dirigentes se limitan a reunirse a puerta cerrada y a decidir entre ellos la mejor manera de utilizar enormes cantidades de recursos públicos.[287] Entre las muchas decisiones altamente políticas que deben tomarse, podemos citar el aplazamiento de ciertas deudas a largo plazo.[288] Contemos con que serán necesarias muchas batallas antes de que los bancos centrales se conviertan en una verdadera herramienta democrática al servicio de la igualdad.

287. Véase E. Monnet, *La banque providence: démocratiser les banques centrales et la création monétaire*, Seuil, París, 2021, que propone principalmente crear un «Consejo Europeo de Crédito» en el Parlamento Europeo. Véase también A. Grandjean y N. Dufrêne, *La monnaie écologique pour sauver la planète*, Odile Jacob, París, 2020.

288. Por ejemplo, la deuda pública en el balance del BCE podría prorrogarse durante cuarenta o cincuenta años sin intereses, o en función de la consecución de objetivos climáticos. Tanto la deuda pública como los importes abonados eventualmente en las cuentas de particulares podrían inscribirse en el balance del BCE como deuda perpetua sin intereses, lo que equivale a anularlos. En todo caso, es mejor tomar estas decisiones cuando los tipos de interés son cero, ya que los conflictos entre países resurgirán inevitablemente con la subida asimétrica de los tipos.

Por una soberanía universalista

Es hora de concluir nuestro análisis. La marcha hacia la igualdad es una lucha incierta, no un camino predeterminado. Desde finales del siglo XVIII, la igualdad se ha abierto paso trastocando las normas establecidas por los regímenes vigentes. Lo mismo ocurrirá en el futuro. Sería ilusorio imaginar que pueden producirse cambios decisivos tomando como principio intocable la unanimidad de los países afectados o de los grupos sociales implicados. Cada comunidad política debe poder poner condiciones para seguir comerciando con el resto del mundo, sin esperar el acuerdo unánime de sus socios. Como siempre ha sucedido en la historia, cada Estado debe, si lo considera oportuno, liberarse de los compromisos adquiridos por sus predecesores, especialmente si éstos amenazan la armonía social y la supervivencia del planeta. Sin embargo, es esencial que esta forma de soberanía se construya a partir de objetivos universalistas e internacionalistas, siendo explícitos con los criterios de justicia social, fiscal y medioambiental potencialmente aplicables a todos los países por igual.

Pretender que se trata de un camino fácil de seguir y bien señalizado sería absurdo: todo o casi todo está por inventar. En la práctica, esta soberanía universalista no siempre será fácil de distinguir de la soberanía nacionalista, que está basada en la defensa de una determinada identidad civilizatoria y de los intereses que se consideran homogéneos en ella. Para distinguir entre ambos enfoques, es necesario respetar varios principios estrictos. Antes de poner en marcha posibles medidas unilaterales, es fundamental proponer a los demás países un modelo de desarrollo cooperativo, basado en valores universales y en indicadores sociales y medioambientales objetivos y verificables, que permita, en concreto, determinar públicamente en qué medida las distintas clases de renta y riqueza contribuyen a las cargas públicas y climáticas. Asimismo, es necesario definir con precisión los Parlamentos transnacionales que idealmente deberían ser responsables de los bienes públicos globales y de las políticas comunes de justicia fiscal y medioambiental. Si estas propuestas social-federalistas no se adoptan en un primer momento, la iniciativa unilateral debe ser en todo caso incitativa y reversible.[289] En definitiva, la vía de la soberanía universalista pierde toda credibilidad si no se apoya en la búsqueda permanente de coaliciones internacionales creíbles capaces de acelerar la transición hacia el federalismo socialista y democrático, que debe seguir siendo el objetivo último.

La soberanía universalista requerirá también, de manera fundamental, de ciudadanos activos. Las ciencias sociales pueden contribuir, pero huelga decir que no será suficiente. Sólo poderosas movilizaciones sociales, apoyadas por movimientos y organizaciones colectivas, permitirán definir objetivos comunes y transformar la relación de fuerzas. A través de las reivindicaciones que cada uno expresa a sus amistades en las redes sociales, a sus representantes públicos en sus medios de comunicación preferidos, a los representantes sindicales a través de su propia acción y de la participación en la deliberación colectiva y en los movimientos sociales, cada persona puede contribuir a que la comprensión de los fenómenos socioeconómicos sea mayor y a dar cuenta de los cambios en curso. Las cuestiones económicas son demasiado importantes como para dejarlas en manos de los demás. La reapropiación del conocimiento por parte de los ciudadanos es un paso esencial en la lucha por la igualdad. Si este libro ha contribuido a rearmar al lector en esa dirección, entonces mi objetivo se ha cumplido plenamente.

289. Por ejemplo, si un Estado soberanista-internacionalista impone sanciones a un país que practica el *dumping* fiscal o climático, estas sanciones deberían desaparecer en cuanto el país en cuestión decida gravar los beneficios de las multinacionales o las emisiones de carbono al nivel deseado. Desde este punto de vista, hay que evitar las medidas sectoriales sin base universal, ya que se prestan fácilmente a una escalada de sanciones sin un resultado constructivo y objetivamente verificable.

Agradecimientos

«Es interesante lo que escribe, pero ¿podría hacerlo más corto, quizá, para poder compartir sus investigaciones con mis amigos y familiares?»

Este libro, breve, es una respuesta a esa petición, formulada regularmente en los encuentros que mantengo con lectoras y lectores. En los últimos veinte años he escrito tres libros de unas mil páginas cada uno sobre la historia de la desigualdad: *Los altos ingresos en Francia en el siglo XX: desigualdades y redistribuciones, 1901-1998* (Fondo de Cultura Económica, 2018), *El capital en el siglo XXI* (Fondo de Cultura Económica, 2014) y *Capital e ideología* (Deusto, 2019). Estas obras están basadas a su vez en una vasta agenda internacional de investigación histórica y comparada que ha dado lugar a la publicación de varios informes y obras colectivas, así como al desarrollo de la base de datos sobre desigualdad World Inequality Database (WID.world).[290]

290. Véase T. Atkinson y T. Piketty, *Top incomes over the 20th century*, Oxford University Press, 2007; T. Atkinson y T. Piketty, *Top incomes: a global perspective*, Oxford University Press, 2010; F. Alvaredo, L. Chancel, E. Saez, T. Piketty y G. Zucman, *Rapport sur les inégalités mondiales 2018*, Seuil, 2018 (versión castellana de Ignacio Perrotini Hernández y Nancy I. Muller Durán, *Informe sobre la desigualdad global 2018*, Grano de Sal, Ciudad de México, 2019); A. Gethin, C. Martínez-Toledano y T. Piketty, *Clivages politiques et iné-*

El volumen de toda esta documentación es abrumador incluso para el ciudadano mejor intencionado. Ya era hora de resumirla. He aquí el resultado.

Este libro no se limita, sin embargo, a presentar de forma sintética las principales conclusiones de los trabajos anteriormente citados. Retomando el conjunto de debates a los que estas cuestiones han dado lugar en los últimos años, presento en estas páginas un nuevo punto de vista sobre la historia de la igualdad, a partir de una fuerte convicción forjada a lo largo de mis investigaciones: el camino hacia la igualdad es una pugna que viene de lejos y que pide tener continuidad en el siglo XXI, a poco que todas y todos nos impliquemos y rompamos con las divisiones identitarias y disciplinarias que demasiado a menudo nos impiden avanzar. Las cuestiones económicas son demasiado importantes como para dejarlas en manos de una pequeña categoría de especialistas y dirigentes. La reapropiación del conocimiento económico por parte de los ciudadanos es un paso esencial para transformar las relaciones de poder. Por supuesto, también espero convencer a algunos lectores para que algún día echen un vistazo a los libros más extensos (señalo de entrada que son muy accesibles, a pesar de su tamaño). Mientras eso ocurre, esta obra más sucinta puede leerse independientemente de las demás. Me gustaría dar las gracias a todos los lectores, estudiantes y ciudadanos que me han animado en esta iniciativa, y cuyas preguntas han alimentado el presente trabajo. A ellos dedico el libro.

---

galités sociales: une étude de 50 démocraties, 1948-2020, EHESS-Gallimard-Seuil, 2021. Muchos textos y materiales de estos trabajos de investigación están disponibles en wid.world, wpid.world y piketty.pse.ens.fr.

Otros títulos del autor en Booket: